es 1718
edition suhrkamp
Neue Folge Band 718

Die dramatischen weltpolitischen Umbrüche der letzten Jahre haben die Aufmerksamkeit auf das künftige Schicksal der Staaten Osteuropas gelenkt. Es gibt aber noch einen anderen Teil der Welt mit sehr viel düstererer Perspektive. Gemeint ist die sogenannte Dritte Welt, die zur Zeit weitgehend aus dem Blickfeld verschwunden ist, obwohl alles darauf hindeutet, daß deren chronische Probleme sich in absehbarer Zukunft noch weiter verschärfen werden. Allein die Lektüre des *Weltentwicklungsberichts* der Weltbank über die Armut, der zu dem nicht mehr vorstellbaren Resümee kommt, daß ca. eine Milliarde Menschen unterhalb der absoluten Armutsgrenze lebt, wo die nackte Existenz eigentlich nicht mehr gewährleistet ist, macht das allzu deutlich. Diese Erkenntnis ist der Anlaß für die vorliegende Beschäftigung mit dem Thema. Was sind die ideengeschichtlichen Wurzeln der Entwicklungstheorie? Und vor allem, welchen Einfluß hatten politische Konjunkturen und wechselnde Wahrnehmungsfähigkeiten in den Industrieländern und daraus resultierende Projektionen auf die Beschäftigung mit der »Dritten Welt«?

Ulrich Menzel, geb. 1947, lehrt Politikwissenschaft. In der edition suhrkamp sind von ihm erschienen: *Auswege aus der Abhängigkeit* (es 1312), *Europas Entwicklung und die Dritte Welt* (gem. mit Dieter Senghaas, es 1393). Herausgeber von: *Im Schatten des Siegers: Japan* (es 1495-1498), *Nachdenken über China* (es 1602).

Ulrich Menzel
Das Ende der Dritten Welt
und das Scheitern
der großen Theorie

Suhrkamp

edition suhrkamp 1718
Neue Folge Band 718
Erste Auflage 1992
© Suhrkamp Verlag Frankfurt am Main 1992
Erstausgabe
Alle Rechte vorbehalten, insbesondere das der Übersetzung,
des öffentlichen Vortrags
sowie der Übertragung durch Rundfunk und Fernsehen,
auch einzelner Teile.
Satz: Hümmer, Waldbüttelbrunn
Druck: Nomos Verlagsgesellschaft, Baden-Baden
Umschlagentwurf: Willy Fleckhaus
Printed in Germany

2 3 4 5 6 – 97 96 95 94 93 92

Inhalt

Vorwort 7

1. Das Ende der »Dritten Welt« und das Scheitern der großen Theorie. Zur Soziologie einer Disziplin in auch selbstkritischer Absicht 15

2. Universalismus, Nationalismus, Sozialismus, Rationalismus, Strukturalismus.
Die großen Paradigmen der entwicklungstheoretischen Ideengeschichte 70

3. Der Reigen der Entwicklungsstrategien: Wachstum – Umverteilung – Wachstum 133

4. Jenseits des Ost-West-Konflikts: Die neue Trilaterale und die Konsequenzen für die Länder des Südens 176

5. Globale Sozialpolitik statt Entwicklungshilfe
Vorschläge zu einer grundlegenden Neuorientierung der Nord-Süd-Politik 202

6. Antwort an meine Kritiker 214

Drucknachweise 225

Inhaltsverzeichnis 226

für Dieter Senghaas

Vorwort

Die dramatischen weltpolitischen Umbrüche der letzten Jahre haben naturgemäß die ganze Aufmerksamkeit auf das künftige Schicksal der ehemaligen »Zweiten Welt« gelenkt. Diskutiert wird in erster Linie, ob und wie es in Osteuropa gelingt, den Demokratisierungsprozeß durchzuhalten und das Wohlstandsgefälle zum Westen abzubauen. Welche Konsequenzen ergeben sich aus dem Ende des Ost-West-Konflikts und der Blockkonfrontation für die neue internationale Ordnung? Welchen Platz wird die Sowjetunion bzw. das, was aus ihr hervorgegangen ist, darin einnehmen? Klar ist derzeit eigentlich nur, daß der Westen sich als Sieger in der Systemkonkurrenz mit dem sozialistischen Lager betrachtet und die westeuropäischen Staaten, allen voran die Bundesrepublik, die Hauptnutznießer des Endes der Ost-West-Konfrontation sind. Nachdem die erste Euphorie in den Ländern Osteuropas verflogen ist, beginnt für sie, die nicht in der privilegierten Situation der ehemaligen DDR sind, ein schwieriger Weg, von dem nicht sicher ist, ob er überall zum gewünschten Ziel, der Rückkehr in die europäische Zivilisation und deren materielle Annehmlichkeiten, führen wird.

Es gibt aber noch einen anderen Teil der Welt mit sehr viel düstererer Perspektive, dessen Zukunft ebenfalls in erheblichem Maße von den Umbrüchen in Osteuropa betroffen ist. Gemeint ist die sogenannte Dritte Welt, die zur Zeit weitgehend aus dem Blickfeld verschwunden ist, obwohl alles darauf hindeutet, daß deren chronische Probleme sich in absehbarer Zukunft noch weiter verschärfen werden, auch wenn das im Hinblick auf manche Katastrophenregionen kaum mehr vorstellbar erscheint.

Das Problem beginnt schon mit der Semantik. Mit der

Auflösung der Blöcke und dem Ende der »Zweiten Welt« macht auch der Begriff »Dritte Welt« keinen Sinn mehr. Daraus folgt zum einen, daß alle politischen Organisationen, die ihre Legitimität aus der Bipolarität gezogen haben – gemeint ist die Blockfreienbewegung oder die Gruppe der 77 –, sinnlos geworden sind. Daraus folgert gleichermaßen, daß alle dritten Wege zwischen Kapitalismus und Sozialismus zur Lösung der Entwicklungsproblematik obsolet geworden sind, weil die eine der beiden Alternativen ihr Scheitern selbst unter Beweis gestellt hat. Einen dritten Weg zwischen einem erfolgreichen und einem gescheiterten System kann es nicht geben.

Das Ende des Ost-West-Konflikts hat aber auch eine unmittelbar praktische Konsequenz für die Länder der südlichen Hemisphäre, handelte es sich dabei doch nicht um irgendeinen Konflikt, sondern um den Konflikt schlechthin, der sämtliche internationalen Konflikte maßgeblich beeinflußt, wenn nicht sogar determiniert hat, der konstellationsbildend[1] für das internationale System war. Gerade der Nord-Süd-Konflikt, zumindest in den siebziger Jahren das zweite große Thema der internationalen Beziehungen, hätte ohne seine Ost-West-Dimension gar nicht diese Bedeutung erlangen können. Einerseits waren die Länder des Südens Hauptleidtragende, da auf ihren Territorien viele Stellvertreterkriege ausgefochten wurden. Andererseits waren sie aber auch Nutznießer, da der vierzigjährige Aufwand an entwicklungsstrategischen Überlegungen und praktischer Entwicklungspolitik ohne die Ost-West-Konfrontation mit Sicherheit ein sehr viel bescheideneres Ausmaß angenommen hätte. Neben den von Fall zu Fall sehr unterschiedlich ausgeprägten wirtschaftlichen Motiven ging es auf beiden Seiten immer um die Frage, wie die Südpolitik im Sinne der machtpolitischen Interessen des Westens wie des Ostens instru-

---

1 Vgl. zu diesem Begriff Dieter Senghaas, *Friedensprojekt Europa*, Frankfurt 1992, insbesondere Kapitel 5.

mentalisiert werden konnte. Dieses Motiv ist jetzt entfallen. Da aber nur wenige Länder des Südens wirklich von wirtschaftlichem Interesse sind, weil die meisten aufgrund ihrer Armut nicht als Märkte in Frage kommen oder über keine attraktiven Rohstoffe verfügen, steht zu erwarten, daß die Aufmerksamkeit für die Südpolitik drastisch zurückgehen wird. Ethische Gründe allein für eine aktive Politik gegenüber diesen Ländern sind offenbar nicht ausreichend.

Die seit einiger Zeit in der Bundesrepublik diskutierte politische Konditionierung bei der Entwicklungshilfe deutet bereits in diese Richtung. Daß es in der »Dritten Welt« viele korrupte, menschenverachtende und diktatorische Regime gibt, ist seit langem bekannt. Die Mobutos, Marcos und Duvaliers wurden dennoch gestützt (wie von anderer Seite die Mengistus und Pol Pots), wenn sie sich nur stramm antikommunistisch gebärdeten und garantierten, daß ihre Länder nicht in den sowjetischen Einflußbereich fielen. Da diese Gefahr nun nicht mehr besteht, kann man sie auch unter Druck setzen und die Vergabe der Hilfe von Menschenrechtsfragen abhängig machen. Das ist natürlich zu begrüßen, doch scheint der Verdacht nicht ganz unbegründet, daß auf diese Weise auch eine Legitimation aufgebaut wird, das Engagement insgesamt zu reduzieren. Ist ein Land nämlich von politischem oder wirtschaftlichem Interesse, Paradebeispiel China, ist dasselbe Ministerium sehr wohl in der Lage, die politische Konditionierung ganz weit hintenanzustellen.

Vorläufiges Fazit: Auch ohne den Umstand, daß Osteuropa (aus deutscher Perspektive die ehemalige DDR) auf absehbare Zeit eine ungeheure Menge an politischer Aufmerksamkeit, Kapital und Know-how absorbieren wird, steht zu befürchten, daß diejenigen Länder des Südens, die nicht über Öl oder strategisch wichtige Rohstoffe verfügen, nicht nur aus dem Blickfeld des Westens verschwinden, sondern mehr oder weniger auch sich selbst überlassen, sozusagen zwangsweise abgekoppelt werden.

Diese Perspektive ist deshalb so fatal, weil sie sich in einer Situation eröffnet, in der die allgemeine Krise, zumindest in einem Teil des Südens, immer dramatischere Ausmaße annimmt. Die Indikatoren sind zu bekannt, als daß sie hier in extenso ausgebreitet werden müßten. Allein die Lektüre des *Weltentwicklungsberichts* der Weltbank aus dem Jahre 1990 über die Armut, der zu dem jenseits aller Vorstellbarkeit liegenden Resümee kommt, daß ca. eine Milliarde Menschen unterhalb der absoluten Armutsgrenze leben, wo die nackte Existenz eigentlich nicht mehr gewährleistet ist, macht das allzu deutlich. Es läßt sich unschwer der Nachweis führen, daß für viele Länder die Lebensbedingungen der Masse der Bevölkerung heute schlechter sind als zum Zeitpunkt ihrer Entkolonialisierung vor 30 oder 40 Jahren. Dafür spricht bereits die schier unaufhaltsame Bevölkerungsexplosion. Die Weltbank bezeichnet deshalb die achtziger Jahre, ursprünglich als die »Dritte Entwicklungsdekade« apostrophiert, als das »verlorene Jahrzehnt«, weil sie für viele Länder mit dramatischen Rückgängen des Pro-Kopf-Einkommens verbunden war.

Verloren aber nicht nur im Hinblick auf die tatsächliche Entwicklung, sondern auch, weil sich herausgestellt hat, daß die Rezepte der siebziger Jahre, eigentlich eine Phase der entwicklungspolitischen Innovationen, nichts gefruchtet, zumindest aber keine durchschlagenden Erfolge gezeigt haben. Somit tritt neben die reale Krise auch eine Krise der Entwicklungspolitik und der ihr zugrunde liegenden Theorien. Diese Theoriekrise ist paradoxerweise dadurch akzentuiert worden, daß es in einem anderen Teil des Südens, gemeint sind die Schwellenländer der ersten und zweiten Generation in Ost- und Südostasien, zu durchaus bemerkenswerten Erfolgen im Hinblick auf Industrialisierung und soziale Absicherung gekommen ist.

Das theoretische Problem besteht nämlich darin, daß die Erfolgsfälle in dieser Region nicht unbedingt jene Länder sind, auf die sich in den letzten 20 Jahren die westliche Hilfe und Beratungstätigkeit konzentriert hat. Ihr Erfolg ist im wesentlichen einer intelligenten neomerkantilistisch-bürokratischen Inszenierung nach japanischem Muster und nicht der Übernahme westlich-marktwirtschaftlicher Rezepte zu verdanken. Umgekehrt treten Länder, wie etwa Tanzania oder Indien, die über viele Jahre einen massiven Einsatz von Geld und Expertenwissen erfahren haben, auf der Stelle, sind andere Länder trotz jahrelanger hoher Öleinnahmen und damit Kapital im Überfluß besonders hoch verschuldet. Im linken Spektrum der Diskussion ist das Thema Schwellenländer sogar weitgehend tabuisiert worden[2], weil aus einer solchen Position nachholende Entwicklung unter nichtsozialistischen Vorzeichen lange Jahre nicht vorgesehen war, im Grunde auch nicht vorkommen durfte. Da aber die sozialistische Option zur Lösung der Entwicklungsproblematik nicht mehr besteht und die Erfolgsfälle, so sie denn wahrgenommen wurden, lediglich Anlaß für kritische Einwände waren, ist hier die theoretische Verunsicherung um so größer.

Zweites vorläufiges Fazit: Der Begriff »Dritte Welt« macht auch deshalb keinen Sinn mehr, weil es sie angesichts der Verelendung einerseits und der Erfolge andererseits als theoretisches Konstrukt im Sinne einer homogenen Gruppe von Ländern mit identischen Tiefenstrukturen und daraus ableitbaren allgemeinen Theorien und Strategien zur Problemlösung nicht mehr gibt, womöglich sogar nie gegeben hat, auch wenn dies 40 Jahre lang von seiten der verschiedenen miteinander rivalisierenden Theorietraditionen angenommen oder suggeriert wurde.

---

2 Das ergibt die vorläufige Auswertung von 30 Jahrgängen (1960-1990) entwicklungspolitischer Zeitschriften der Bundesrepublik. Unter mehr als 20 000 erhobenen Artikeln beschäftigen sich gerade etwa 200 mit der Schwellenländerproblematik aus einer Perspektive, welche Konsequenzen aus erfolgreichen Fällen zu ziehen sind. Eine detaillierte Dokumentation und Auswertung dieser Inhaltsanalyse wird demnächst vorgelegt werden.

So ist es nicht verwunderlich, daß die entwicklungstheoretische Diskussion seit etwa zehn Jahren auf der Stelle tritt, die Disziplin sich in erster Linie mit sich selbst beschäftigt und neue Perspektiven nicht mehr bestehen, die Dekade also auch auf theoretischer Ebene als verlorenes Jahrzehnt zu gelten hat. Diese Erkenntnis, die sich allerdings erst gegen Ende der achtziger Jahre in ihrem vollen Umfang durchgesetzt hat, ist der Anlaß für diese dogmengeschichtliche und wissenssoziologische Beschäftigung mit dem Thema. Welches sind eigentlich die ideengeschichtlichen Wurzeln der Disziplin? Wie haben sich die verschiedenen Theorietraditionen gegenseitig beeinflußt? Ist alles, was in den letzten 40 Jahren gedacht und geschrieben wurde, wirklich so neu gewesen? Inwieweit war die Entwicklungstheorie nicht nur immer wieder Reflex realgeschichtlicher Ereignisse, wurde durch politische Interessen bestimmt? Und vor allem, welchen Einfluß hatten politische Konjunkturen und wechselnde Wahrnehmungsfähigkeiten in den Industrieländern und daraus resultierende Projektionen auf die Beschäftigung mit der »Dritten Welt«?

Der nachfolgende Band soll kein reiner Essay über die Trostlosigkeit sein, auch wenn dieser Eindruck nach der Lektüre des Eingangskapitels naheliegend ist. Doch bevor neue Perspektiven eröffnet werden können, ist, angesichts der veränderten weltpolitischen Parameter um so mehr, kritisch Bilanz zu ziehen. Bilanz dessen, was in den letzten 40 Jahren gedacht und strategisch formuliert wurde, Bilanz der praktischen Resultate, Bilanz dessen, was sich als tragfähig erwiesen hat und was verworfen werden muß. Sicherlich hat die Forderung, von Europa zu lernen[3], heute größere Aktualität als je zuvor. Zu lernen in dem Sinne, daß hier die

---

3 Vgl. dazu Dieter Senghaas, *Von Europa lernen. Entwicklungsgeschichtliche Betrachtungen*, Frankfurt 1982; ferner Ulrich Menzel, *Auswege aus der Abhängigkeit. Die entwicklungspolitische Aktualität Europas*, Frankfurt 1988; Ulrich Menzel/Dieter Senghaas, *Europas Entwicklung und die Dritte Welt. Eine Bestandsaufnahme*, Frankfurt 1986.

Entwicklungsproblematik gelöst und gleichzeitig eine Zivilgesellschaft aufgebaut wurde, die als einzige die Menschenrechte auf Dauer zu garantieren vermochte. Was damals von uns nicht gesehen wurde, war die Bedeutung der Ökologieproblematik, die aus der erfolgreichen Bearbeitung der Entwicklungsproblematik entstanden ist. Doch ein, wenn auch bescheideneres Wachstum ist in Zukunft für die »Dritte Welt« unumgänglich. Gefunden werden muß die Passage zwischen der Skylla der Umweltkatastrophe, die aus der Armut resultiert, und der Charybdis der ökologischen Folgen eines unkontrollierten Wachstums.

Die nachfolgenden Kapitel verstehen sich als Vorarbeiten einer umfassenden ideengeschichtlichen Monographie zum Thema, mit denen an verschiedenen Stellen und in unterschiedlicher Absicht im vergangenen Jahr in die aktuelle Debatte eingegriffen wurde. Kapitel 1 ist eine wissenssoziologische Auseinandersetzung mit der eigenen Disziplin, die vor allem der Aufarbeitung der vielen Tabus und Mythen gewidmet ist, die seit etlichen Jahren in der Diskussion mitgeschleppt werden. Kapitel 2 skizziert den ideengeschichtlichen Hintergrund der derzeitigen theoretischen Konfusion, der bis in die frühe Neuzeit zurückreicht. In Kapitel 3 werden die aus den Ideen abgeleiteten Strategien thematisiert und gezeigt, daß im Grunde, trotz aller Paradigmenwechsel der letzten 40 Jahre, das Ziel der Wachstumsförderung immer im Vordergrund stand. Geändert haben sich nur die einschlägigen Rezepte. Es läßt sich nachweisen, daß die Diskussion sich im Kreise gedreht hat und man mittlerweile wieder dort angelangt ist, wo man in den späten vierziger Jahren angefangen hat. Kapitel 4 beschäftigt sich, obwohl eigentlich im Kontext der Diskussion um die neue Weltordnung entstanden, u. a. mit der daraus ableitbaren Frage, welchen Platz denn der arme Teil der Welt noch darin einnehmen wird. Kapitel 5, das sicherlich für viele Leser provozierend wirkt, macht einen Vorschlag, welche praktischen Konsequenzen sich daraus für die Katastrophenregionen der Welt ergeben. Angesichts der dortigen Ausweglosigkeit wird für eine globale Sozialpolitik plädiert. Kapitel 6 nimmt Stellung zu den zahlreichen kritischen Reaktionen, die diese provozierenden Thesen ausgelöst haben.

Der Autor dankt denjenigen, die in den letzten drei Jahren die hier angestellten Überlegungen angeregt, ihnen Diskussionsforen geboten oder sie mit kritischen Kommentaren begleitet haben, darunter insbesondere Jochen Blaschke, Lothar Brock, Karl Grobe-Hagel, Wolfgang Hein, Franz Nuscheler und Dieter Senghaas, dem dieser Band gewidmet ist.

1. Das Ende der »Dritten Welt« und das Scheitern der großen Theorie

Zur Soziologie einer Disziplin in auch selbstkritischer Absicht

Im Jahre 1981 habe ich einen Aufsatz mit dem Titel *Der Differenzierungsprozeß in der Dritten Welt und seine Konsequenzen für den Nord-Süd-Konflikt und die Entwicklungstheorie* verfaßt.[1] Heute, zehn Jahre später, läßt sich konstatieren, daß die damaligen Aussagen in ihrer Tendenz nicht nur fortgeschrieben, sondern radikaler formuliert werden müssen. Eine Durchsicht der in den achtziger Jahren zum Thema »Dritte Welt« erschienenen Literatur wirkt auf jeden, der mit den Wendungen der entwicklungstheoretischen Diskussion nicht aufs engste vertraut ist, sehr ernüchternd. Noch Ende der siebziger Jahre schien alles klar. Zwar säuberlich nach Lehrmeinungen getrennt, war doch jede Schule davon überzeugt, daß das von ihr vertretene Paradigma die Erklärung für die Probleme der »Dritten Welt« liefere und die zu verfolgende Strategie benennen könne, um diese Probleme zu lösen. Diese Situation hat sich gründlich geändert und bedarf, seit mit dem Ende der »Zweiten Welt« auch der Begriff »Dritte Welt« seines ursprünglichen Sinns entleert worden ist, einer grundsätzlichen Revision.

1. Aufstieg und Niedergang der großen Theorien

Grob vereinfacht gab es zwei Hauptstränge der Diskussion.[2] Im »bürgerlichen Lager« die seit Ende der vierziger

---

[1] Ulrich Menzel, *Der Differenzierungsprozeß in der Dritten Welt und seine Konsequenzen für den Nord-Süd-Konflikt und die Entwicklungstheorie*, in: *Politische Vierteljahresschrift* 24.1983, 1. S. 31-59.

[2] Zitiert wird in der Regel nur Literatur, die sich kritisch mit den großen Theo-

Jahre formulierte Entwicklungsökonomie und Modernisierungstheorie, beide bis zum Ende der sechziger Jahre herrschende Lehrmeinungen, die die »Rückständigkeit« der ehemaligen Kolonien im wesentlichen auf innergesellschaftliche Faktoren zurückführten. Basierend auf dem Denken des 18. und 19. Jahrhunderts – der klassischen Nationalökonomie, der bürgerlichen Aufklärung und den Stammvätern der Soziologie – wurden die dort im Vergleich zu den westlichen Industriegesellschaften als traditionell verstandenen Bewußtseins- und Gesellschaftsstrukturen als die wesentlichen Hindernisse angesehen, die einer wirtschaftlichen, sozialen, politischen und mentalen Modernisierung im Wege standen. Insbesondere der indirekte Einfluß Max Webers, der über Talcott Parsons' Rezeption seit den dreißiger Jahren Eingang in den amerikanischen Strukturfunktionalismus gefunden hatte, war hier wirksam geworden. Dessen berühmte »pattern variables« wurden von Autoren wie Bert Hoselitz oder Marion Levy[3] ohne Umschweife auf die modernisierungstheoretische Analyse übertragen.

rien auseinandersetzt, nicht aber deren Hauptwerke selbst. Zur Orientierung vgl. Magnus Blomström/Björn Hettne, *Development Theory in Transition. The Dependency Debate & Beyond. Third World Responses*, London 1984; David Harrison, *The Sociology of Modernization and Development*, London 1988; Björn Hettne, *Development Theory and the Three Worlds*, Harlow 1990; Diana Hunt, *Economic Theories of Development. An Analysis of Competing Paradigms*, New York 1989; Franz Nuscheler (Hg.), *Dritte-Welt Forschung. Entwicklungstheorie und Entwicklungspolitik*, Opladen 1984. = Sonderheft 16 der Politischen Vierteljahresschrift; Udo Ernst Simonis (Hg.), *Entwicklungstheorie – Entwicklungspraxis. Eine kritische Bilanzierung*, Berlin 1986; Walt Whitman Rostow, *Theorists of Economic Growth from David Hume to the Present. With a Perspective on the Next Century*, New York 1990; Alvin Y. So, *Social Change and Development. Modernization, Dependency, and World System Theories*, London 1990; John G. Taylor, *From Modernization to Modes of Production. A Critique of the Sociologies of Development and Underdevelopment*, London 1979; Barbara Töpper, *Die Frage der Demokratie in der Entwicklungstheorie. Kritisches Resümee von 40 Jahren Theoriegeschichte*, in: Peripherie 10.1990, 39-40. S. 127-160.

3 Bert F. Hoselitz, *Sociological Aspects of Economic Growth*, Glencoe 1960; Marion J. Levy, *Modernisation and the Structure of Society. A Setting for International Affairs*. 2 Bde., Princeton 1966.

Folglich sei ein von außen zu fördernder institutioneller Wandel durch einschlägige Reformen einzuleiten, um den modernisierungswilligen Kräften freie Bahn zu verschaffen. Modernisierung war in diesem Verständnis ein welthistorisch zwangsläufiger und eindimensionaler Prozeß, von dem alle Gesellschaften, wenn auch zu unterschiedlichen Zeitpunkten, erfaßt werden. Unterstellt wurde, daß wirtschaftlicher und technologischer Wandel sich Hand in Hand mit sozialem und politischem Wandel vollziehen würde. Entwicklung wurde gleichgesetzt mit Produktivitätssteigerung, Wirtschaftswachstum, insbesondere Industrialisierung, damit einhergehend Urbanisierung, Alphabetisierung, sozialer Mobilisierung und schließlich Partizipation und Demokratisierung im Sinne westlicher parlamentarischer Systeme. Die politischen Systeme sollten durch schrittweise Reformen transformiert werden, wobei autoritäre Systeme in der Anfangsphase durchaus als notwendig akzeptiert wurden.[4] Ausgerüstet mit diesem Denken waren es vor allem amerikanische Autoren, die in den fünfziger und sechziger Jahren die »Dritte Welt« flächendeckend mit Fallstudien[5] überzogen und ganze Batterien von Daten erhoben, die als Indikatoren des unterstellten Wandels dienen sollten. Dem lag die kaum reflektierte Annahme zugrunde, daß Menschen lebende Datenträger seien, deren Antworten auf standardisierte Fragen ohne Rücksicht auf kulturelle Besonderheiten Aufschluß über ihr tatsächliches Denken und Handeln zuließen.

Lediglich auf dem Teilgebiet der Entwicklungsökonomie gab es eine Kontroverse. Während die in der neoklassischen Tradition stehenden Autoren auf die Kräfte des Marktes vertrauten, also eine liberale und im Außenwirtschaftsbereich

---

4 So bei Richard Löwenthal, *Staatsfunktionen und Staatsform in den Entwicklungsländern*, in: ders. (Hg.), *Die Demokratie im Wandel der Gesellschaft*, Berlin 1963. S. 164-192.
5 Z. B. Daniel Lerner, *The Passing of Traditional Society. Modernising the Middle East*, New York 1958.

an komparativen Kosten und internationaler Arbeitsteilung orientierte Politik empfahlen, setzte der damals vorherrschende Keynesianismus auch im Bereich der Entwicklungspolitik große Hoffnungen auf staatliche Eingriffe und vertrat eine binnenorientierte Wachstumsstrategie, die außenwirtschaftlich durch handelspolitische Maßnahmen abzusichern war, ohne eine Weltmarktorientierung grundsätzlich in Frage zu stellen. Dieses »klassische« Denken beherrschte die einschlägigen Institute, Lehrstühle und Forschungsprogramme ebenso wie die nationalen und internationalen entwicklungspolitischen Organisationen.

In krassem Gegensatz dazu wurde seit Mitte der sechziger Jahre im kritischen, linksliberalen, radikalen oder neomarxistischen Lager ein Paradigma entwickelt, das von dem umgekehrten Befund ausging. Nicht innergesellschaftliche, sondern außergesellschaftliche, in erster Linie außenwirtschaftliche Faktoren wurden als entscheidende Variablen für die Entwicklungsproblematik identifiziert. Folglich verwendete man nicht endogene Begriffe wie »rückständig«, »traditional« oder »unentwickelt«, sondern, um die exogene Verursachung herauszustellen, Begriffe wie »unterentwickelt« oder »abhängig«. Betont wurde, daß die Probleme der »Dritten Welt« nicht auf einen zu geringen Grad von Modernität (und damit implizit auf zu geringe Arbeitsproduktivität), sondern auf einen langen, von außen verursachten Prozeß gesellschaftlicher Deformation zurückzuführen seien, deren Wurzeln aus den Modalitäten der Kolonisierung und gewaltsamen Einbindung in die internationale Arbeitsteilung herrühren. Auch nach der formalen Unabhängigkeit wirkten diese Faktoren fort, wobei jetzt nicht mehr die direkte Beherrschung, sondern die durch anhaltende Einbindung in weltwirtschaftliche Strukturen verursachten Abhängigkeiten eine Perpetuierung der Unterentwicklung garantierten.

Entstanden ist diese Sichtweise nicht ganz zufällig in Lateinamerika, dessen Entkolonialisierung vergleichsweise lange zurücklag. Die dort formulierte Dependenztheorie griff zurück auf die bis zur Jahrhundertwende reichende und in den sechziger Jahren wiederentdeckte klassische Imperialismustheorie sowie auf die außenhandelstheoretische Argumentation von Raúl Prebisch und Hans Singer, die strukturelle Nachteile für die Primärgüterproduzenten bei einer Eingliederung in die internationale Arbeitsteilung diagnostiziert hatten. Im Westen wurde dieses Paradigma im Zuge der Renaissance des Marxismus begierig aufgenommen und um strukturalistische Neoimperialismus-, Weltmarkt- und Weltsystemtheorien bereichert. Auch hier lassen sich zwei konkurrierende Argumentationsstränge unterscheiden. Entweder wurden im Sinne der orthodoxen Leninschen Tradition die internationale Ausbeutung und der damit verbundene Ressourcenabfluß als Folge ungleicher Verwertungschancen auf den Weltmarkt in den Vordergrund gestellt, oder es wurde die über Jahrhunderte währende externe Durchdringung mit ihrem Resultat struktureller Deformationen (peripherer versus metropolitaner Kapitalismus) und daraus resultierenden Blockaden betont. Bei letzterer Argumentation wird deutlich, daß der Strukturalismus im »bürgerlichen« wie im »kritischen« Lager nachhaltigen Einfluß genommen hatte.

Wenn die Wurzel des Elends in den Außenbeziehungen gesehen wurde, mußte die strategische Schlußfolgerung auf eine radikale Modifikation dieser Außenbeziehungen, besser noch auf ein völliges Ausscheren aus dem Weltmarktzusammenhang hinauslaufen. In der radikalen Variante der Weltsystemtheorie wurde allerdings die Möglichkeit eines solchen Ausscherens geleugnet und statt dessen die vollständige Transformation des vom Kapitalismus dominierten Weltsystems zur Voraussetzung gemacht. Auf dieser Basis erst sei eine Restrukturierung der unterentwickelten Gesellschaften möglich. Das wiederum setzte eine mehr oder weniger revolutionäre Umgestaltung der jeweiligen Gesellschaften, in der radikalen (leninistischen) Variante, gar die Weltrevolution, voraus. Die anschließend zu inszenierende Entwicklung wurde paradoxerweise, ähnlich der »bürgerlichen« Theorie, ganz im Sinne von Produktivitätssteigerung und Industrialisierung verstanden, die dann nicht mehr einer peripheren, sondern einer autozentrierten Logik zu folgen habe. Der Unterschied reduzierte sich im Grunde auf die Instrumente ihrer Durchsetzung und die Schaffung der politischen Voraussetzungen.

Populär wurde das Paradigma nicht nur bei der westlichen Linken, sondern gleichermaßen auch bei den herrschenden Eliten in der »Dritten Welt«, denen allerdings eher die weltwirtschaftlichen Begründungen und Konsequenzen als die innergesellschaftlichen Schlußfolgerungen am Herzen lagen. Entsprechend fand das dependenztheoretisch beeinflußte Denken Eingang in die einschlägigen internationalen Organisationen wie etwa die UNCTAD und seinen Niederschlag in den Forderungen nach einer Neuen Weltwirtschaftsordnung.

Die skizzierte paradigmatische Klarheit der siebziger Jahre begann sich in der ersten Hälfte der achtziger Jahre aufzulösen. Einmal kam es zu Grenzüberschreitungen prominenter Vertreter der beiden Positionen. Im »bürgerlichen« Lager wurde zwar weniger die These von der internationalen Ausbeutung, wohl aber die von der strukturellen Deformation zumindest gewürdigt. Umgekehrt wandten sich ehemalige Vertreter der Dependenztheorie, zumindest aus der weniger orthodoxen Cardoso/Faletto-Richtung, vermehrt den »internen« Faktoren zu, begannen erstmals die Modernisierungstheorie ernsthaft zu rezipieren und nicht als bloße Ideologie zu denunzieren. Ferner kam es innerhalb der Lager zu erbitterten Linienkämpfen. Parallel zum Paradigmenwechsel in der Wirtschaftspolitik schlechthin gewannen die Neoklassiker auf entwicklungsökonomischem Gebiet wieder an Boden und drängten den Einfluß der Keynesianer zurück, die durchaus selbstkritisch erkannten, daß die Träume der fünfziger Jahre sich nicht erfüllt hatten. Auf der anderen Seite gab es zwischen den Entwicklungsoptimisten und -pessimisten einen scharfen Konflikt über die Frage, ob nachholende Entwicklung in einem Land überhaupt möglich sei, ggf. sogar eine Reformstrategie ausreiche, oder ob die Strukturen des Weltsystems so dominant seien, daß keine Chance zur eigenständigen nachholenden Entwicklung bestehe.

Eine zur linken Mainstream-Diskussion dissidente und deshalb auf wenig Gegenliebe stoßende Position wurde von Bill Warren[6] vertreten, der eine orthodox-marxistische Variante der Modernisierungstheorie entfaltete. Unter Rückgriff auf eher journalistische Arbeiten des frühen Marx über orientalische Länder wandte er sich gegen den entwicklungstheoretischen Leninismus und argumentierte, die historische Rolle des Kapitalismus sei noch längst nicht ausgespielt, der Imperialismus nicht das höchste, bereits auf den Niedergang hinweisende Stadium des Kapitalismus, sondern diene als Vehikel zur weltweiten Durchsetzung kapitalistischer Produktivkraftentfaltung und bereite damit erst der künftigen sozialistischen Revolution den Boden, die strukturalistische Unterscheidung zwischen peripherem und metropolitanem Kapitalismus mache also gar keinen Sinn. Gegen Warrens Verallgemeinerungen wurden allerdings die gleichen Argumente wie gegen die »bürgerliche« Modernisierungstheorie vorgebracht.

Entscheidender war der Umstand, daß die globalen Paradigmen schlechthin von vielen Autoren in Frage gestellt wurden. Das gilt zwar nicht für die Orthodoxen beider Richtungen, also Neoklassiker und Weltsystemtheoretiker der Frank/Wallerstein-Richtung, wohl aber für die Grenzüberschreiter. Auf der einen Seite äußerten sich prominente

6 Bill Warren, *Imperialism. Pioneer of Capitalism*, London 1980.

keynesianische Entwicklungsökonomen wie Myrdal, Streeten oder Hirschman skeptisch, ob die seinerzeit empfohlenen Strategien, generell die gesamte Entwicklungshilfepolitik, überhaupt einen Sinn habe.[7] Katalytisch wirkten der von Robert McNamara 1973 in seiner berühmten Nairobi-Rede eingeleitete Kurswechsel der Weltbank, der redistributive Maßnahmen zugunsten der absolut Armen forderte, sowie die diversen Gutachten über die Grenzen des Wachstums und die Berichte der Nord-Süd-Kommission. Hirschman zog 1981 ein kritisches Fazit und sprach vom »Niedergang der Entwicklungsökonomie«, die sich Mitte der sechziger Jahre dem Zangenangriff der Neoliberalen (wegen der Schwellenländer) und der Neomarxisten (wegen des Scheiterns der Importsubstitutionspolitik) ausgesetzt sah, und räumte ein, daß das Wachstum nicht, wie damals erhofft, zu Demokratisierung geführt hatte.[8] Der Neoklassiker Lal eröffnete 1983 den Frontalangriff auf die »Armut der Entwicklungsökonomie«[9], mußte sich allerdings von seiten des angegriffenen Lagers, wenn auch nicht ohne Selbstkritik, den Vorwurf der »Konterrevolution« gefallen lassen.[10] Die Weltbank schließlich veröffentlichte 1984 einen Sammelband, in dem berühmte Entwicklungsökonomen der frühen Jahre ihre damalige Sichtweise selbstkritisch bilanzierten.[11]

Im linken Lager war die Ernüchterung noch weitgehender, erfolgte die Demontage der alten Wahrheiten noch

---

7 Gunnar Myrdal, *Relief Instead of Development Aid*, in: *Intereconomics* Nr. 2, 1981. S. 86-89; Paul Streeten, *Changing Emphases in Development Theory*, in: Simonis 1986, S. 13-39.
8 Albert O. Hirschman, *Aufstieg und Niedergang der Entwicklungsökonomie*, in: ders., *Entwicklung, Markt und Moral. Abweichende Betrachtungen*, München 1989. S. 40-63 (engl. 1981).
9 Deepak Lal, *The Poverty of Development Economics*, London 1983.
10 Vgl. John Toye, *Dilemmas of Development. Reflections on the Counter-Revolution in Development Theory and Policy*. Oxford 1987.
11 Gerald M. Meier/Dudley Seers (Hg.), *Pioneers in Development*, New York 1984.

radikaler. Zunächst wurden in der ersten Hälfte der achtziger Jahre Breschen in die liebgewordene, durch das strukturalistische Denken beeinflußte dichotomische Sichtweise von Zentrum und Peripherie geschlagen. Konstatiert wurde ein Differenzierungsprozeß in der »Dritten Welt«, aus dem wiederum revisionistische Konsequenzen für die Struktur des Weltsystems, den Nord-Süd-Konflikt und die externen Aspekte der Entwicklungstheorie abgeleitet wurden.[12] Nicht viel später wurde gar das Ende der »Dritten Welt« diagnostiziert.[13] Konsequenz war ein vermehrtes Nachdenken über den Erklärungswert der Großtheorien, wobei zunächst noch eher vorsichtig deren Grenzen markiert wurden.[14] Ende der achtziger Jahre war dann schließlich von der »Krise der Entwicklungssoziologie«[15], dem »Weg in die Sackgasse«[16], der »Ratlosigkeit der großen Entwicklungstheorien«[17], den »Theorieruinen der Entwicklungsforschung«[18] oder gar vom »Fiasko der Entwicklungstheo-

---

12 Menzel 1983.
13 Nosratholla Barati-Novbari/Frank Seelow, *Das Ende der Dritten Welt*, Bochum 1982; Andreas Eikenberg, *Die »Dritte Welt«. Abschied von einer bequemen Vorstellung*, in: Weltpolitik. Jahrbuch für Internationale Beziehungen 3, 1983. S. 166-192; Nigel Harris, *The End of the Third World. Newly Industrializing Countries and the Decline of an Ideology*, Harmandsworth 1986.
14 Blomström/Hettne 1984; Andreas Boeckh, *Dependencia und kapitalistisches Weltsystem, oder: Die Grenzen globaler Entwicklungstheorien*, in: Nuscheler 1985, S. 56-74; Stuart Corbridge, *Capitalist World Development. A Critique of Radical Development Geography*, London 1986.
15 Manfred Nitsch, *Die Fruchtbarkeit des Dependencia-Ansatzes für die Analyse von Entwicklung und Unterentwicklung*, in: Simonis 1986. S. 229-264; Nicos Mouzelis, *Sociology of Development. Reflections on the Present Crisis*, in: Sociology 22.1988,1. S. 23-44.
16 David Booth, *Marxismus und Entwicklungssoziologie: Der Weg in die Sackgasse*, in: Prokla 18.1988,2. S. 13-48; Thomas Hurtienne, *Die globale Abhängigkeitstheorie in der Sackgasse? Plädoyer für historisch-strukturelle Abhängigkeitsanalysen*, in: Blätter des IZ3W, Nr. 154, 1988/89. S. 31-35.
17 Dirk Messner, *Die Ratlosigkeit der Entwicklungstheorien. Südkorea paßt nicht ins Konzept*, in: Blätter des IZ3W, Nr. 154, 1988/89. S. 36-40.
18 Leopolodo Mármora/Dirk Messner, *Theorieruinen der Entwicklungsforschung. Überlegungen am Vergleich Argentinien-Südkorea*, in: Blätter für deutsche und internationale Politik Nr. 10, 1989. S. 1206-1219.

rien«[19] die Rede. In zwei jüngsten Debatten[20] zum Thema wurde eine Revision überkommener Vorstellungen und eine »Entrümpelung« der Diskussion gefordert, die herrschende Praxis von Entwicklungshilfeprojekten[21] einer scharfen Kritik unterzogen und die Mythenbildung im Hinblick auf die Befreiungsbewegungen attackiert.[22] Lediglich Frank und Wallerstein halten unbeirrt an dem alten Paradigma fest. 1989 erschien Band 3 von Wallersteins *Modern World-System*, dem vermutlich noch zwei weitere folgen werden, wobei sich seine Perspektive mehr und mehr auf die »Erste Welt« und deren Expansion verschiebt.[23] Frank arbeitet sogar an der historischen Ausweitung der Weltsystemtheorie, indem er ein Vorhaben annonciert, das die Herausbildung

---

19 Elmar Altvater, *Das Fiasko der Entwicklungstheorien oder: Paradoxien der industriellen Entwicklung im tropischen Regenwald Brasiliens*, in: Hartmut Elsenhans u. a. (Hg.), *Frankreich – Europa – Weltpolitik*, Opladen 1989. S. 442-457.

20 *Dependenztheorie am Ende?* in: *Blätter des IZ3W*, Nr. 154, 155, 156, 1988/89 bzw. zum Thema »Befreiungshilfe« in: *Blätter für deutsche und internationale Politik* Nr. 8/1988, 2/1989, 4/1989, 7/1989, 10/1989.

21 Das geschieht bereits seit einigen Jahren. Vgl. dazu Gerhard Bierwirth, »*Ich entwickle – also bin ich!« Unauflösbare Widersprüche der Entwicklungshilfe am Beispiel eines bundesdeutschen Projekts*, in: *Friedensanalysen* 15/1982, S. 270-303; D. Dirmoser/R. Gronemeyer/G. A. Rakelmann, *Mythos Entwicklungshilfe. Entwicklungsruinen: Analysen und Dossiers zu einem Irrweg*, Gießen 1991; Brigitte Erler, *Tödliche Hilfe. Bericht von meiner letzten Dienstreise in Sachen Entwicklungshilfe*, Freiburg 1985; G. Hancock, *Händler der Armut. Wohin verschwinden unsere Entwicklungsmilliarden?*, München 1989; R. Klitgaard, *Tropical Gangsters. One Man's Experience with Development and Decadence in Deepest Africa*, New York 1990; J. Madeley, *How Projects Fail, and How Could They Succeed*, London 1991.

22 Roger Peltzer, *Befreiungsmythen. Plädoyer für die Revision einiger Leitvorstellungen der Dritte-Welt-Bewegung*, in: *Blätter für deutsche und internationale Politik* Nr. 4/1989. S. 447-461; Jörg Meyer-Stamer, *Mythen allerorten. Ein Beitrag zu den entwicklungspolitischen Überlegungen von Roger Peltzer*, in: *Blätter für deutsche und internationale Politik* Nr. 7/1989. S. 875-882; Vgl. bereits früher Michael Schornsheimer, *Helden, Mythen und die Linke. Elemente einer Kritik des Internationalismus*. 2 Bde., Kiel 1986. = BRD und »Dritte Welt« Nr. 21 u. 22.

23 Immanuel Wallerstein, *The Modern World System III. The Second Era of Great Expansion of the Capitalist World-Economy, 1730-1840s*, New York 1989.

des modernen Weltsystems bereits in die Frühgeschichte verlagert.[24]

Ansonsten läßt sich am Schicksal der Dependenztheorie fast schon exemplarisch der Auf- und Abstieg eines Paradigmas verfolgen. Ende der sechziger Jahre begann die Innovationsphase mit den berühmten Büchern von Frank und Cardoso/Faletto.[25] Anfang der siebziger Jahre folgte die theoretische Ausarbeitung und weltweite Diffusion. Mitte der siebziger Jahre traten die Anwender auf den Plan, die das Paradigma mittels Fallstudien immer wieder bestätigten, bis eine regelrechte Marktsättigung eingetreten war. Profilierung war dann nur noch durch sich steigernde Kritik oder Differenzierung einzelner Aspekte möglich, bis schließlich Ende der siebziger Jahre die radikalen Abrechnungen erfolgten.[26] Booth faßte die Kritik jüngst in dem vernichtenden Fazit zusammen, daß die Dependenztheorie korrumpiert sei aufgrund veschiedener Spielarten einer zirkulären Argumentation, unzulässiger Verallgemeinerung einzelner empirischer Beobachtungen sowie der schwachen Verankerung in einer deduktiven Theorie.[27] Ein ähnlicher Zyklus gilt für die Wiederbelebung der Imperialismustheorie, die Weltmarktdiskussion, die Terms of Trade-Debatte, die Diskussion um den Ungleichen Tausch[28], die Multina-

---

24 Andre Gunder Frank, *A Theoretical Introduction to 5,000 Years of World System History*, in: *Review* 13. 1990, 2. S. 155-248. Vgl. dazu auch Janet L. Abu-Lughold, *Before European Hegemony. The World System A.D. 1250-1350*, New York 1989.
25 Andre Gunder Frank, *Kapitalismus und Unterentwicklung in Lateinamerika*, Frankfurt 1969 (engl. 1967); Fernando H. Cardoso/Enzo Faletto, *Abhängigkeit und Unterentwicklung in Lateinamerika*, Frankfurt 1976 (span. 1969).
26 Z. B. Hans Jürgen Puhle (Hg.), *Lateinamerika. Historische Realität und Dependencia-Theorien*, Hamburg 1977; Tony Smith, *The Underdevelopment of Development Literature: The Case of Dependency Theory*, in: *World Politics* 31.1979,2. S. 247-288; Manfred Bienefeld/M. Godfrey (Hg.), *Is Dependency Dead?* IDS Bulletin 12.1980,1.; Dudley Seers (Hg.), *Dependency Theory. A Critical Reassessment*, London 1981.
27 Booth 1988.
28 Mohssen Massarat, *Die Theorie des ungleichen Tauschs in der Sackgasse. Ver-*

tionalen Konzerne[29], die Produktionsweisen-[30] und Staatsableitungsdiskussion[31] – alles Themen, über die zu Zeiten so erbittert und so orthodox gestritten wurde.

Viele der alten Kämpen von damals haben, nachdem sie noch ihr ganz persönliches Schlußwort veröffentlichen, sich neuen Paradigmen, z. T. lediglich neuen Moden zugewandt. Beispielhaft ist hier die Wiederentdeckung der Kultur, die an die Stelle der harten politökonomischen Analyse trat.[32] Oder es wurden Themen, die eigentlich aus anderen gesellschaftspolitischen Bereichen stammen, in die entwicklungstheoretische Diskussion eingebracht wie etwa die Feminismus-[33], Ökologie-[34] oder gar die Fordismusdiskussion.[35] Unbestritten ist die Relevanz dieser Themen für die Entwicklungstheorie. Zu fragen ist nur, warum so viele Kombattanden der siebziger Jahre heute so ausschließlich die neuen Aspekte in den Vordergrund stellen, läßt sich so vielleicht doch das Scheitern ihrer alten Paradigmen am elegantesten kaschieren.

---

such einer Erklärung der Terms of Trade, in: *Die Dritte Welt* 6.1978,1. S. 40-73.
29 Hartmut Elsenhans, *Entmystifizierung multinationaler Konzerne*. Basel 1982; Gerd Junne, *Aufstieg und Verfall kritischer Forschung über multinationale Unternehmen*, in: Elsenhans u. a. 1989, S. 400-410.
30 Ronald H. Chilcote/Dale L. Johnson (Hg.), *Theories of Development. Mode of Production or Dependency?*, Beverly Hills 1983.
31 Rolf Hanisch/Rainer Tetzlaff (Hg.), *Staat und Entwicklung. Studien zum Verhältnis von Herrschaft und Gesellschaft in Entwicklungsländern*, Frankfurt 1981.
32 Z. B. Detlef Kantowsky, *Von Südasien lernen*, Frankfurt 1985.
33 Claudia von Werlhof u. a., *Frauen, die letzte Kolonie. Zur Hausfrauisierung der Arbeit*, Reinbek 1983.
34 Wolfgang Hein, *Umwelt und Entwicklungstheorie – Ökologische Grenzen der Entwicklung in der Dritten Welt?* in: *Nord-Süd aktuell* 4.1990,1. S. 37-52; ders. (Hg.), *Umweltorientierte Entwicklungspolitik*, Hamburg 1991.
35 Thomas Hurtienne, *Fordismus, Entwicklungstheorie und Dritte Welt*, in: *Peripherie* Nr. 22/23, 1986, S. 60-110.

2. Der Differenzierungsprozeß schreitet fort

Damit stellt sich die Frage nach den Ursachen der skizzierten Desillusionierung, die keineswegs nur aus innerakademischen Einsichten herrührt. Beginnen wir mit einer grundsätzlichen Überlegung, die für jegliche Art von Theoriebildung zu gelten hat. Wenn sozialwissenschaftliche Theorie mehr sein soll, als im nachhinein zu erklären, warum diese oder jene Entwicklung sich so oder so vollzogen hat, vielmehr aus der Analyse der Vergangenheit die Gegenwart verstehen und damit zukünftiges Handeln anleiten will – dann läßt sich mit Fug und Recht behaupten, daß die globalen Paradigmen nicht nur in die Krise geraten, sondern in der Tat gescheitert sind. Die Modernisierungstheorie ist gescheitert, weil sich herausgestellt hat, daß es nicht zu einem weltweiten wirtschaftlichen, sozialen und politischen Wandel gekommen ist, der den Ländern der »Dritten Welt« zu einem Profil verholfen hätte, das sich dem der Industrieländer annähert. Von wenigen Ausnahmen abgesehen war Wachstum, wenn es dazu gekommen ist, immer nur ausschnitthaft, partizipierte daran nur ein kleiner Teil der Bevölkerung, war sozialer Wandel stets partiell und führte eher zu einer Karikatur des westlichen Modernisierungsprozesses, kann von einer durchgängigen Tendenz zur Demokratisierung keine Rede sein. Selbst auf dem Gebiet der Entwicklungsökonomie war weder den keynesianischen noch gar den neoklassischen Rezepten ein durchschlagender Erfolg beschieden.

Diese fast schon klassische Bestätigung der Kuhnschen Theorie über die Ursachen des Paradigmenwechsels[36] wiederholte sich 15 bis 20 Jahre später aufs neue im Hinblick auf das dependenztheoretische Paradigma, da sich dessen pauschale Diagnose weltweiter struktureller Blockierung

---

36 Vgl. Thomas Kuhn, *Die Struktur wissenschaftlicher Revolutionen*, Frankfurt am Main 1973 (engl. 1962).

von Entwicklungsprozessen als ebenso unhaltbar erwiesen hat. Als unhaltbar herausgestellt haben sich auch die darauf basierenden ökonomistischen staatstheoretischen Aussagen, die aus der besonderen Ausprägung der Peripherie im Weltsystem einen besonderen Staat ableiten wollten. So wurde auf der Hamburger Konferenz der Deutschen Vereinigung für Politische Wissenschaft bereits 1979 eingeräumt, daß es den »peripheren Staat« nicht gibt[37], letzten Endes auch ein Reflex auf den Umstand, daß im Grunde von einer ausgearbeiteten marxistischen Staatstheorie keine Rede sein kann.[38]

Tatsächlich ist seit der Unabhängigkeit der Kolonien eine wachsende Heterogenisierung der »Dritten Welt« zu konstatieren. Auf der einen Seite die wachsende Verelendung in vielen Ländern[39], die durch das sich beschleunigende und schier unaufhaltsam erscheinende Bevölkerungswachstum noch dramatisiert wird, weil die meisten Länder mittlerweile in die zweite Phase des demographischen Übergangs eingetreten sind, in der die Sterberate sinkt, die Geburtenrate aber anhaltend hoch bleibt. Der Weltentwicklungsbericht der Weltbank des Jahres 1991 weist für die 41 Mitgliedsländer, die unter die absolute Armutsgrenze bis zu 500 US-$ pro Kopf und Jahr fallen, für den überwiegenden Teil stagnierende oder gar negative Wachstumsraten über den Zeitraum 1965-1989 auf. Separiert man hier China und Indien mit vergleichsweise positiver Wachstumsbilanz, sind davon immerhin noch rund 970 Mio Menschen betroffen. Hinzu kommen die dort besonders verbreiteten ökologischen Katastrophen, Dürreperioden, Hungerkrisen, Land-

---

37 Vgl. Hanisch/Tetzlaff 1981.
38 Nicos Mouzelis, *Post-Marxist Alternatives: The Construction of Social Orders*, London 1990.
39 Vgl. u. a. UNCTAD, *The Least Developed Countries 1988 Report*, New York 1989; Thomas Krebs, *Strukturen der Langzeitkrise. Bevölkerung, Nahrungsmittelproduktion und Ernährung in Schwarzafrika*, Hamburg 1988; Weltbank, *Weltentwicklungsbericht 1990. Die Armut*, Washington 1990.

flucht, Verödung ganzer Regionen und unregierbare städtische Agglomerationszentren. Aber dieses Bild von der »Dritten Welt« ist nicht das ganze Bild.

Auf der anderen Seite ist es in einer Reihe von Ländern zu durchaus bemerkenswerten Industrialisierungs- und Agrarmodernisierungsprozessen gekommen. Diese Schwellenländer sind allerdings wieder differenziert zu betrachten. Im Hinblick auf die Region Ost- und Südostasien läßt sich mittlerweile der Nachweis erbringen, daß aus ihnen (Hongkong, Singapur, Taiwan, Südkorea) junge Industrieländer geworden sind, die bereits über viele Attribute westlicher Industriegesellschaften verfügen und ihrerseits einen bemerkenswerten Verdrängungswettbewerb auf den Weltmärkten auslösen. Die Frage der Verschuldung ist hier kein Thema mehr, da sie dank hoher Handelsbilanzüberschüsse selber zu Nettokapitalexporteuren geworden sind oder, wie in Südkorea, ihre noch vor Jahren enorme Schuldenlast drastisch reduzieren konnten. Das gilt immerhin für etwa 70 Mio Menschen. Auch schickt sich eine zweite Generation in der Region an, nämlich Malaysia und Thailand, den genannten nachzufolgen, hat der gesamte ASEAN-Bereich mit rund 310 Mio Einwohnern in den letzten 15 Jahren beachtliche Wachstumsraten zu verzeichnen.[40]

Daneben gibt es Länder wie Brasilien, Mexiko, Argentinien oder Indien, die in der Schwellenländer-Literatur immer wieder genannt werden, auch über integrierte industrielle Kerne verfügen und zwischenzeitlich hohe Wachstumsraten ausweisen konnten, in denen es aber nicht gelungen ist, die von der Entwicklungsökonomie erwarteten Ausbreitungs- und Durchsickerungseffekte wirksam werden zu lassen. Hier ist der von der Dependenztheorie geprägte Begriff der strukturellen Heterogenität in sozialer wie in regionaler

---

40 Vgl. dazu Werner Draguhn (Hg.), *Asiens Schwellenländer: Dritte Weltwirtschaftsregion? Zur wirtschaftlichen Entwicklung der »Vier kleinen Tiger« sowie Thailands, Malaysias und Indonesiens*, Hamburg 1991.

Hinsicht durchaus zutreffend. Nicht zufällig ist deshalb das Thema Schwellenländer in allen Lagern zum Focus einer »revisionistischen« Literatur geworden.[41] Das gleiche Thema war auch Anlaß für die Weiterentwicklung des Nullsummenspiels der Weltsystemtheorie[42] wie die Rennaissance der marxistischen Modernisierungstheorie.[43]

Ferner gibt es die Gruppe der ölexportierenden Länder mit immerhin ca. 600 Mio Menschen, die dank der zweimaligen drastischen Steigerung der Ölpreise in den siebziger Jahren erhebliche Einkommenssteigerungen zu verzeichnen hatten. Diejenigen unter ihnen mit geringer Bevölkerungszahl haben sich zu regelrechten Rentierstaaten gemausert und mittlerweile ein Plafond erreicht, daß ihnen der Rückgang der Ölpreise in den achtziger Jahren nicht mehr viel anhaben konnte. Hier liegt das Pro-Kopf-Einkommen im OECD-Bereich, teilweise sogar auf den Spitzenplätzen. Demgegenüber sind die bevölkerungsreichen OPEC-Staaten nahezu allesamt in die Krise geraten, weil sie entweder die Öleinnahmen für militärische Abenteuer im wahrsten Sinne des Wortes verpulvert (Iran, Irak, Lybien) oder in Prestigebauten »investiert« haben, sie unter massi-

---

41 Aus neoklassischer Sicht Juergen B. Donges/Lotte Müller-Ohlsen, *Außenwirtschaftsstrategien und Industrialisierung in Entwicklungsländern*, Tübingen 1978; Béla Balassa, *The Newly Industrializing Countries in the World Economy*, New York 1981; Anne O. Krueger, *Trade and Employment in Developing Countries, 3: Synthesis and Conclusions*, Chicago 1981; aus kritischer Sicht David B. Yoffie, *Power and Protectionism. Strategies of the Newly Industrializing Countries*, New York 1981; Helmut Asche, *Industrialisierte Dritte Welt? Ein Vergleich von Gesellschaftsstrukturen in Taiwan, Hongkong und Südkorea*, Hamburg 1984; Gordon White/Robert Wade (Hg.), *Developmental States in East Asia*, Brighton 1985. = IDS Research Report 16; Ulrich Menzel, *In der Nachfolge Europas. Autozentrierte Entwicklung in den ostasiatischen Schwellenländern Südkorea und Taiwan*, München 1985; Richard Luedde-Neurath, *Import Controls and Export Oriented Development. A Reassessment of the South Korean Case*, Boulder 1986.
42 Volker Fröbel u. a., *Die neue internationale Arbeitsteilung. Strukturelle Arbeitslosigkeit in den Industrieländern und die Industrialisierung der Entwicklungsländer*, Reinbek 1977.
43 Warren 1980.

ver Kapitalflucht leiden oder die ambitionierten Industrialisierungsprogramme aus diversen Gründen nicht handhabbar sind. Paradoxerweise ist deshalb gerade ein Teil der Ölexporteure innerhalb und außerhalb der OPEC von der Verschuldung am stärksten betroffen.

Und schließlich gibt es noch die Länder mit relativer Verarmung wie im südlichen Teil von Lateinamerika. Vor 80 bis 100 Jahren vermochten sie ähnlich wie die angelsächsischen Siedlerkolonien über den Export ihrer Naturreichtümer in die Spitzengruppe der Wohlhabenden aufzurücken, sind aber seit den dreißiger, spätestens seit den fünfziger Jahren auf ihrem damaligen Niveau stehen geblieben, was im wesentlichen auf innergesellschaftliche Gründe zurückzuführen ist. Ähnliches gilt auch für die Exportökonomien am Schwarzen Meer (Rumänien, Ukraine), deren »kritische Periode« zwischen 1880 und 1930 nicht in einen Entwicklungsdurchbruch umgesetzt werden konnte.[44]

Selbst bei einer Betrachtung der Welt nach der herkömmlichen geographischen Aufteilung stellt sich heraus, daß erhebliche Unterschiede vorhanden sind. In der nachfolgenden Tabelle werden einige Indikatoren präsentiert, die alljährlich von der Weltbank veröffentlicht werden und unter dem Gesichtspunkt der problematischen internationalen Vergleichbarkeit als relativ zuverlässig anzusehen sind.

Im Afrika südlich der Sahara gibt es zwar die meisten ganz armen Länder. Das gilt aber im wesentlichen für die Sahel-Zone und Ostafrika, während in Westafrika die Situation weniger dramatisch ist, reicht die Spannbreite des BSP pro Kopf und Jahr (!) doch immerhin von Äthiopien (120 US-$) bis Gabun (2960 US-$). In Asien ist sie noch wesentlich größer. Die ärmsten Länder sind in der Himalaya-

---

[44] Vgl. dazu Iván T. Berend/György Ránky, *The European Periphery and Industrialization 1780-1914*, Cambridge 1982; Nicos Mouzelis, *Politics in the Semiperiphery: Early Parliamentarism and Late Industrialization in the Balkans and Latin America*, London 1986.

Tabelle 1: Entwicklungsindikatoren für ausgewählte Länder der »Dritten Welt« für das Jahr 1989

	Bevölk. in Mio	BSP/Kopf in US-$	Wachst. BSP/Kopf 1965-89 in %	Investitions- quote	Lebens- erwartung in Jahren	Anteil städt. Bevölk. in %	Bevölk.- Wachst. 1980-89 in %
Afrika südlich der Sahara							
Äthiopien	49,5	120	-0,1	13	48	13	3,0
Tansania	23,8	130	-0,1	21	49	31	3,1
Mosambik	15,3	180		33	49	26	2,7
Nigeria	113,8	250	0,2	13	51	35	3,4
Zaire	34,5	260	-2,0	13	53	39	3,1
Simbabwe	9,5	650	1,2	21	64	27	3,5
Elfenbeinküste	11,7	790	0,8	10	53	40	4,1
Kamerun	11,6	1 000	3,2	18	57	40	3,2
Botswana	1,2	1 600	8,5	24	67	26	3,4
Mauritius	1,1	1 990	3,0	29	70	41	1,0
Südafrika	35,0	2 470	0,8	21	62	59	2,4
Gabun	1,1	2 960	0,9	26	53	45	3,7

Asien

Bangladesh	110,7	180	0,4	12	51	16	2,6
Indien	832,5	340	1,8	24	59	27	2,1
China	1113,9	350	5,7	36	70	53	1,4
Indonesien	178,2	500	4,4	35	61	30	2,1
Thailand	55,4	1220	4,2	31	66	22	1,9
Malaysia	17,4	2160	4,0	30	70	42	2,6
Südkorea	42,4	4400	7,0	35	70	71	1,2
Taiwan	20,1	7570	7,2	23	74	78	1,2
Hongkong	5,7	10350	6,3	27	78	94	1,5
Singapur	2,7	10450	7,0	35	74	100	1,2
Brunei[a]	0,2	15390			75		

Naher und Mittlerer Osten

Ägypten	51,0	640	4,6	24	60	46	2,5
Jemen	11,2	650			48	28	3,4
Türkei	55,0	1370	2,6	22	66	60	2,4
Algerien	24,4	2230	2,5	31	65	51	3,0
Iran	53,3	3200	0,5	30	63	56	3,5
Oman	1,5	5220	6,4		65	10	4,7
Libyen	4,4	5310	-3,0		62	69	4,2
Saudi-Arabien	14,4	6020	2,6	21	64	76	5,0
Israel	4,5	9790	2,7	16	76	91	1,7
Kuweit	2,0	16150	4,0	19	74	95	4,4
VAE	1,5	18430	-4,0	25	71	78	4,6

Tabelle 1: (Fortsetzung)

	Bevölk. in Mio	BSP/Kopf in US-$	Wachst. BSP/Kopf 1965-89 in %	Investitionsquote	Lebenserwartung in Jahren	Anteil städt. Bevölk. in %	Bevölk.-Wachst. 1980-89 in %
Lateinamerika							
Haiti	6,4	360	0,3	10	55	28	1,9
Bolivien	7,1	620	-0,8	11	54	51	2,7
Nicaragua[a]	3,5	830	-2,5		63	58	3,4
Paraguay	4,2	1030	3,0	24	67	47	3,2
Chile	13,0	1770	0,3	17	72	85	1,7
Mexiko	84,6	2010	3,0	20	69	72	2,1
Argentinien	31,9	2160	-0,1	14	71	86	1,4
Venezuela	19,2	2450	-1,0	30	70	84	2,8
Brasilien	147,3	2540	3,5	23	66	74	2,2
Trinidad/Tob.	1,3	3230	0,4	18	71	68	1,7
Puerto Rico[a]	3,3	5530		24	75		
Europa							
Polen	37,9	1790		33	71	61	0,7
Bulgarien	9,0	2320			72	67	0,2
Ungarn	10,6	2590		25	71	61	-0,2
Jugoslawien	23,7	2920	3,2	39	72	55	0,7
CSFR	15,6	3450			72	77	0,3
Portugal	10,3	4250	3,0	30	75	33	0,6
Griechenland	10,0	5350	2,9	18	77	62	0,4
Spanien	38,8	9330	2,4	25	77	78	0,4

[a] 1987

Region, in Zentralasien (inklusive des ehemals sowjetischen und chinesischen Teils) und in Südasien zu finden, während Ost- und Südostasien eher gut abschneiden. Hier reicht die Kluft von Bangladesh (180 US-$) bis zum Krösus Brunei (15390 US-$). Auch im Nahen und Mittleren Osten, wo die meisten Ölländer zu finden sind, gibt es das Armenhaus Jemen, ein Mittelspektrum am Südrand des Mittelmeers und die Wohlstandsregion am Persischen Golf. Selbst in Lateinamerika, wo die relativen Unterschiede geringer sind, gehört die Andenregion zum Armenhaus, sind die Karibikanrainer eher wohlhabend, und bewegt sich der Süden im Mittelspektrum. Vergleicht man diese Zahlen schließlich mit der »Dritten Welt« in Europa, so stellt sich heraus, daß es in den genannten Regionen zahlreiche Länder gibt, die höhere Werte als Portugal, Griechenland oder Jugoslawien aufweisen. Selbst frühere Mitglieder der »Zweiten Welt« wie die CSFR, Bulgarien, Ungarn oder Polen sind aufgrund dieses Indikators eher der »Dritten Welt« zuzurechnen. Sobald entsprechende Daten für Rumänien, den südlichen Teil des ehemaligen Jugoslawiens oder gar Albanien vorliegen, wird sich das noch deutlicher herausstellen. Eine regionale statistische Aufgliederung der ehemaligen Sowjetunion macht ebenfalls deutlich, daß deren »Süd- und Ostgebiete«, also der kaukasische und zentralasiatische Teil, nur politisch der »Zweiten Welt« angehört haben.[45]

Die Tabelle gibt ferner Aufschluß darüber, daß sich hinter diesen Werten eine ganz unterschiedliche Dynamik verbirgt. Den etwa 40 Ländern mit stagnierenden oder gar rückläufigen Wachstumsraten stehen etwa genau so viele gegenüber, die in den letzten 15 Jahren ein jährliches pro Kopf-Wachstum von 2 bis 8 Prozent aufweisen, obwohl mittlerweile fast alle die berühmte Rostowsche Zehn Prozent-Hürde bei der Investitionsquote deutlich überschrit-

---

45 Vgl. dazu auch Kurt Spiess, *Periphere Sowjetwirtschaft. Das Beispiel Russisch-Fernost 1897-1970*, Zürich 1980.

ten haben, offenbar kein Kriterium, das automatisch ein sich selbst tragendes Wachstum garantiert.

Wem diese Daten allein nicht aussagekräftig genug sind, der sei auf andere Indikatoren der Tabelle verwiesen. Die durchschnittliche Lebenserwartung ist sicherlich ein guter Sammelindikator, da in ihn Faktoren wie medizinische Versorgung, Ernährungslage, Seuchenbekämpfung etc. eingehen, hier also in einem umfassenderen Sinne »Entwicklung« sichtbar wird. Innerhalb des gesamten Länderspektrums gibt es etliche Länder, die an OECD-Werte von 70 und mehr Jahren heranreichen, während bei anderen die durchschnittliche Lebenserwartung um bis zu 20 Jahre geringer ausfällt. Das korrespondiert, wie nicht anders zu erwarten, häufig, aber nicht immer, mit dem Pro-Kopf-Einkommen. Die große Ausnahme bildet China mit 350 US-$, aber einer Lebenserwartung von 70 Jahren.

Die Daten über das Bevölkerungswachstum zeigen, daß es in einer Reihe von Ländern schon deutlich unter zwei Prozent liegt, während in anderen noch drei bis vier Prozent jährlich erreicht werden. Schließlich ist auch der Urbanisierungsgrad, für die Modernisierungstheorie ein zentraler Indikator, da er Aussagen über soziale Mobilisierung zuläßt, sehr unterschiedlich. Viele Länder sind immer noch reine Agrarstaaten, während etliche mit einer Verstädterungsquote von 60 bis 90 Prozent aufwarten können.

Wem das immer noch nicht ausreicht, der sei auf einen alternativen Datensatz verwiesen, den die Vereinten Nationen mit ihrem Human Development Index vorgelegt haben. Hier wird insbesondere bei der BSP/pro Kopf-Größe die jeweilige Kaufkraft berücksichtigt. Ferner gehen in den Index Lebenserwartung, Alphabetisierung u. a. ein. Er kommt zwar für etliche Länder bezüglich der Rangliste zu abweichenden Werten, reflektiert aber letztlich ein vergleichbares Maß von Differenzierung wie bei den Weltbank-Daten.[46]

46 Er ist abgedruckt in *Der Überblick* Nr. 2, 1990, S. 74-75.

Die sich aufdrängende Frage lautet natürlich, wie das alles im Licht der diskutierten Globaltheorien zu erklären ist. Die seit etlichen Jahren von diversen Organisationen vorgenommene begriffliche Differenzierung der »Dritten Welt« in Schwellenländer oder Newly Industrializing Countries, Least Developed Countries, Most Serious Affected Countries, Länder mit niedrigem oder mittlerem Einkommen, Ölex- oder Ölimportierende Länder, Landlocked- oder Küstenstaaten, Kleinst- und Insel- versus Flächenstaaten oder die diversen regionalen Kennzeichnungen wie Sahel- und Golfstaaten sind nicht nur begriffliche Spielerei, sondern der Ausdruck des Versuchs, dieser Vielfalt analytisch gerecht zu werden, auch wenn es, abgesehen von der Schwellenländer- und OPEC-Diskussion, bislang keine ausgearbeitete Theorie gibt, dieser Differenzierung gerecht zu werden.

Neben diesem Prozeß wirtschaftlicher und sozialer Differenzierung ist auch ein bemerkenswerter Prozeß politischer Differenzierung zu konstatieren, der ebenfalls mit den genannten Großtheorien nicht vereinbar ist. Im Gegensatz zur optimistischen Annahme der Modernisierungstheorie, daß Wirtschaftswachstum zwangsläufig zu Demokratisierung führe, zeichnen sich gerade die von besonders hohen Wachstumsraten geprägten Länder Ost- und Südostasiens durch anhaltend autoritäre Systeme mit nur kosmetischer Liberalisierung aus, kann dort von Verbürgerlichung im westlichen Sinne nicht gesprochen werden. Im Gegenteil, gerade die omnipotente Rolle der staatlichen Bürokratie wird, in Vergangenheit wie in Zukunft, als eine entscheidende Variable für wirtschaftliche Erfolge angesehen. Ähnliches gilt auch unter anderen gesellschaftlichen Bedingungen für die Wohlstandsregion am Persischen Golf, deren Feudalsysteme durch den Anstieg der Öleinnahmen eher gefestigt wurden. Selbst wenn die Refundamentalisierung in der arabisch-islamischen Welt möglicherweise ihren Höhepunkt bereits überschritten hat, so sind doch die in vielen Ländern zu beobachtenden theokratischen Tendenzen mit der klassischen Modernisierungstheorie ebenfalls unvereinbar.

Umgekehrt gibt es aber eine Reihe von Ländern mit substantieller Demokratisierung (Chile, Argentinien, Philippinen), ohne daß es dort in den letzten 10 oder 20 Jahren zu bemerkenswerten Industrialisierungserfolgen gekommen wäre, ein Vorgang, der der Dependenz- wie der Modernisierungstheorie Probleme bereiten muß. Auch das ehemals sozialistische Lager löst vor diesem Hintergrund eher Kopfzerbrechen aus. Wieso führte die dortige Stagnation in einem Teil der Länder zu Demokratisierung (Ost- und Südosteuropa), in einem zweiten Teil (islamische Welt der ehemaligen Sowjetunion) zu Theokratisierung, während sich in einem dritten Teil (China, Nordkorea, Vietnam, Kuba) autoritäre Systeme erhalten können? Ins theoretisch zu erwartende Bild paßt allenfalls die Entwicklung in Spanien und Portugal, wo sich in der Tat nachweisen läßt, daß das hohe Wachstum der letzten Dekade mit Demokratisierung einherging.

Überfällig ist also seit langem eine theoretisch reflektierte Typologie der »Dritten Welt«, die die jeweiligen historischen, politischen und kulturellen Besonderheiten zum Ausgangspunkt nimmt und erst dann fragt, welche Blockaden, aber auch welche Chancen der Weltmarkt ebenso wie politische Abhängigkeiten jeweils geboten haben. Aus dieser Typologie wären dann Theorien »mittlerer Reichweite« zu formulieren.

3. Das Ende der »Dritten Welt«

Weitgehend unkommentiert hat der Begriff »Dritte Welt« im Laufe der Zeit unter der Hand einen Bedeutungswandel vollzogen, der von seinen Erfindern gar nicht intendiert war.

Wenn man ihn heute verwendet, meint man damit Länder, die aus der Sicht der Industrieländer arm, unterentwickelt, rückständig sind. Er hat also zumindest unterschwellig einen abwertenden Beiklang, eben den des »drittklassigen«. Entstanden ist er aber in den fünfziger Jahren aus der Perspektive des Ost-West-Konflikts, der die Welt in eine erste, kapitalistische, und eine zweite, sozialistische, geteilt hatte und zunehmend auf dem Territorium derjenigen Länder ausgetragen wurde, die keinem der beiden Blöcke angehörten. Die 1955 auf der Konferenz von Bandung ins Leben gerufene Blockfreienbewegung wollte sich bewußt von dieser Polarisierung der Welt distanzieren und einen dritten, unabhängigen, gar im Sinne des »Dritten Standes« (Fanon) emanzipatorisch gedachten Weg proklamieren. Dieser in erster Linie politisch gemeinte Begriff von der »Dritten Welt« bekam erst seine entwicklungstheoretische Konnotation, als sich im Zuge der fortschreitenden Entkolonialisierung der sechziger Jahre die Mehrheitsverhältnisse in den Vereinten Nationen änderten und insbesondere über die UNCTAD das Thema Nord-Süd-Politik auf die Tagesordnung gesetzt wurde. Die Kartellpolitik der OPEC, die erstmals einen massiven Einkommenstransfer aus den Industrieländern erzwang, sowie die Diskussion um die Neue Weltwirtschaftsordnung machten in den siebziger Jahren die Nord-Süd-Dimension zum zweiten Globalthema in den Internationalen Beziehungen. Die Blockfreienbewegung, die wirtschaftspolitische Forderungen der Gruppe 77, die entwicklungstheoretische Diskussion und nicht zuletzt die Projektionen der Solidaritätsbewegung in den Industrieländern verschmolzen so zu einer Begrifflichkeit von »Dritter Welt« und »Nord-Süd-Konflikt«, die suggerierte, daß diese Länder erstens aufgrund identischer wirtschaftlicher und sozialer Tiefenstrukturen auch gemeinsame Interessen besäßen, aufgrund dieser Interessenlage zu gemeinsamen politischen Handlungen fähig seien und eine kollektive Lösung der Probleme der »Dritten Welt« möglich sei. Im Sinne der skizzierten Großtheorien war ein solcher Denkansatz nur zu logisch.

Dieser Denkansatz birgt aber bei genauerer Betrachtung verschiedene Ungereimtheiten. Die Blockfreienbewegung hat im Anschluß an Bandung zwar weitere internationale Konferenzen veranstaltet und ihre Mitgliedschaft erweitert, sich jedoch niemals als wirklich dritte Kraft im internationalen System etabliert. Das lag nicht nur an dem mangelnden Machtpotential der beteiligten Länder, sondern auch daran, daß die meisten dieser »Blockfreien« nur in einem sehr vordergründigen Sinne wirklich blockfrei waren. Wenn man den Ost-West-Konflikt auf seinen ursprünglichen Kern, die Auseinandersetzung unterschiedlicher Ordnungsmodelle zurückführt, dann ging diese Konfliktlinie natürlich auch durch die Gruppe der Blockfreien. Prominente Mitglieder wie Indien, China, Ägypten und Jugoslawien waren trotz ihrer Distanz zu den jeweiligen Führungsmächten der Blöcke immer auch unterschiedlichen Gesellschaftssystemen verpflichtet, war diese Distanz nicht unwesentlich durch regionale Konflikte und Nationalismen motiviert. Auch wurde immer wieder von einigen Mitgliedern, so etwa Kuba, der Versuch gemacht, die Blockfreienbewegung doch im Sinne des Ost-West-Konflikts zu instrumentalisieren, oder, wie im Falle der chinesischen Drei-Welten-Theorie, eine neue, nur noch gegen die Supermächte gerichtete Definition der »Dritten Welt« durchzusetzen.[47]

Spätestens zu dem Zeitpunkt, als die Entkolonialisierung weitgehend abgeschlossen und damit ein gemeinsames Ziel erreicht war, mußte sich herausstellen, daß die jeweiligen Ausgangslagen und damit auch die Interessen sehr verschieden waren. Hier hat die OPEC wie ein Katalysator gewirkt. Im Sinne ihrer Klientel war sie durchaus erfolgreich. Dieser

---

47 Ulrich Menzel, *Drei Welten oder eine? Die Volksrepublik China im Spannungsfeld Ost-West*, in: *DGFK-Jahrbuch* 1982/83, Baden-Baden 1983, S. 355-376.

Erfolg ging aber nicht nur auf Kosten der Industrieländer, sondern relativ in stärkerem Maße auf Kosten der ölimportierenden Länder der »Dritten Welt«. Sowohl die wachsende Verelendung wie die Schuldenkrise sind zu einem guten Teil auch auf die drastische Erhöhung der Energiepreise zurückzuführen, die die Leistungsbilanz vieler Länder dramatisch verschlechterte, ohne daß wirksame Substitutionsmaßnahmen möglich waren. Ein anderes Beispiel ist die Exportoffensive der Schwellenländer, durchaus als deren Antwort auf die gestiegene Ölrechnung zu interpretieren. Der von ihnen ausgelöste Verdrängungswettbewerb war gleichermaßen gegen die älteren Fertigwarenproduzenten in der »Dritten Welt« gerichtet, die dieser Konkurrenz noch weniger als die Industrieländer entgegenzusetzen hatten. Aufgrund disparater Interessenlagen – Durchsetzung hoher und stabiler Preise für Primärgüter und damit mehr Dirigismus einerseits und Durchsetzung freien Marktzugangs für Fertigwarenexporteure und damit mehr Liberalismus andererseits – bargen die Forderungen nach einer neuen Internationalen Wirtschaftsordnung schon im Ansatz fundamentale Widersprüche, unbeschadet der Frage, ob sie gegen die Industrieländer überhaupt durchzusetzen waren.

Und schließlich hatte der Nord-Süd-Konflikt auch eine sehr willkommene legitimatorische Funktion für die jeweiligen Herrschaftseliten in der »Dritten Welt«. Diagnose, Schuldzuweisung und Therapie wurden nach außen verlagert. Jeder Despot oder konservative Politiker konnte Begriffe wie Imperialismus, Abhängigkeit und Weltmarkt im Munde führen, immer neue Forderungen nach Entwicklungshilfe, Krediten und Exportstabilisierung stellen, ohne die Veranlassung zu sehen, gesellschaftliche Veränderungen im eigenen Land in Angriff zu nehmen.

Fazit: Begriffe wie »Dritte Welt« und »Nord-Süd-Konflikt« hatten nur solange eine solide Basis, solange das gemeinsame Interesse nach nationaler Unabhängigkeit der Kolonien auf der Tagesordnung stand. Seitdem machen sie aufgrund der unterschiedlichen wirtschaftlichen Ausgangsbedingungen, der unterschiedlichen politischen Systeme und des fortschreitenden Differenzierungsprozesses keinen Sinn mehr, von der kulturellen und historischen Vielfalt der betroffenen Länder ganz zu schweigen. Existiert haben sie vor allem in der politischen Propaganda, in den Projektionen der westlichen Intellektuellen und in den großen Theorien über Entwicklung und Unterentwicklung.

4. Das Scheitern der Modelle

Ferner gilt es, einen eher entwicklungspraktischen Befund aufzuarbeiten. Überall da, wo im Sinne der einen oder anderen Theorie Entwicklungspolitik betrieben wurde, ist diese gescheitert, wurde sie einer radikalen Wende unterzogen, konnte dem Widerspruch von Anspruch und Wirklichkeit nicht mehr standhalten oder mußte mit nackter Gewalt aufrechterhalten werden.

Die Länder, die nach 1945 mehr oder weniger freiwillig das stalinistische Industrialisierungsmodell übernommen haben, stehen heute alle vor dem gleichen Scherbenhaufen wie die GUS-Staaten selber. In Ost- und Südosteuropa erweist sich, daß das alte Ost-West-Gefälle innerhalb Europas, das ziemlich präzise entlang der alten Grenzen von West- und Ostrom und damit des späteren Einflußbereichs der Römisch-Katholischen und der Orthodoxen Kirche, also mitten durch Jugoslawien und die Ukraine, verläuft, nicht aufgehoben wurde, daß die Bilanz nach 70 bzw. 40 Jahren Sozialismus in nahezu jeder Hinsicht negativ ist. Selbst Länder wie Polen und Ungarn, ganz zu schweigen von Rumänien und Bulgarien, sind viel zu voreilig unter dem Etikett »Zweite Welt« den Industrieländern zugeschlagen worden.

Auch dieser Begriff wurde wie der von der »Dritten Welt« einem unterschwelligen Bedeutungswandel unterzogen.

Aber auch die sozialistischen Länder, die unabhängig von der Sowjetunion ihren Weg zum Sozialismus gehen wollten und im Westen in den siebziger Jahren große Faszination erregten, weil sie eine eigenständige Revolution zustande gebracht hatten, sind allesamt in der Krise. Erinnert sei nur an Jugoslawien und Albanien, China, Vietnam, Nordkorea und Kampuchea, Kuba und Nicaragua, die jeweils in bestimmten Phasen als »Modell« reüssierten und weit über die westliche Linke hinaus mit großer Sympathie begleitet wurden. Was in diesen Ländern praktiziert wurde, hat nur wenig mit dem Verständnis von Sozialismus zu tun, das den europäischen Theoretikern des 19. Jahrhunderts vorschwebte, läßt sich in einigen Fällen adäquater im Sinne Wittfogels mit den Kategorien des orientalischen Despotismus oder gar einer »asiatischen Restauration« fassen.[48] Wirft man unter dieser Perspektive einen Blick auf die Negativrangliste der Weltbank, wird deutlich, daß in Afrika (Äthiopien, Mozambique), in Asien (Laos, Kampuchea, Vietnam, China) und in Europa (Balkan) die jeweils ganz armen Länder zum Lager des Sozialismus zählten. Auch die Bilanz von Kuba und Nicaragua dürfte nach Einstellung der sowjetischen Hilfe ernüchternd ausfallen. Von Demokratie kann in den »Volksdemokratien« nirgendwo die Rede sein, ethnische Minderheiten werden dort in besonderem Maße unterdrückt. Was bleibt, ist die chinesische Lösung oder der Versuch einer radikalen Transformation der Gesellschaftsordnung, allenthalben vorläufig trotz mancher Hoffnungsschimmer eine düstere und sehr deprimierende Perspektive, deren Aufarbeitung erst gerade begonnen hat.[49]

48 Karl August Wittfogel, *Die Orientalische Despotie. Eine vergleichende Untersuchung totaler Macht*, Frankfurt 1977.
49 Klaus Fritsche (Hg.), *Verlorene Träume? Sozialistische Entwicklungsländer in der Dritten Welt*, Stuttgart 1989; Ulrich Menzel (Hg.), *Nachdenken über China*, Frankfurt 1990.

Umgekehrt ist es aber auch keineswegs so, daß die Politik derjenigen Länder, die auf Kapitalismus gesetzt haben, von durchschlagendem Erfolg gekrönt war. Das Scheitern der keynesianischen Importsubstitutionspolitik in Lateinamerika ist vielfach analysiert worden, und auch die anschließende Wende zur Neoklassik (Beispiel Chile) kann nicht für sich in Anspruch nehmen, erfolgreicher gewesen zu sein. Selbst die so gerne von den Neoklassikern als Beleg angeführten Schwellenländer in Ostasien haben alles andere getan, als auf das freie Spiel der Kräfte, die unsichtbare Hand und den Freihandel zu vertrauen.

Und schließlich gibt es noch das trübe Kapitel der dritten Wege. Genannt seien nur das linke Militärregime im Peru der siebziger Jahre, die Nelkenrevolution in Portugal, die Ujamaa-Bewegung in Tanzania oder die ölfinanzierten Industrialisierungsstrategien von Algerien und Libyen. Auch hier waren diverse Berater am Werk, die das eine oder andere theoretische Rezept erproben wollten, auch hier ist die Krise zu konstatieren, wurden z. T. extreme Kehrtwendungen vorgenommen.[50]

5. Die Sprachlosigkeit zwischen den Ebenen

Die Krisen und Konjunkturen in der Theoriebildung sind in erster Linie eine innerakademische Angelegenheit, die insbesondere die jeweiligen Protagonisten trifft. Aber schon im akademischen Bereich laufen viele den jeweiligen Trends nur hinterher und nehmen die Paradigmenwechsel mit Zeitverzögerung oder gar nicht zur Kenntnis. So geschieht es gar nicht so selten, daß eine Dissertation zu einem Zeitpunkt in Angriff genommen wird, wo das zugrunde gelegte

---

50 Vgl. Michael Göbel, *Genossenschaft in der Krise. Die Agrarreform im Zuckersektor von Peru*, Frankfurt 1988; Rolf Bergs, *Erdöl – Self – Reliance – Krise. Der Entwicklungsweg Libyens unter Qaddafi 1969-1988*, Frankfurt 1989.

Paradigma bereits wieder fragwürdig geworden ist, sich mindestens heftiger Attacken erwehren muß. Ist sie dann fertiggestellt, hat sie ein Paradigma in Frage gestellt oder, schlimmer noch, bestätigt, das bei den Protagonisten schon längst als erledigt gilt. Modernisierungstheoretischen Länderstudien der fünfziger und sechziger Jahre ist dieses Schicksal gleichermaßen widerfahren wie den dependenztheoretisch inspirierten Länderstudien der siebziger Jahre. Das gleiche gilt für etliche begriffslogische Weltmarktanalysen und Staatsableitungsübungen, deren empirische Basis die Exegese dieses oder jenes Zitatenschatzes aus der »Heiligen Schrift« (Band 1-3) war.

Noch problematischer liegt der Fall bei denjenigen, die im Laufe ihres Studiums in die Diskussion eingestiegen sind, sich eine bestimmte Theorie angeeignet und auf diesem Erkenntnisstand die Universität verlassen haben, um in ihrem Berufsleben als Lehrer, Journalist, in der politischen Bildungsarbeit oder in einer der entwicklungspolitischen Institutionen ihr Wissen zu vermitteln, ohne die Weiterentwicklung der Theorie noch zur Kenntnis zu nehmen. Auf diese Weise werden Ansichten und Einsichten immer weiter reproduziert, die bei den Protagonisten schon lange passé sind, sehen sich entsprechend sozialisierte Schülergenerationen bei ihrem Eintritt in die Universität mit dem Problem konfrontiert, daß ihr Schulwissen schon lange als überholt gilt, nur daß ihre Lehrer davon noch nichts gemerkt haben. Hier liegt einer der Gründe, warum bestimmte Mythen sich so lange halten können. Umgekehrt steigen andere zu einem späteren Zeitpunkt in die Diskussion ein, ohne die Vorgeschichte des aktuellen Standes zu kennen, und so gar nicht nachvollziehen können, warum dieser oder jener Protagonist auf einmal so oder so argumentiert, ausgerechnet mit diesem oder jener eine derart erbitterte Auseinandersetzung führt, die oftmals gar keinen akademisch zu rechtfertigenden Grund, sondern politische oder bloß ganz persönliche

Ursachen vergangener Tage hat. Dieser Vorgang spielt sich auf der Ebene der allgemeinen Theorie ab und reproduziert sich in den vielen Länderszenen, insbesondere in solchen, die zu ihrer Zeit, wie etwa China, Kuba oder Algerien, eine besondere Modellfunktion reklamierten und deshalb mit besonderer Aufmerksamkeit bedacht wurden. Exemplarisch ist hier der doppelte Zyklus, den die Beschäftigung mit China durchlaufen hat und wo die Mythen sich besonders hartnäckig gehalten haben, galt China doch in den siebziger Jahren als die Alternative schlechthin und vermochte es sich in den achtziger Jahren immerhin noch an die Spitze der sozialistischen Reformbewegung zu stellen.[51]

Das Problem hat noch weitere Aspekte. Neben der akademischen Community gibt es weitere Gruppen, die sich mit Fragen der »Dritten Welt« befassen, in deren Köpfen, wenn auch vielfach gebrochen und stark verdünnt, theoretische Konzepte die Folie ihres entwicklungspolitischen Handels abgeben. Gemeint ist etwa die Gruppe der Professionellen, die als Experten vor Ort (und dort schon geographisch jahrelang abseits der Debatte), in den Stäben der Entwicklungshilfeorganisationen, in Ministerien und internationalen Behörden ihre Arbeit tun. Soweit sie nicht nach rein pragmatischen Gesichtspunkten (Finanzierung, rechtliche Absicherung und technische Abwicklung eines Projekts) und politischen Opportunitäten handeln, beziehen sie sich auf die eine oder andere Großtheorie, die im Geberland als eine Legitimation für Projekte, Beratertätigkeit und Kredite dient. Auch hier lieferten in den sechziger Jahren Modernisierungstheorie und Entwicklungsökonomie den Bezugsrahmen, führte der Einfluß der Dependenztheorie in den siebziger Jahren zu einem, wenn auch gemäßigtem Um-

---

[51] Vgl. dazu Gerd Koenen, *Die großen Gesänge. Lenin, Stalin, Mao, Castro... Sozialistischer Personenkult und seine Sänger von Gorki bis Brecht – von Aragon bis Neruda.* Frankfurt 1987; ders., *Unsere kleine deutsche Kulturrevolution*, in: Menzel 1990, S. 242-253.

denken. Die Konflikte zwischen ausländischen Experten und lokalen Counterparts kreisen oft genau um diesen Punkt. Der Counterpart will Pfründe, die er verteilen kann, die seine Macht, sein Prestige steigern, der Experte will ein emanzipatorisches Konzept verwirklichen, das durch seine Theorie legitimiert ist.[52] Da auch die Apparate der Entwicklungszusammenarbeit mit Personen besetzt sind, die alle ihre akademischen Biographien haben, vollziehen sich konzeptionelle Wandlungsprozesse nur sehr langfristig und vermögen abrupte Kurswechsel in der großen Politik durchaus zu überdauern. Ein Rückkoppelungsprozeß mit der akademischen Diskussion findet auf dieser Ebene kaum noch statt.

Der gleiche Sachverhalt gilt für die Veranstalter der zahlreichen Seminare, die gezielt einer kleinen, besonders interessierten Öffentlichkeit, oder für Journalisten, die in den Medien einer breiteren Öffentlichkeit entwicklungspolitische Themen nahe zu bringen suchen. Und schließlich soll auch nicht die breite Szene der Solidaritätsgruppen mit ihren Zeitschriften, Kongressen, Informationsveranstaltungen und Aktionen unerwähnt bleiben, wo der Anspruch, von einer bestimmten Sicht der Dinge auszugehen, zwar sehr hoch ist, das Mißverhältnis zwischen theoretischem Anspruch und tatsächlichem Kenntnis- und Erkenntnisstand aber besonders kraß ist. Insbesondere hier halten sich die ganz radikalen Versionen bestimmter Mythen und Vorurteile, die bei den Multiplikatoren zwar weniger radikal, aber ebenso hartnäckig vorhanden sind. Gerade die so verdienstvolle kirchliche Arbeit in diesem Bereich ist dafür ein schönes Beispiel, vermutlich weil hier das moralische Element eine besondere Rolle spielt, das sich mit dem »kritischen« Ansatz am besten vereinbaren läßt. Die Projektion romantischer Vorstellungen, die sich im eigenen Lande nicht erfüllen lassen, auf fremde Kulturen und Gesellschaf-

52 Vgl. Bierwirth 1982.

ten ersetzt die wirkliche Auseinandersetzung. Wird man dann irgendwann doch mit dem Paradigmenwechsel bei den Protagonisten konfrontiert, ist die Reaktion um so empörter nach dem klassischen Motto, daß der Bote für die schlechte Botschaft verantwortlich gemacht wird.

Die mangelhafte vertikale Kommunikation zwischen den Ebenen wird durch eine wenig vorhandene horizontale Kommunikation zwischen den Lehrmeinungen weiter akzentuiert. Auf akademischem Feld gab und gibt es eine deutliche institutionelle Trennung zwischen den Entwicklungsökonomen auf der einen und dem breiten Spektrum der »kritischen« Entwicklungstheoretiker auf der anderen Seite. Erstere sind in der Bundesrepublik eher in den vier einschlägigen Wirtschaftsforschungsinstituten (Kiel, München, Hamburg und Berlin – genau in dieser Reihenfolge) und den volkswirtschaftlichen Fakultäten, letztere eher in den sozialwissenschaftlichen Fakultäten und Forschungsinstituten, insbesondere im Bereich der Friedensforschung, zu finden. Erstere haben ihre vertikalen Bezüge eher im Bereich der Politikberatung und Projektbegutachtung, verfügen über den besseren Zugang zu Forschungsgeldern, letztere haben ihre vertikalen Bezüge eher im Bereich der Lehre, beeinflussen die entwicklungspolitische Bildungsarbeit, die kritischen Medien, die »Dritte Welt-Szene« im engeren Sinne, vielfach auch die Experten vor Ort, die mit Theorien im Kopf ihre Einsätze bestreiten, die der offiziellen Politik der entsendenden Institutionen keineswegs entsprechen. Auch hier gab es ein Stück langen Marsch, fanden sich viele Absolventen des ASA-Programms am Ende doch in wohldotierten GTZ-Positionen wieder.

6. Die zwölf Tabus in der entwicklungstheoretischen Diskussion

Das Thema wäre unvollständig ohne eine Beschäftigung mit den vielen Tabus, die seit etlichen Jahren in der Diskussion mitgeschleppt werden, Mythen, die offenbar nicht zu entzaubern sind, Fragen, die scheinbar längst geklärt sind, an die sich in Wirklichkeit aber niemand so richtig heranwagt, weil dadurch Kettenreaktionen ausgelöst werden könnten, die das gesamte Gebäude aus Theorie und Projektion zum Einsturz bringen.

1. Tabu: Was heißt eigentlich Entwicklung?

Diese Frage wurde oft gestellt und niemals befriedigend beantwortet. Entweder verweist man auf die diversen Kataloge der Institutionen, die Entwicklungsziele im engeren Sinne wie die Befriedigung von Grundbedürfnissen (Ernährung, Wohnung, medizinische Versorgung, Bildung) definiert haben[53], oder versteht weiter gefaßt darunter auch die Gewährleistung der Menschenrechte, politische Partizipation und die Erhaltung der Umwelt, ohne daß damit aber bereits gesagt ist, wie diese Ziele erreicht werden können. Oder man nennt in Anlehnung an diverse Großtheoretiker Begriffe wie Rationalisierung (Weber), soziale Differenzierung und Mobilisierung (Parsons), Arbeitsteilung (Smith), Entfaltung der Produktivkräfte (Marx) oder Steigerung der produktiven Kräfte (List). Letzteres sind Begriffe, die Aspekte der Modernisierung der westlichen Industriegesellschaften hervorheben, die auf die Entwicklungsländer übertragen werden. Aber auch hier bleibt offen, wie diese Prozesse in Gang zu setzen sind. Oder man unterliegt sogar

---

[53] Z. B. bei Dudley Seers, *Was heißt »Entwicklung«?*, in: Dieter Senghaas (Hg.), *Peripherer Kapitalismus. Analysen über Abhängigkeit und Unterentwicklung*, Frankfurt 1974, S. 37-67.

dem Mißverständnis, daß bestimmte Strategien bzw. Instrumente wie etwa Weltmarktintegration versus Abkoppelung bereits mit dem Entwicklungsziel identisch sind.

Tatsächlich ist es aber so, daß letztlich fast alle strategischen Empfehlungen, die aus den genannten Theorien abgeleitet sind, auf Wachstum, Agrarmodernisierung und insbesondere Industrialisierung hinauslaufen (vgl. dazu Kapitel 3), wobei unterstellt wird, daß die sozialen und politischen Ziele sich irgendwie einstellen. Paradoxerweise gilt das gleichermaßen für die kritische Entwicklungstheorie, die zwar mit vielen und auch guten Gründen die »bürgerlichen« Wachstumsstrategien kritisiert, gleichzeitig aber, wenn auch unter anderen Vorzeichen, eben dieses Wachstum erreichen will. Schlimmer noch – dort wo sozialistische Systeme etabliert wurden, wurden besonders forcierte Industrialisierungsstrategien verfolgt, die von der kritischen Entwicklungstheorie auch entsprechend als »Erfolg« legitimiert wurden, man sich nicht scheute, Wachstumsraten sogar als zentrale Kennziffer für den Erfolg des Sozialismus schlechthin zu akzeptieren. Auch die staatstheoretische Diskussion, die im Hinblick auf die »Erste Welt« eine staatskritische Diskussion war, konzentrierte sich in ihren strategischen Empfehlungen auf die Frage, wie der Staat in der »Dritten Welt« Wachstum, insbesondere industrielles Wachstum, zu inszenieren habe, ohne daß hier der gleiche kritische Maßstab angelegt wurde.

2. Tabu: Die Rolle des Kolonialismus

In vielen Theorien ist der Kolonialismus die alleinige Wurzel für die heutigen Probleme der »Dritten Welt«. Die Begründung lautet entweder, daß die koloniale Ausbeutung zu einem massiven Einkommenstransfer geführt habe, der eigenständiges Wachstum blockiere, oder daß die Implantierung der kolonialen Ökonomie strukturelle Deformationen verursacht habe, die sich bis heute als unauflöslich erweisen. Umgekehrt wird argumentiert, daß der Surplustransfer aus den Kolonien den entscheidenden Beitrag zur Entwicklung der Mutterländer geleistet habe. Auch wenn die Auswirkungen des Kolonialismus keineswegs geleugnet werden sollen, so drängen sich doch einige Fragen auf: Wenn der Kolonialismus überall mit den gleichen Konsequenzen verbunden war, wieso haben einige ehemalige Kolonien dennoch eigenständige Industrialisierungsprozesse durchlaufen, andere aber nicht, auch wenn sie, wie in Lateinamerika, bereits seit 160 Jahren unabhängig sind oder niemals formelle Kolonien waren wie Iran, Äthiopien, Thailand, China? Wieso vermochten die Kolonien in Europa (Norwegen, Finnland, Irland) und die angelsächsischen Siedlerkolonien (USA, Kanada, Australien, Neuseeland) sich zu entwickeln, die lateinischen Siedlerkolonien (Argentinien, Uruguay, Chile) aber nicht? Wieso haben umgekehrt einzelne Mächte mit erheblichem Kolonialbesitz wie Portugal, Spanien, Rußland und Osmanisches Reich trotz des z. T. erheblichen Ressourcentransfers den frühzeitigen Übergang zur Industriegesellschaft nicht vollzogen, gehören heute eher zur Peripherie, während andere Industrieländer ohne oder mit nur geringfügigem Kolonialbesitz (USA, Deutschland, Skandinavien) das sehr wohl vermochten. Es kann doch wohl kein Zufall sein, daß die Bestandteile des ehemaligen japanischen Kolonialreichs unter die Schwellenländer gezählt werden, während die Philippinen, Indochina, Burma oder Indonesien als ehemalige europäische Kolonien in der Region von diesem Status weit entfernt sind. Auch ist zu fragen, warum die ehemals spanischen Gebiete der USA heute zu deren Wachstumsregionen gehören (Kalifornien, Texas, Oregon, Arizona), während das benachbarte Mexiko ein Problemfall bleibt. Offensichtlich spielt die Art und Weise der Kolonialisierung, die Frage, wie die kolonialen Hinterlassenschaften verarbeitet wurden, spielt ganz generell das jeweilige endogene Entwicklungspotential, das nach der Entkolonialisierung von politischen Blockaden befreit sich entfalten konnte, eine nicht unerhebliche Rolle.

Wenn man anstelle des Kolonialarguments das Argument Weltmarkt setzt, ändert das nichts an der grundsätzlichen Problematik, da auch hier gefragt werden muß, wieso einige Länder die Chancen und Risiken des Weltmarkts zu nutzen vermochten, andere aber nicht. Notwendig ist eine sehr viel differenziertere Betrachtung der einzelnen Gesellschaften hinsichtlich ihrer Ausgangslage vor Beginn der Kolonisierung wie der Modalitäten, des Zeitpunkts und der Dauer der Kolonialherrschaft. Angesichts der fortschreitenden Differenzierung macht es einfach keinen Sinn mehr, asiatische Hochkulturen und afrikanische Stammesgesellschaften, Länder, in denen die einheimische Bevölkerung ausgerottet wurde, und solche, wo sie sich erhalten konnte, ethnisch homogene und solche mit weißer Besiedlung oder importierter Sklaverei, große und kleine Länder, Länder mit nur kurzer oder eher randständiger Durchdringung und solche mit Jahrhunderte währender formeller Beherrschung, angelsächsisch-kapitalistisch-protestantische Siedlergesellschaften und Gebiete feudaler und katholischer Expansion über einen Kamm zu scheren. Schlagworte wie Kolonialismus, Imperialismus, Weltmarkt, Multis und Weltbank vernebeln hier nur, was einer aufgeklärten Betrachtung not täte.

3. Tabu: Die legitimatorische Funktion von Imperialismus- und Dependenztheorie

Imperialismus- und Dependenztheorie sind trotz ihrer vielfach herausgestellten Unzulänglichkeiten zumindest sehr bequeme Theorien. Nur so ist zu erklären, warum sie überall in der »Dritten Welt« auf so fruchtbaren Boden gefallen sind und sich dort anhaltender Popularität erfreuen. Liefern sie doch jedem rechten oder linken Despoten, Feudalherrscher, Militärdiktator, Chef einer Einparteienherrschaft, Stammesführer, Guerillero und KP-Theoretiker eine wunderbare Erklärung, warum alle Probleme von außen kommen, und entheben ihn der Notwendigkeit, Veränderungen im eigenen Land durchzuführen. Ihre Trivialisierung und propagandistische Verbreitung hat zudem dazu geführt, daß sie fest ins kollektive Bewußtsein der jeweiligen Bevölkerung abgesunken sind und somit unabhängig von ihrer theoretischen Falsifizierung als Mythos gespeichert bleiben, auch wenn die theoretische Debatte schon lange darüber hinweggegangen ist. Statt Bodenreformen gilt die Aufmerksamkeit der Stabilisierung der Weltmarktpreise oder der Erhöhung der Entwicklungshilfe, statt redistributiver Maßnahmen im Innern geht es um die externe Umverteilung, lassen sich so doch die überkommenen Machtstrukturen und Quellen der Bereicherung für die herrschenden Eliten erhalten. Die gesamte Debatte um die Neue Weltwirtschaftsordnung und die Forderung nach vermehrter Entwicklungshilfe läßt sich aus dieser Sicht schlichtweg als Versuch interpretieren, die Revenue der Herrschenden zu mehren und gleichzeitig von den Problemen im Lande abzulenken. Auch die Forderung nach einer Neuen Internationalen Informationsordnung kaschiert auf wohlfeile Art das Motiv, sich nicht immer wieder von kritischen BBC-Teams Menschenrechtsverletzungen oder Korruptionsskandale aufdecken lassen zu wollen.

4. Tabu: Die Rolle der internen Faktoren

Es ist zwar in der kritischen Diskussion unbestritten, daß es sich bei den politischen Regimen in der »Dritten Welt« trotz ihrer Rhetorik nicht ausschließlich um fortschrittliche, emanzipatorische und altruistische Regierungen handelt.

Wer hat sich jemals, abgesehen von den Ethnologen und wenigen Entwicklungssoziologen, in systematischer Form der Frage angenommen, welche Rolle Despotismus, Bürokratismus, Feudalismus, Korruption und Prestigedenken, Tribalismus, Ethnozentrismus, Rassismus und Nationalismus, Ignoranz und Arroganz, religiöses Phlegma und religiöser Fanatismus in der »Dritten Welt« spielen, wodurch dort ethnische Konflikte, Kriege und Völkermord hervorgerufen werden, Faktoren, die allesamt ihren Beitrag zur anhaltenden Unterentwicklung leisten? Es ist leider nicht nur ein Klischee, daß die häufigen Regime-Wechsel und Militärputsche, Befreiungs- und Contrabewegungen, auch wenn sie sich mit revolutionärer Rhetorik schmücken, einzig und allein der Selbstprivilegierung der jeweiligen Fraktion der Elite dienen, daß die aufgeblähten Bürokratien nicht der Entwicklung des Landes, sondern der persönlichen Bereicherung der Bürokraten bzw. der Versorgung ihrer jeweiligen Klientel dienen. Zugang zum Staatsapparat, Besteuerung des außenwirtschaftlichen Sektors und Korruption sind immer noch der einfachste und sicherste Weg, um soziales Prestige zu gewinnen, an Pfründe zu gelangen und Pfründe zu verteilen, um die eigene Machtbasis zu sichern.[54] Nicht jedes Prestigeprojekt, nicht die jeweils modernste, aber nicht handhabbare Technologie ist nur von den westlichen Lieferanten aufgeschwätzt, sondern von den Eliten unter allen Umständen auch gewollt. Wachstum um jeden Preis ist auch dort die herrschende Lehre, finden sich Wachstumskritiker dort am allerwenigsten. Die Verschuldung ist ebenfalls nicht nur Ergebnis des Zinsdiktats westlicher Banken, sondern auch Ergebnis der Kapitalflucht der Herrschenden. Nicht jeder Krieg in der »Dritten Welt« ist von den Industrieländern angezettelt, obwohl sie durch ihre

[54] Vgl. dazu Hans-Dieter Evers/Tillman Schiel, *Strategische Gruppen. Vergleichende Studien zu Staat, Bürokratie und Klassenbildung in der Dritten Welt*, Berlin 1988.

Waffenlieferungen gut daran verdienen. Kriege dort verschwenden ungeheure Ressourcen, stürzen die Bevölkerung in zusätzliches Elend und lenken von sozialen Problemen ab.

5. Tabu: Der Ethnozentrismus der Solidaritätsbewegung

Ein Kennzeichen der westlichen Linken ist die geradezu bodenlose Naivität, mit der Solidarität für jede politische Bewegung geübt wird, die nur das Wort »Befreiung« für sich reklamiert. Wer macht sich angesichts eines derart positiv besetzten Begriffs noch die Mühe zu fragen, wer eigentlich immer von was befreit wird. Groß ist dann die Verwunderung, wenn eine solche »Befreiungsbewegung« nach Jahren von einer anderen »Befreiungsbewegung« gestürzt wird, die zu ihrer Legitimierung die gleichen Parolen wie ihre Vorgängerin bemüht, wenn sich herausstellt (krasses Beispiel Pol Pot, aber kaum weniger krasses der Vietkong oder die chinesischen Maoisten), daß die »Befreiung« darin besteht, ganze Teile der Bevölkerung umzubringen, umzusiedeln oder außer Landes zu vertreiben.[55]

Hier sind auf seiten der westlichen Linken massive Projektionen am Werk.[56] Im eigenen Land unerfüllte sozialutopische oder romantische Träume werden auf andere Gesellschaften übertragen, möglichst auf solche, von denen man nur wenig weiß, es genügt, wenn sie die richtige Rhetorik zu bieten haben. Der einschlägige Revolutionstourismus nach Kuba zur Zucker- oder Nicaragua zur Kaffeernte verleiht dann noch das Gefühl der aktiven Teilnahme, der inszenierte Besuch einer Volkskommune oder eines Ujamaa-Dorfes, die Audienz bei einem richtigen revolutionären

---

55 Vgl. z. B. K. D. Jackson, *Cambodia, 1975-1978. Rendevouz with Death*, Princeton 1989; Rainald Simon, *Verblichene Blutspuren. Die Opfer der chinesischen Revolution*, in: Menzel 1990. S. 254-268.
56 Samir Amin, *Eurocentrism*, New York 1989.

Führer im Tarnanzug dient nur der Bestätigung dessen, was man vorher schon zu wissen glaubte. Die hymnischen Reiseberichte, Filme und Diavorträge der Rückkehrer stellen sich dann in den Dienst einer Propaganda, wie sie von den jeweiligen Regierungen nicht effektiver geleistet werden könnte. Dämmert dann die Erkenntnis, daß es mit der Emanzipation der Massen, dem Aufbau des Sozialismus doch nicht soweit her war, ist die empörte Reaktion um so heftiger, wendet man sich rasch anderen revolutionären Ufern zu oder verabschiedet sich ganz aus der Szene.

6. *Tabu: Sozialismus und nachholende Entwicklung*

Der Sozialismus als ordnungspolitisches Konzept und emanzipatorisches Projekt ist nicht nur in Osteuropa, er ist gleichermaßen auch in der »Dritten Welt« gescheitert.[57] Dabei schien doch hier seine Begründung besonders einleuchtend. Wenn die postkolonialen Gesellschaften sich als unfähig erwiesen, wirkliche innergesellschaftliche Reformen durchzuführen, die Abhängigkeiten aufzuheben und eine konsequente Lösung aus dem Weltmarkt zu bewerkstelligen, dann mußte die entscheidende Voraussetzung zur Überwindung der Unterentwicklung die radikale, sprich sozialistische Transformation der gesellschaftlichen Verhältnisse in der »Dritten Welt« sein. Die Rhetorik der jeweiligen Eliten, die eine solche revolutionäre Umgestaltung vollzogen, schien dieser Sichtweise recht zu geben.

Übersehen wurde dabei nur, daß im Sinne der klassischen marxistischen Vorstellungen nahezu keinerlei Voraussetzungen für den Übergang vom Kapitalismus zum Sozialismus gegeben waren, weil in den meisten Ländern nur ein rudimentärer Kapitalismus existierte, von der Entfaltung

---

57 Vgl. dazu etwa Gordon White, *Developmental States and Socialist Industrialization in the Third World*, in: *Journal of Development Studies* Nr. 1, 1984, S. 97-120.

der Produktivkräfte keine Rede sein konnte und demzufolge auch kein zahlreiches, organisiertes und selbstbewußtes Proletariat vorhanden war, das die Macht hätte übernehmen können. Vorhanden war nur eine selbsternannte Avantgarde ohne eigentliche Basis. Irritierend wirkte auch nicht, daß es insbesondere die ganz armen Länder waren, in denen sozialistische Systeme sich durchsetzten. Sozialismus war in solchen Fällen nicht mehr das Resultat kapitalistischer Entwicklung, sondern wurde zum politischen Instrument, nachholende Entwicklung zu inszenieren und damit auch die Klasse erst zu schaffen, auf die sich das System eigentlich zu stützen hatte. Dabei mußten neben allen anderen Schwierigkeiten natürlich auch die emanzipatorischen Inhalte des Sozialismus, die in der radikalen bürgerlichen Ideengeschichte wurzeln und in diesen Gesellschaften gar keine Grundlage haben, auf der Strecke bleiben. Was herauskam, waren bürokratisch-despotische Gesellschaften, die sich, man nehme nur die vielen afrikanischen, arabischen und asiatischen »Sozialismen«, nur wenig von ihren »kapitalistischen« Nachbarn unterschieden. Der Sozialismus in der »Dritten Welt« hat wenig zur Lösung der dortigen Probleme beigetragen, dafür aber eine Reihe von besonders problembeladenen Fällen erst produziert (Äthiopien, Mozambique, Kampuchea, Vietnam), vermochte sich vielerorts im Widerspruch zu seinem emanzipatorischen Anspruch nur mit Terror an der Macht zu halten. Noch krasser liegt der Fall in solchen Ländern, wo vor der kommunistischen Machtergreifung bereits ein relativ hohes Entwicklungsniveau erreicht war. In Ländern wie Ungarn, der CSFR, Polen, dem Norden von Jugoslawien, aber auch in Teilen der Sowjetunion hat der Sozialismus im Grunde eine Art nachholender Unterentwicklung erst produziert, muß aus heutiger Sicht konstatiert werden, daß die Lebensumstände dort vorher besser waren als heute.

Marx hatte Ende der fünfziger Jahre des vorigen Jahrhunderts immerhin erkannt, daß in den Gesellschaften, die er der »asiatischen Produktionsweise« zuordnete, der Staat nicht Teil des Überbaus wie in bürgerlich-kapitalistischen Gesellschaften, sondern Teil der Produktionsverhältnisse ist, die organisatorischen Funktionen der dortigen Bürokratien eine wichtige Produktivkraft bilden. Klassenherrschaft ist demnach, hier liegt die entscheidende Pointe, auch ohne das Eigentum an Grund und Boden oder Industriekapital möglich, kann sich vielmehr auf die Organisation der Produktion stützen, die als letzte Legitimation für die Erhebung des Tributs herangezogen wird. Diese Einsicht ließ ihn zu Ende seines Lebens zumindest mit dem Anarchismus bzw. den Volkstümlern sympathisieren und vor der Ausarbeitung der Konsequenzen seiner Entfremdungstheorie zurückschrecken. Wenn die Aufhebung der Entfremdung der Arbeit nur durch eine planmäßige Organisation der Produktion zu überwinden war, verlangte das die Konstituierung einer entsprechenden Bürokratie, die analog durchaus zur neuen herrschenden Klasse werden konnte. Stalin und die seinen haben die Brisanz dieses Gedankengangs zumindest gespürt, anders ist die bewußte Unterdrückung der einschlägigen apokryphen Marx-Schriften[58] kaum zu verstehen, ließe sich hiermit doch, gestützt auf die allerhöchste Autorität, eine materialistische Kritik des Stalinismus formulieren.

Möglicherweise ist sogar das Argument nicht ausreichend, daß sich eben auf gesellschaftliche Armut statt auf gesellschaftlichen Reichtum kein Sozialismus gründen läßt,

58 Gemeint sind die Schriften zum Thema Asiatische Produktionsweise oder über den »halbasiatischen« Charakter des zaristischen Rußlands. Hierzu gehört auch die Debatte zwischen Plekhanov und Lenin auf dem Stockholmer Parteitag der russischen Sozialdemokraten im Jahre 1906, wo Plekhanov vor der »asiatischen Restauration« warnte, wenn die Revolution erfolgt, bevor das bürgerlich-kapitalistische Stadium wirklich erreicht ist. Vgl. dazu Marian Sawer, *The Politics of Historiography: Russian Socialism and the Question of the Asiatic Mode of Production 1906-1931*, in: *Critique* Nr. 10-11, 1978/79, S. 15-35.

auch wenn Mao (»China ist arm und ein unbeschriebenes Blatt...«) im Gegensatz zu Marx konsequenterweise von der gegenteiligen Annahme ausgegangen ist. Überfällig ist vielmehr eine erneute Diskussion, ob die anthropologischen Grundannahmen zutreffen, daß der Mensch im Prinzip altruistisch, solidarisch und gleich im Hinblick auf seine Fähigkeiten wie seine Bedürfnisse ist, sofern nur die entsprechenden Verhältnisse gegeben sind. Diese Verhältnisse versuchte man, zumindest dem Anspruch nach, über 70 Jahre in der Sowjetunion, über 45 Jahre in Osteuropa und über 40 Jahre in China zu schaffen, ohne daß die behaupteten anthropologischen Eigenschaften sich auf Dauer offenbart haben. Die heutige Situation läßt eher auf das Gegenteil schließen. Zwischen dem Marxismus als Instrument zur Analyse kapitalistischer Gesellschaften und der von ihm reklamierten wissenschaftlichen Begründung, daß der Sozialismus eine historische Notwendigkeit ist, besteht ein gewaltiger Bruch, ist der Übergang des Sozialismus von der Utopie zur Wissenschaft bloße Utopie geblieben.

7. Tabu: Die unhistorische Rezeption der klassischen Theorie

Damit zusammen hängt die Art und Weise, wie die marxistische und die kritische Theorie der ersten drei Jahrzehnte des 20. Jahrhunderts seit Ende der sechziger Jahre wieder aufgenommen und »rekonstruiert« wurde. Die Rezeption der klassischen Imperialismustheorien oder die damalige Behandlung der kolonialen Frage von seiten der Komintern war im kritischen Lager ein wesentlicher Bestandteil des Beginns der entwicklungstheoretischen Diskussion. Diese Texte von Lenin, Luxemburg, Hilferding, Bucharin, Sternberg, Wittfogel, Varga, Roy u. a. waren geprägt vom damaligen Optimismus über das gesellschaftlich Machbare, der die Erfahrung von Faschismus und Stalinismus noch vor sich hatte. Viele der damaligen Autoren sind liquidiert worden oder in den Lagern Hitlers und Stalin umgekommen, eben weil sie kritische Köpfe waren. Diejenigen, die in der Emigration zu überleben vermochten, wurden aus dieser Erfahrung sehr skeptisch. Doch deren späte Texte paßten nicht zur Aufbruchstimmung der sechziger Jahre. Angeknüpft wurde an ihren früheren Optimismus, von dem man annahm, daß er sich bruchlos auf die eigene Praxis übertragen ließ. Der entwicklungspolitische Despotismus der Stalinzeit wurde als nicht tiefer zu analysierende Pathologie abgetan und nicht erkannt, daß die Alternative China usf. durchaus Wesensverwandtschaften aufzuweisen hatte. Der Widerspruch besteht also darin, daß man zwar zur eigenen gesellschaftlichen Realität ein sehr kritisches Bewußtsein entwickelte, dieses kritische Bewußtsein der Theorie gegenüber, die man zum Ausgangspunkt nahm, und deren historischer Bedingtheit völlig vermissen ließ.[59]

8. Tabu: Das Verhältnis von Akteur und System

Da es in der »Dritten Welt« nirgendwo einen voll entfalteten Kapitalismus gab und folglich auch kein entsprechendes Proletariat, konnte es auch keine soziale Bewegung geben, die sich am Muster der europäischen Arbeiterbewegung zu orientieren vermochte. Es handelt sich vielmehr weitgehend um agrarische Gesellschaften. Folglich sind soziale Bewegungen dort bäuerliche Bewegungen. Das haben Mao und andere Theoretiker durchaus erkannt, auch wenn sie dafür von der Komintern, die das in den zwanziger und dreißiger Jahren nicht wahrhaben wollte, der Häresie bezichtigt wurden. Nur bleibt zu fragen, ob bäuerliche Bewegungen tatsächlich revolutionäre Bewegungen in dem Sinne sind, daß sie eine grundsätzliche Transformation der Gesellschaft an-

---

59 Vgl. dazu Mathias Greffrath (Hg.), *Die Zerstörung der Vernunft. Gespräche mit emigrierten Sozialwissenschaftlern*, Frankfurt 1989.

streben, oder ob sie nicht vielmehr, wie viele historische Beispiele zeigen, im Grunde konservative Bewegungen sind, die eher eine Restauration der alten Ordnung anstreben, wenn sie durch schlechte Herrscher in Unordnung gebracht worden ist.

Nachdenklich stimmen sollte deshalb, daß viele Revolutionen in der »Dritten Welt« sich auf Guerilla-Bewegungen gestützt haben, die ihre soziale Basis kaum unter den Bauern und schon gar nicht in der städtischen Arbeiterklasse hatten. Ziel war auch weniger eine breite Mobilisierung der Bevölkerung, was oftmals erst unter Zwang nach der Revolution erfolgte, sondern mittels putschistischer Aktionen die Übernahme des Staatsapparats (klassisches Beispiel Kuba), um dann die Gesellschaft von der Spitze zu verändern. Die lateinamerikanische Focus-Theorie hat dazu das Konzept geliefert. Zumindest gefördert, wenn nicht sogar legitimiert wurde eine solche politische Strategie durch das strukturalistische Element in der Dependenz- und Weltsystemtheorie. Wenn das »System« für alles verantwortlich gemacht wird, kommt es zwangsläufig auch in erster Linie darauf an, das »System« zu ändern, verschwinden die sozialen Akteure aus dem Blickfeld. Eine Guerilla-Strategie zur Eroberung der Kommandohöhen, um von dort aus die Strukturen zu ändern, ist die nicht ganz zufällige Konsequenz. Die Bevölkerung wird dann, wenn es sein muß mittels Zwang, wie die diversen Kollektivierungskampagnen belegen, in die Strukturen des neuen Systems gepreßt. Damit muß der ursprünglich vorhandene emanzipatorische Anspruch ebenso zwangsläufig auf der Strecke bleiben.

9. Tabu: Gewerkschaftliche Orientierung und Engagement für die »Dritte Welt«

Gewerkschaftliches Engagement in den Industrieländern und Solidaritätsarbeit für die »Dritte Welt« befinden sich in einem kaum lösbaren Widerspruch, der sich (ausgerechnet) so elegant durch eine neoklassische Position auflösen läßt. Solidarität dort bedeutet auch Unterstützung für die Entwicklungsländer, um ihre Produkte auf den Weltmärkten absetzen zu können. Dabei handelt es sich um Erzeugnisse, die eher in den klassischen Industriebranchen hergestellt werden (ursprünglich leichtindustrielle und zunehmend Produkte der alten Schwerindustrie). Sie sind aber nur absetzbar, wenn die Märkte der Industrieländer entsprechend geöffnet werden. Betroffen sind davon gerade die Branchen der Industrieländer, die in der strukturellen Krise stecken und für die westlichen Gewerkschaften entsprechende Schutzmaßnahmen verlangen. Spätestens hier bricht auch der Mythos von der internationalen Solidarität der Arbeiterklasse in sich zusammen.

Der gleiche Sachverhalt trifft auf die Landwirtschaft zu. Kaum ein Sektor der Industrieländer wird stärker geschützt und subventioniert als die Agrarerzeugung. Auch hier treffen die Exporte der »Dritten Welt« auf hohe Hürden. Gefordert werden müßte die Liberalisierung der Agrarmärkte, was aber mit der Konsequenz verbunden wäre, daß die Bodenkonzentration und Vertreibung der kleinen Bauern in den Industrieländern noch weiter fortschreitet.

10. Tabu: Die Moden der Thematisierung

Ein Merkmal der Theorie-Diskussion wie des entwicklungspolitischen Engagements ist deren Unstetigkeit. Einzelne Themen erlangen Konjunktur und˙ verschwinden plötzlich wieder, unabhängig davon, ob das jeweilige Problem weiter besteht oder nicht. Erinnert sei nur an den Komplex Weltmarktanalyse oder die Beschäftigung mit Multis, Weltbank und CIA, die jahrelang als die imperialistischen Akteure und Schurken des internationalen Systems schlechthin angesehen wurden. Wer beschäftigt sich noch damit? Ähnliche Konjunkturen erfuhren die Kleinbauernstrategie, die Grüne Revolution, die Terms of Trade, der Technologietransfer, die Auslagerung arbeitsintensiver Fertigung in Billiglohnländer, die Neue Weltwirtschaftsordnung u. a. Wer zeigt heute noch Interesse für Vietnam, China, Chile, Carbora Bassa, die portugiesischen Landarbeiterkooperativen, selbst für Nicaragua? Die aktuellen Themen lauten Schuldenkrise, Frauenarbeit (Die letzte Kolonie), Ökologie (dauerhafte Entwicklung), Tropischer Regenwald, Kultur (Von Südasien Lernen) oder die Krise des Fordismus und damit die angebliche Unmöglichkeit nachholender Industrialisierung.[60]

Obwohl keineswegs geleugnet werden soll, daß es sich dabei um relevante Probleme handelt, so drängt sich doch der Verdacht auf, daß die »Dritte Welt« auch hier wieder vereinnahmt wird, als Ersatzschauplatz für hiesige Auseinandersetzungen herhalten muß. Die siebziger Jahre standen im Zeichen des Studentenprotests, der Vietnam-Bewegung, des Neomarxismus. Also hatten Imperialismusanalyse, Revolutionstheorie und solche Länder Konjunktur, die sich als Analyse- oder Solidaritätsobjekte hiesiger Interessen eigneten. In den achtziger Jahren folgte der Paradigmenwechsel von der politökonomischen Analyse zur Wiederentdeckung der Kultur, von der globalen Gesellschaftstheorie zu den Problemen des eigenen Lebensbereichs. Flugs wurde dieser Wandel auch auf die Beschäftigung mit der »Dritten Welt« übertragen und dort das hierzulande verlorene Paradies gesucht, schafften es einzelne Autorinnen und Autoren, innerhalb kürzester Frist den Gegenstandsbereich der eigenen

60 Vgl. Hurtienne 1986.

Beschäftigung zu wechseln, aber nicht, weil die alten Themen ausdiskutiert, die Probleme gelöst waren, sondern weil Enttäuschungen und unerfüllte Projektionen zu verarbeiten waren oder der hiesige Wissenschaftsbetrieb neue Profilierungen verlangte.

11. Tabu: Die Narzißmen der kleinsten Differenz

Theorien werden von Theoretikern für Theoretiker verfaßt. Dieser Satz gilt sicherlich für alle akademischen Disziplinen. Damit ist allerdings nicht gesagt, daß Theorie keinen praktischen Nutzen hat. Auch wenn in den Sozialwissenschaften dieser Bezug weniger direkt ist als in den Naturwissenschaften, so ist er doch gegeben, wie der gesellschaftliche Zusammenbruch in Osteuropa unter Beweis gestellt hat, wo sozialwissenschaftliche Theorie zur bloßen Ideologie verkommen war und sich als völlig untauglich erwiesen hatte, die eigene Gesellschaft zu verstehen und entsprechend politisch reagieren zu können.

Im Hinblick auf die entwicklungstheoretische Diskussion sind zumindest erhebliche Zweifel angebracht, welchen tatsächlichen Effekt sie für die Entwicklungspolitik hatte. Bibliotheken lassen sich füllen mit den heftigen Kontroversen über diese oder jene Theorie, die um so erbitterter geführt wurden, je näher die Kontrahenten in ihren Aussagen beieinander lagen. Hunderte von Fallstudien wurden angefertigt, die nur den Sinn hatten, das a priori abgelehnte Paradigma zu widerlegen oder das eigene zu bestätigen. Doch was hat diese viele Mühe bewirkt? Was hat es der »Dritten Welt« genützt, darüber zu streiten, ob der Ausgleich der Profitrate im internationalen Maßstab, die unterschiedliche Lohnhöhe oder die unterschiedliche Intensität der Arbeit den ungleichen Tausch hervorbringt, ob der Zwang zum Waren- oder zum Kapitalexport die Triebkraft des Imperialismus ist, auf der Basis welchen Marx-Zitats sich der periphere Staat ableiten läßt, ob das Wertgesetz auf dem Weltmarkt modifiziert wird oder nicht, mit welchem TOT-Konzept sich die Verschlechterung der Austauschrelationen adäquat erfassen läßt? Entwicklungspolitik wurde immer nach ganz anderen Kriterien betrieben, die viel mehr mit Macht, Interesse und Nationalismus zu tun hatten.

Wem hat die Theorie dann genutzt? In erster Linie den Theoretikern selber, die sich so zu profilieren, für akademische Positionen zu qualifizieren wußten, hohe Auflagen erzielten, ihr persönliches Renommee steigern und von Kongreß zu Kongreß (möglichst in der »Dritten Welt«) jetten konnten. Es ließe sich sogar in einzelnen Fällen der Nachweis erbringen, insbesondere an solchen Plätzen, wo die Konkurrenz besonders groß war, daß die tiefen Gründe, warum dieser oder jene eine bestimmte Position eingenommen, ein eigenes Paradigma entwickelt hat, auf ganz persönliche Institutskonstellationen zurückzuführen, nur aus der Notwendigkeit entstanden sind, sich in der akademischen Umwelt behaupten zu müssen, oder schlicht der narzißtischen Bestrebung geschuldet sind, aus der kleinsten Differenz noch eine eigene Theorie produzieren zu müssen. Aus diesen, nur für wenige Eingeweihte nachvollziehbaren Zusammenhängen haben sich ganze Schulen gebildet, haben sich Außenstehende über Jahre abgearbeitet, um zu bestätigen oder zu widerlegen.

12. Tabu: Die Schuld der Theorie

In manchen Fällen hat die Theorie allerdings, in gewisser Weise ein zum vorangegangenen widersprüchlicher Befund, Wirkung gezeigt, nämlich da, wo sie Eingang in die Köpfe von wirklichen Revolutionären fand und deren soziale Experimente inspirierte. Und hier war das Ergebnis furchtbar. Die Geschichte des Sozialismus in der »Dritten Welt« ist auch eine Geschichte der strukturellen Gewalt, von massenhafter Liquidierung, Zwangskollektivierung, Zwangsumsiedlung, Umerziehungskampagnen, überambitionierter Industrialisierung, ökologischer Verantwortungslosigkeit und Borniertheit, die Millionen Menschen das Leben gekostet, sie aus ihren Lebenszusammenhängen gerissen, Kriege produziert und natürliche Ressourcen vergeudet, oft unwiderbringlich zerstört hat, ohne daß dadurch absehbar für nachfolgende Generationen ein besseres und glücklicheres Leben resultiert. Stalinismus und Maoismus sind nur die prominentesten, aber beileibe nicht die einzigen Beispiele.

Ist die Katastrophe eingetreten, lassen sich die Folgen nicht mehr verheimlichen, hat es der Theoretiker einfach. Entweder er wendet sich ab, sucht die Fehler in der mangelhaften Befolgung der Theorie, weis hinterher genau, warum die Voraussetzungen für die Theorie (noch) nicht gegeben waren, oder nimmt das Scheitern zum Anlaß, eine ganz neue Theorie zu entwickeln. Was in vielen Fällen fehlt, ist die Analyse des eigenen Beitrags, das Eingeständnis des Irrtums, auch wenn der Irrtum furchtbar war.

7. Die Lehren des Jahres 1989

Revolutionen verändern die Welt. Dieser Satz hat 200 Jahre nach dem Sturm auf die Bastille nichts von seiner Aktualität verloren. Das Jahr 1989 wird für künftige Generationen als einschneidendes Jahr in der Weltgeschichte gelten. Das aus dem Wandel in Osteuropa resultierende Ende des Ost-West-Konflikts mit allen seinen Weiterungen für das Internationale System ist bereits diskutiert worden.[61] Hier sollen einige Konsequenzen angesprochen werden, die sich für seine Nord-Süd-Dimension ergeben. Naheliegend wäre die

---

61 Dieter Senghaas, *Europa 2000. Ein Friedensplan*, Frankfurt 1990; ders., *Friedensprojekt Europa*, Frankfurt 1992.

Annahme, daß in Zukunft der Nord-Süd-Konflikt zum beherrschenden weltpolitischen Thema avanciert. Dagegen spricht, daß die wirtschaftlichen Konflikte zwischen den führenden Industrieländern, insbesondere zwischen den USA, Japan und der BRD, die bislang durch den Ost-West-Konflikt überlagert wurden, an Schärfe gewinnen, zwar nicht auf militärischem, dafür aber auf dem Feld der Handels- und Währungspolitik ausgetragen werden (vgl. dazu Kap. 4). Ferner macht mit dem Verschwinden der »Zweiten Welt« auch der Begriff »Dritte Welt« keinen Sinn mehr, hat mit der Auflösung der Blöcke auch die Blockfreienbewegung ihre Funktion verloren. Weitere Konsequenz ist, daß mit dem Zusammenbruch des Sozialismus die Modellfunktion der Sowjetunion für die »Dritte Welt« und ihre in einigen Fällen durchaus substantielle Alimentierung mit Waffen, Beratern und Wirtschaftshilfe beendet ist. Die Alternative China hat sich durch den Aufmarsch der Panzer in Peking selber desavouiert. Die aktive Unterstützung diverser »Befreiungsbewegungen« ist von China schon seit langem eingestellt worden. Das wird, sobald die sowjetischen Subventionen gänzlich eingestellt sind, dazu führen, daß auch die verbliebenen sozialistischen Systeme von Nordkorea über Vietnam bis Kuba zur Disposition stehen, die sich schwerlich der »unwiderstehlichen historischen Strömung« werden entziehen können. So entfällt für viele Länder der Handlungsspielraum, der sich durch die Existenz von zwei Blöcken ergeben hat, aus dem sich durchaus von Fall zu Fall Kapital schlagen ließ.

Was bleibt – dies haben paradoxerweise die ganz radikalen Vertreter der Weltsystemtheorie schon immer betont –, ist die Erkenntnis, daß die »Dritte Welt« Teil des kapitalistischen Weltsystem ist und das revolutionäre Ausscheren aus diesem Weltsystem sich nicht hat durchhalten lassen, die ganz große Alternative weniger in Sicht ist denn je. Dieser Befund ist zu akzeptieren, und auf dieser Basis ist weiter zu denken, zumal wenn man sich zu dem Eingeständnis durchringt, daß die ganz dramatischen Probleme eher in Ländern anzutreffen sind, die am wenigsten Kapitalismus aufweisen, während die eher kapitalistisch geprägten Länder in Ost- und Südostasien wie in Lateinamerika die vergleichsweise geringeren Probleme haben. Es handelt sich dabei weniger um solche, die aus Unterentwicklung herrühren, als vielmehr um die gleichen, die aus der Phase des Frühkapitalismus in Europa nur zu bekannt sind. Beides muß analytisch unbedingt auseinandergehalten werden.

Wenn also am Kapitalismus derzeit kein Weg vorbeiführt, dann sollte man ihn in dem Sinne bejahen, daß er nicht nur eine zerstörerische und ausbeutende, sondern auch eine fortschrittliche, wohlfahrtssteigernde und emanzipatorische Rolle gespielt hat, sofern institutionalisierte Gegenmacht erkämpft und anerkannt war. Umgekehrt ist zu akzeptieren, daß kapitalistische Produktivkraftentfaltung langfristig die Lebensgrundlagen des größten Teils der Bevölkerung in den Industrieländern dauerhaft verbessert hat und daß durch den Kapitalismus die bürgerliche Gesellschaft erst möglich wurde, die bislang als einzige die Rechte des Einzelnen zu garantieren vermochte, selbst wenn Verfassung und Verfassungswirklichkeit immer wieder auseinanderklaffen.[62]

Die demokratische Frage[63], und damit die Zivilisierung des Kapitalismus stellt sich mithin nicht nur in westlichen Industriegesellschaften, sie muß auch Programm für die Entwicklungstheorie und die Nord-Süd-Politik werden. Insofern ist der Rückblick auf die Frühphase kapitalisti-

---

62 Vgl. dazu Ulrich Menzel, *Auswege aus der Abhängigkeit. Die entwicklungspolitische Aktualität Europas*, Frankfurt 1988; Ulrich Menzel/Dieter Senghaas, *Europas Entwicklung und die Dritte Welt. Eine Bestandsaufnahme*, Frankfurt 1986.
63 Ulrich Rödel u. a., *Die demokratische Frage*, Frankfurt 1989; Alex Demirovic, Zivilgesellschaft, Öffentlichkeit, Demokratie, in: *Das Argument* Nr. 185, 1991.

scher Entwicklung in Europa und die dort erkämpften Institutionen und Rechte notwendiger denn je, hat die Forderung, von Europa zu lernen[64], in dem Sinne, daß zumindest in einer Reihe von Ländern Industrialisierung durchaus mit Umverteilung und Demokratisierung einhergehen konnte, im Licht der Ereignisse des Jahres 1989 ihre ganz besondere Aktualität.

---

64 Dieter Senghaas, *Von Europa lernen. Entwicklungsgeschichtliche Betrachtungen*, Frankfurt 1982.

2. Universalismus, Nationalismus, Sozialismus, Rationalismus, Strukturalismus
Die großen Paradigmen der entwicklungstheoretischen Ideengeschichte

Auch wenn die Entwicklungstheorie im engeren Sinne als eigenständige sozialwissenschaftliche Disziplin erst nach dem Zweiten Weltkrieg begründet wurde, so reichen ihre ideengeschichtlichen Wurzeln doch sehr viel weiter, im Grunde bis in die frühe Neuzeit, zurück. Es läßt sich zeigen, daß die beiden großen Paradigmen, Modernisierungstheorie und Dependenztheorie, deren Streit die Diskussion der letzten 20 bis 30 Jahre beherrscht hat, im Grunde nur Modifikationen von Grundpositionen sind, die im Laufe des 19. und frühen 20. Jahrhunderts erarbeitet wurden. Dabei ging es immer um die Klärung der Frage, wie die moderne bürgerlich-kapitalistische Gesellschaft entstanden ist und wie aus der Perspektive der Nachzügler das Problem nachholender Entwicklung zu bewältigen ist bzw. wodurch diese Bewältigung blockiert wird. Gemeint sind hier die klassischen Grundpositionen Universalismus (Ricardo), Nationalismus (List), Sozialismus (Marx), Rationalismus (Weber) und Strukturalismus (Parsons).

Zum besseren Verständnis der gegenwärtigen »neuen Unübersichtlichkeit« (Habermas), die, wie alle anderen sozialwissenschaftlichen Disziplinen, auch die entwicklungstheoretische Diskussion der achtziger Jahre erfaßt hat, ist deshalb ein Rückblick auf die Ideengeschichte der Disziplin und ihre lange Vorgeschichte von Nutzen.

1. Das Problem der Gliederung

Eine historische Darstellung wirft immer die Eingangsfrage auf: Wo anfangen? Als akademisches Fach und als eigenständiges Politikfeld sind Entwicklungstheorie und Entwicklungspolitik junge Disziplinen, die lediglich bis in die Mitte der vierziger Jahre zurückreichen. Das ist im wesentlichen auf zwei Anlässe zurückzuführen. Der nach dem Zweiten Weltkrieg in Asien einsetzende neuerliche Schub der Entkolonialisierung, der damals, anders als zuvor in Nord- und Südamerika, nicht mehr ehemalige weiße Siedlerkolonien erfaßte, machte sehr rasch deutlich, daß die dortigen Probleme mit der nationalen Unabhängigkeit allein nicht gelöst waren. Zum zweiten hatte der 1947/48 beginnende Ost-West-Konflikt von Anfang an eine Nord-Süd-Dimension, insofern er, insbesondere in Ost- und Südostasien, auch auf dem Territorium ehemaliger Kolonien ausgetragen wurde. Der damalige Anspruch der Sowjetunion, ihren Weg vom Aufbau des Sozialismus als Modell für die Entwicklung anderer nichtindustrialisierter Länder zu propagieren, deren nationale Befreiungsrevolution in eine sozialistische zu überführen sei, ließ aus amerikanischer Sicht die Sorge heraufziehen, daß der Sozialismus weltweit an Attraktivität gewinnen und damit der sowjetische Einflußbereich weiter ausgedehnt würde. Also galt es, eine politische Strategie zu konzipieren, um beides zu verhindern. Die theoretischen Grundlagen dieses politischen Interesses fanden alsbald Eingang in die sozialwissenschaftliche Diskussion unter den Begriffen »Modernisierungstheorie« und »Entwicklungsökonomie«. Die aus diesen theoretischen Einsichten gewonnene Politik wurde Entwicklungshilfe oder Entwicklungspolitik, später auch Entwicklungszusammenarbeit, genannt. Dabei ist zu berücksichtigen, daß die neue Disziplin von Anfang an, wie andere sozialwissenschaftliche Theorien auch, eine explikative und eine normative Dimension aufwies. Einerseits ging und geht es um die Frage, wie es zu gesellschaftlicher Modernisierung, zu Wachstum und Industrialisierung gekommen ist bzw. worin die Ursachen zu suchen sind, daß diese Prozesse in vielen Ländern nicht oder nur unzureichend stattgefunden haben. Andererseits geht es im Lichte dieser Erkenntnisse um die durch Wertvorstellungen geprägte Gestaltung politischen Handelns zur Erreichung dieser Ziele.

Modernisierungstheorie und Entwicklungsökonomie, wie auch deren spätere Kritik, sind aber keineswegs aus dem Nichts entstanden, sie basieren vielmehr auf Einsichten und Theorien, die bis zum Beginn der modernen Soziologie in der zweiten Hälfte des 19. Jahrhunderts und bis zur klassischen, ja sogar vorklassischen Nationalökonomie im 17. und 18. Jahrhundert zurückreichen. Ihren Hintergrund realer gesellschaftlicher Prozesse haben sie also in der europäischen Geschichte seit der frühen Neuzeit, als die ersten Nationalstaaten sich herausbildeten und sich damit die Frage stellte, wie denn die finanziellen Grundlagen nationaler Machtentfaltung zu schaffen seien, eine Politik, die später Merkantilismus genannt wurde.

Aus diesen Überlegungen ergeben sich zahlreiche systematische Probleme der Gliederung einer Ideengeschichte der Entwicklungstheorie. Es ist sicherlich sinnvoll, zwischen den wirtschafts- und sozialwissenschaftlichen Wurzeln der Disziplin zu unterscheiden. Das hieße auf dem Feld der Ökonomie die Orientierung an der zu ihrer Zeit jeweils herrschenden Lehrmeinung, also mit dem Merkantilismus zu beginnen, sich dann der Klassik und dem Neomerkantilismus zuzuwenden und mit dem Keynesianismus und der Neoklassik zu enden, um die Genese der derzeitigen Debatte[1]

---

[1] Z. B. Deepak Lal, *The Poverty of Development Economics*, London 1983 aus neoklassischer Sicht, versus John Toye, *Dilemmas of Development. Reflections on the Counter-Revolution in Development Theory and Policy*, Oxford 1987 aus keynesianischer Sicht.

zwischen den beiden miteinander rivalisierenden Paradigmen im entwicklungsökonomischen Lager deutlich zu machen. Im Bereich der Soziologie müßte man mit den Stammvätern Durkheim, Tönnies, Weber einsetzen und mit Parsons fortfahren, dessen Verarbeitung der klassischen Soziologie im amerikanischen Strukturfunktionalismus und der darauf folgenden Systemtheorie den Ausgangspunkt der späteren Modernisierungstheorie bildet.

Ein anderes, kaum weniger sinnvolles Gliederungsschema hätte sich an der theoretischen Verarbeitung des Problems der Ungleichzeitigkeit nationaler Entwicklungsprozesse zu orientieren. Nationalstaatsbildung, Industrialisierung, sozialer Wandel und Demokratisierung waren schließlich bereits in Europa kein gleichzeitiger Prozeß, sondern verliefen von Land zu Land mit deutlicher Zeitverschiebung. Die daraus resultierenden Probleme wurden erstmals so richtig manifest, als mit Beginn der Industriellen Revolution in der zweiten Hälfte des 18. Jahrhunderts, die zunächst eine weitgehend britische (englische und schottische) Angelegenheit war, sich dort ein substantieller Vorsprung in technologischer Hinsicht und, daraus resultierend, eine wirtschaftliche, militärische und politische Überlegenheit Englands ergab, die alle anderen, auch die kontinentaleuropäischen Länder mit der Problematik des überlegenen Kompetenzdruckes konfrontierte.[2] Die klassische englische Nationalökonomie, die gegen den damals in England noch dominierenden Merkantilismus auf Liberalismus und freie Konkurrenz auf den nationalen und internationalen Märkten setzte, um den Wohlstand des Landes zu steigern, war Ausdruck der Überlegenheit des Vorreiters. Dagegen setzten die Nachzügler einen theoretisch reflektierten Neomerkantilismus, um ihre wirtschaftliche Unterlegenheit mit staatlicher Intervention zu kompensieren. Auf dem für das

---

2 Vgl. zum theoretischen Argument Ulrich Menzel, *Auswege aus der Abhängigkeit. Die entwicklungspolitische Aktualität Europas*, Frankfurt 1988.

Thema so zentralen außenwirtschaftlichen Gebiet konzentrierte sich dieser Konflikt auf die Fragen Freihandel oder Schutz- bzw. Erziehungszoll, internationale Spezialisierung nach Maßgabe komparativer Vorteile oder vorrangige Erschließung des Binnenmarkts unter bewußter Verletzung der klassischen Doktrin, Alternativen, über die nahezu das ganze 19. Jahrhundert hindurch erbittert gestritten wurde und die heute im Hinblick auf späte Nachzügler die gleiche Aktualität besitzen.

Ein drittes Gliederungsschema würde sich weniger an der nationalen Sichtweise bzw. dem phasenverschobenen Prozeß der Bildung von Nationalstaaten als vielmehr an der Frage orientieren, wem denn, im nationalen wie im internationalen Maßstab, die Ergebnisse von »Entwicklung« bzw. wem der »Wohlstand der Nationen« (Adam Smith) eigentlich zugute kommen. Es ginge dann um die Auseinandersetzung der jeweils herrschenden Lehre mit ihrer sozialreformerisch oder sozialrevolutionär, d. h. vor allem marxistisch und später leninistisch, inspirierten Kritik. Die Marxsche Kritik der Politischen Ökonomie – damals gab es aus gutem Grund noch nicht die Trennung beider Disziplinen – wollte ja den Nachweis erbringen, daß bürgerlich-kapitalistische Entwicklung nicht das Ende der Geschichte bedeutet, sondern zwangsläufig, wenn auch dialektisch vermittelt, zu ihrer eigenen Überwindung führt. Die von Lenin und anderen formulierte Imperialismustheorie wollte in nicht ganz widerspruchsfreier Weiterentwicklung der Marxschen Gedanken nachweisen, daß die Einbeziehung der nichtindustrialisierten Welt in den Weltmarkt dem Kapitalismus nur eine Gnadenfrist einräumt, an dessen schließlichem Zusammenbruch sich dadurch aber nichts ändert. Das Ausbleiben der prognostizierten Weltrevolution warf dann die Frage auf, die sich in den zwanziger Jahren in der Sowjetunion zum ersten Mal stellte, wie denn nachholende Entwicklung unter sozialistischen Vorzeichen zu bewerkstelligen sei. Zumindest dem Anspruch nach sollten dabei die werktätigen Massen die vorrangigen Nutznießer von Entwicklung sein. Hier liegt eine Wurzel der entwicklungspolitischen Hauptkontroverse der siebziger Jahre.

Damit ist eine weitere Fragestellung berührt, die sich als viertes Gliederungsschema anbietet. Ist Entwicklung ein welthistorisch eindimensionaler Vorgang, von dem alle Gesellschaften, wenn auch zu unterschiedlichen Zeitpunkten, erfaßt werden und dann zu ähnlichen Ausprägungen gelangen? Oder läßt sich der Nachweis führen, daß aufgrund nationaler kultureller und sozialer Besonderheiten auch unterschiedliche Typen gesellschaftlicher Entwicklung möglich sind? Die grundsätzliche Alternative zur bürgerlich-kapitalistischen Entwicklung, so die Theorie, seien bürokratisch-despotische Systeme ohne die dem Kapitalismus innewohnende Dynamik. Diese Frage geht bereits bis auf das Zeitalter der Aufklärung (Montesquieu u. a.) zurück und hatte ihre späteren Anhänger unter bürgerlichen wie unter marxistischen Autoren. Auch die These, daß die weltweite Ausbreitung des Kapitalismus im Zuge kolonialer Expansion zumindest langfristig zur Angleichung unterschiedlicher Gesellschaften führt, ist keineswegs unumstritten. Führte der Kolonialismus tatsächlich, wie nicht nur Marx annahm, zur Auflösung orientalisch-despotischer Gesellschaften und damit zur Aufbrechung der ihnen innewohnenden stagnativen Tendenzen, oder brachte das Eindringen des Westens in nichtwestliche Gesellschaften nur eine Karikatur westlicher Modernisierung hervor? Die damit verbundenen sozialen Probleme förderten sicherlich sozialrevolutionäre Prozesse in solchen Gesellschaften. Aber handelte es sich dabei wirklich um einen emanzipatorischen Akt oder doch nur um die Restauration der alten Gesellschaft in neuem Gewand? Diese Frage wurde bereits in Rußland am Vorabend der Revolution heftig diskutiert und ist bis heute nicht entschieden, hat angesichts des Zusammenbruchs des »realen« Sozialismus aber ganz besondere Aktualität gewonnen.

Das leitet über zu einem weiteren möglichen Gliederungsschema. Die klassischen Theorien des 18. und 19. Jahrhunderts sind aus der europäischen Sicht, also den Erkenntnissen über die Wandlungsprozesse in den sich industrialisierenden Ländern, gewonnen und im 20. Jahrhundert auf die »neuen« Nationen, die spätere »Dritte Welt«, übertragen worden. Seit Ende des 18. Jahrhunderts gab es aber eine dogmengeschichtliche Gegentradition, die mit Beginn der Entkolonialisierung überhaupt, also der Unabhängigkeit der englischen Kolonien in Nordamerika, begründet wurde. Bereits die Gründungsväter der USA sahen sich mit dem Problem konfrontiert, daß die politische Unabhängigkeit von England allein nicht ausreichend war, nationale Souveränität zu garantieren, daß vielmehr auch die koloniale Ökonomie, die im wesentlichen auf die Primärgütererzeugung für das Mutterland ausgerichtet war, durch eigene Manufakturen zu ergänzen war. Das zu erreichen, verlangte aber die Abweichung von den in Europa gesetzten volkswirtschaftlichen Normen, gleichgültig, ob sie in merkantilistischen oder klassischen Theorien niedergelegt waren.

Für Kolonien, die nicht dem Typus der Siedlerkolonien in sog. Neulanderschließungsgebieten zuzurechnen waren, wo also die angestammte Bevölkerung nicht ausgerottet wurde, die »traditionelle« Gesellschaft vielmehr erhalten blieb und nur ein schmaler moderner Sektor etabliert wurde, stellte sich das Problem noch schärfer. Aufgeklärte Kolonialbeamte reflektierten bereits zu Beginn des 20. Jahrhunderts, noch lange vor der Unabhängigkeit der Kolonien, das daraus resultierende Problem des Dualismus. Diese »dualistischen« Strukturen waren aber keineswegs auf die Kolonien begrenzt, sondern auch innerhalb der europäischen Länder, insbesondere an der südlichen und östlichen

Peripherie Europas, zu finden. Diese umgekehrte Sicht der Entwicklungsproblematik ist also keineswegs neu, hat vielmehr auch ihre lange Vorgeschichte.

Und schließlich bietet sich als siebtes und hier weitgehend verfolgtes Gliederungsschema die Orientierung an weltpolitisch oder weltwirtschaftlich bedeutsamen Phasen oder Ereignissen an, die immer ihren dogmengeschichtlichen Niederschlag gefunden und des öfteren sogar zu Paradigmenwechseln geführt haben. Zu zeigen wäre also, daß die Ideengeschichte der Entwicklungstheorie nicht nur reine Ideengeschichte ist, sondern immer mit der Realgeschichte verknüpft war. In diesem Zusammenhang von Bedeutung sind, um nur die wichtigsten Ereignisse zu erwähnen, die Herausbildung der europäischen Nationalstaaten und deren Entfeudalisierung, die Industrielle Revolution, die Unabhängigkeit der ersten Kolonien, die Nachfolgeindustrialisierung auf dem europäischen Kontinent und in den USA, die mit der Industrialisierung auftretende soziale Frage, das Zeitalter des Hochimperialismus, die Oktoberrevolution, die Thematisierung der kolonialen Frage Anfang der zwanziger Jahre in der Komintern, die Weltwirtschaftskrise der dreißiger Jahre, der Zweite Weltkrieg und der Beginn des Ost-West-Konflikts, nationale Befreiungsbewegungen und Entkolonialisierung selbst, die Entstehung der Blockfreien-Bewegung und des Nord-Süd-Konflikts, der zeitweise Erfolg der OPEC, das Aufkommen der Schwellenländer und zuletzt der Zusammenbruch des realen Sozialismus als entwicklungspolitische Alternative. Diese zu ihrer Zeit jeweils neuen Situationen und Herausforderungen waren immer auch Anlaß für entwicklungstheoretische Überlegungen, die ihrerseits politisches Handeln beeinflußt haben und insofern geschichtsträchtig geworden sind. Eine Orientierung an diesem Schema bietet zudem den Vorteil des chronologischen Vorgehens, verlangt aber gleichzeitig, die vielen Querverbindungen und Beeinflussungen durch die jeweiligen ideengeschichtlichen Traditionen, die wechselnden Perspektiven und Fragestellungen sowie die Verknüpfung von ökonomischer, soziologischer und politikwissenschaftlicher Theoriebildung immer wieder zu reflektieren. Vieles, was in den letzten 40 Jahren geschrieben wurde, also seit sich das Fach etabliert hat, ist, wie der Rückblick auf die Geschichte der Theorie zeigt, gar nicht so neu, wenn es auch im Gewand neuer Terminologie daherkommt.[3]

2. Die lange Vorgeschichte

Die Wurzeln der Disziplin gehen zurück auf eine Epoche der Wirtschaftspolitik, die erstmals von Adam Smith Merkantilismus, in Frankreich auch Colbertismus (nach dem Minister Ludwigs XIV.) und in Deutschland Kameral- oder Polizeywissenschaft genannt wurde. Der Merkantilismus war weniger ein ausgefeiltes theoretisches Lehrgebäude als vielmehr eine Summe praktischer Maßnahmen im Bereich der Finanz-, Industrie-, Außenhandels- und Gesellschaftspolitik, die darauf abzielten, die politische und militärische Machtentfaltung der sich herausbildenden europäischen Nationalstaaten auf eine solide wirtschaftliche Basis zu stellen. Die Blüte des Merkantilismus fällt in das 17. und 18. Jahrhundert vor Einsetzen der Industriellen Revolution. Seine Hauptvertreter in Theorie und Praxis stammen bezeichnenderweise nicht aus dem damals in kommerzieller Hinsicht führenden Holland, sondern eher aus den aufstrebenden Nationen England, Frankreich, Deutschland und Italien. Der Wohlstand eines Landes, so die damalige Vor-

---

[3] Die in der Folge genannte Literatur wird in der Regel nicht vollständig zitiert. Sämtliche bibliographischen Angaben sind enthalten in Ulrich Menzel, *Geschichte der Entwicklungstheorie. Einführung und systematische Bibliographie*, Hamburg 1991. = Schriften des Übersee-Instituts Hamburg Nr. 12.

stellung, drückt sich vor allem in seinem Vorrat an Edelmetallen aus, der im wesentlichen aus drei Quellen gespeist wird: durch die Ausbeutung von Gold- und Silberminen, durch die Eroberung und Plünderung anderer Länder sowie durch den Überschuß, der im Außenhandel erzielt werden kann. Daß die Bearbeitung des Bodens oder die produktive Verwendung von Kapital und Arbeit Quelle des Wohlstands ist, war damals noch nicht ins theoretische Bewußtsein gedrungen. Die Wirtschaftspolitik richtete sich deshalb vor allen Dingen auf die Frage, wie durch staatliche Intervention eine positive Handelsbilanz zu erzielen sei. Dazu sollten mit Hilfe von Zöllen und Verboten die Importe von Manufakturwaren reduziert und eigene Manufakturen gefördert werden und durch Navigationsakten der internationale Handel einheimischen Schiffen reserviert bleiben. Der Erwerb von Kolonien zu Ausbeutung der dortigen Bodenschätze, die Anlage von Plantagen sowie der Sklaven- und Kolonialhandel nahmen in diesem Denken ebenfalls einen hohen Rang ein. Die Gründung von Manufakturen in den Kolonien war konsequenterweise untersagt, da diese die Überschüsse in der Handelsbilanz reduziert hätten.

Daß Großbritannien im 17. und 18. Jahrhundert in Europa den deutlichsten wirtschaftlichen Aufschwung nahm und Holland den Rang als führende europäische Wirtschafts- und Handelsmacht ablief, lag nicht zuletzt daran, daß dort die merkantilistische Politik durch den Erwerb von Kolonien, die Gründungen von Kolonialgesellschaften (z. B. der berühmten East India Company) und die Erlassung der Navigationsakte am konsequentesten verfolgt wurde. Als in der zweiten Hälfte des 18. Jahrhunderts ein zunächst langsames, aber stetiges Wirtschaftswachstum einsetzte und das Land sich vor dem Hintergrund bahnbrechender technologischer Innovationen in sich beschleunigendem Maße industrialisierte, wurde dort erstmals eine ökonomische Theorie entwickelt, die einen systematischen

Anspruch erhob. Die mit dem Hauptwerk des Schotten Adam Smith *Eine Untersuchung über Natur und Wesen des Volkswohlstands* (1776) beginnende Klassik ging im Unterschied zum Merkantilismus von der Vorstellung aus, daß nicht staatliche Zuständigkeit und staatliche Eingriffe, sondern die Selbstregulierung der Wirtschaft durch die freie Konkurrenz die beste Voraussetzung zur Vermehrung des Wohlstands der Nationen sei. An die Stelle der sichtbaren staatlichen habe also die unsichtbare Hand des Marktes zu treten. Durch das freie Zusammenwirken der rational und im Eigeninteresse handelnden Individuen sei auch die Maximierung des gesellschaftlichen Nutzens gewährleistet. Smith formulierte erstmals auch eine Wachstumstheorie, die darauf basiert, daß die Arbeit die Quelle des Wohlstands sei, deren Produktivität durch Arbeitsteilung und Kapitalinvestitionen gesteigert werden könne.

Insbesondere sein Nachfolger, David Ricardo, war es, der in seinen *Grundsätzen der politischen Ökonomie und Besteuerung* (1817) die Prinzipien von Liberalismus und Arbeitsteilung um die internationale Dimension erweiterte und so eine theoretische Fundierung von Freihandel und internationaler Arbeitsteilung nach Maßgabe komparativer Kosten lieferte. Sein Argument lautete, daß sich alle beteiligten Länder auf die Erzeugung derjenigen Güter spezialisieren sollten, bei denen aufgrund natürlicher Faktoren die vergleichsweise geringsten Arbeitskosten aufzuwenden seien. Selbst wenn in einem Land die Arbeitsproduktivität in allen Branchen geringer ist als bei den Konkurrenten, ist eine Spezialisierung auf solche Branchen noch von Vorteil, in denen der relative Nachteil am geringsten ist. Damit wurde erstmals in systematischer Weise eine universalistische Theorie formuliert, die bis heute ein zentrales Thema der Entwicklungspolitik geblieben ist. Die innenpolitische Absicht bestand darin, ein theoretisches Argument zur Aufhebung der Getreidezölle zu liefern, die einseitig dem

Grundbesitz zugute kamen und zu Lasten der aufstrebenden Industriebourgeoisie gingen, die aus Gründen des Brotpreises höhere Löhne als im Falle des Agrarfreihandels zu zahlen hatten.

Die klassische Theorie war aber nicht nur die Munition, die in England selber dem politischen Liberalismus in den dreißiger und vierziger Jahren des 19. Jahrhunderts zum Durchbruch verhalf, sie war auch die Theorie des wirtschaftlichen Vorreiters, der, auf die Überlegenheit seiner Wettbewerbsfähigkeit bauend, diese Prinzipien weltweit durchzusetzen suchte und folglich, zumindest in der Theorie, an der formellen, d. h. direkten kolonialen Beherrschung fremder Territorien kein Interesse mehr hatte. Der Freihandel wurde in der Folge sowohl auf dem Wege internationaler Verträge, die durch das Prinzip der Meistbegünstigung miteinander verknüpft waren, als auch gewaltsam mit den Mitteln der »Kanonenbootdiplomatie« gegen widerspenstige Länder durchgesetzt. Die Mitte des 19. Jahrhunderts wird deshalb auch als die Ära des Freihandelsimperialismus bezeichnet. Die ihr zugrunde liegende klassische Lehre setzte sich alsbald über England hinaus als herrschende volkswirtschaftliche Lehrmeinung durch.

Die theoretische Gegenposition wurde bereits sehr früh, durchaus in der Tradition eines allerdings perspektivisch umgedrehten Merkantilismus verbleibend, durch den ersten amerikanischen Finanzminister, Alexander Hamilton, auf den Begriff gebracht. In seinem berühmten *Report on Manufactures* (1790) thematisierte Hamilton erstmals den Gedanken des Erziehungszolls, indem er argumentierte, daß die vollständige Unabhängigkeit der Neuengland-Staaten erst gegeben sei, wenn die ehemaligen Kolonien in der Lage seien, ihre eigenen Manufakturwaren zu erzeugen, und nicht mehr auf die Importe aus dem früheren Mutterland angewiesen seien. Der wirtschaftliche Universalismus im Sinne Ricardos entsprach deshalb eher den

Interessen der exportorientierten Plantagenökonomien der Südstaaten, während im Norden bis in die Zeit nach dem Bürgerkrieg, dessen Wurzeln auch in diesem dogmengeschichtlichen Konflikt zu sehen sind, protektionistische Vorstellungen von Ökonomen wie Henry Charles Carey und Daniel Raymond dominierten. Der Freihandel wurde in den USA im Grunde erst im 20. Jahrhundert zur Doktrin, als diese den wirtschaftlichen Vorsprung Englands aufgeholt hatten.

Der hegemoniale Konflikt zwischen Frankreich und England, der schließlich militärisch am Beginn des 19. Jahrhunderts in den Napoleonischen Kriegen ausgetragen wurde, hatte konsequenterweise auch eine wirtschaftspolitische Dimension. Die französische Kontinentalsperre war, entwicklungspolitisch gesehen, der Versuch, England von seinen wichtigsten Absatzmärkten fernzuhalten und die kontinentaleuropäische Industrie unter französischer Führung, gestützt auf eigene und nicht aus den Kolonien importierte Rohstoffe, ohne den Druck der englischen Konkurrenz zu fördern. Der wirtschaftspolitische Berater Napoleons, Auguste Ferrier, lieferte 1805 dazu in seinem *Du gouvernement considéré dans ses rapport avec le commerce* die theoretische Begründung.

Einem Schwaben, Friedrich List aus Reutlingen, war es vorbehalten, den in den USA propagierten Neomerkantilismus zu einem theoretischen System auszubauen. List argumentierte in seinem Hauptwerk *Das nationale System der politischen Ökonomie* (1841) vom Standpunkt der »Länder der zweiten Stufe«, die in der Lage seien, den englischen Vorsprung aufzuholen, wenn sie bewußt für eine Übergangszeit die universalistischen Freihandelsprinzipien der Klassik verletzten. An die Stelle von Ricardos Theorie der Werte (Wohlstandsgewinn durch Reduzierung von Arbeitszeit) setzte er seine Theorie der produktiven Kräfte. Das hieß die Förderung der nationalen Gewerbsproduktivkraft, die sich aber nur entfalten konnte, wenn sie dazu auch die Möglichkeit, sprich den Schutz vor der überlegenen englischen Konkurrenz, habe. Separation durch Schutzzölle nach außen und Integration durch Wegfall administrativer Hemmnisse und Ausbau der Infrastruktur (Eisenbahnbau) nach innen lautete deshalb sein Rezept. Der zeitweilig damit verbundene Wohlstandsverlust im Sinne der Klassik wurde von List als notwendige »Lernkosten« abgebucht. Sobald der Industrialisierungsvorsprung aufgeholt sei, könne zum Freihandel zurückgekehrt werden. Für die »Länder der dritten Stufe«, die in der »heißen Zone« gelegenen Kolonien, sah List diese Möglichkeit nicht, ein deutlicher Hinweis auf seine eurozentrische Sichtweise.

Zweifellos ist List in den zwanziger Jahren des vorigen Jahrhunderts durch seine Emigration in die USA von den zeitgenössischen amerikanischen Ökonomen beeinflußt worden. Wir finden bei ihm also eine frühe Formulierung der in den fünfziger und sechziger Jahren unseres Jahrhunderts so populären Strategie der Importsubstitutionsindustrialisierung (ISI), die auf die Ausweitung des Binnenmarkts anstelle des Exportwachstums abzielt. Der Unterschied zum klassischen Merkantilismus besteht darin, daß Zweck und Mittel vertauscht werden. Manufakturen sind nicht dazu da, um über die Reduzierung der Importe bzw. die Steigerung der Exporte den Edelmetallvorrat und damit den nationalen Reichtum zu steigern, der Aufbau von Manufakturen selbst ist vielmehr der Zweck, da sie ein wesentlicher Faktor zur Steigerung der produktiven Kräfte einer Gesellschaft sind, die im umfassenden Sinne mit der Herausbildung von wissenschaftlich-technischer Kompetenz und Qualifizierung von Arbeitskraft gleichgesetzt werden.

Eine Sonderentwicklung der nationalökonomischen Doktrinenbildung nahm die deutsche historische Schule des 19. Jahrhunderts mit ihren Hauptvertretern Wilhelm Roscher, Gustav Schmoller und Werner Sombart, zu der auch List im weitesten Sinne gerechnet werden kann. Hier ging es weniger um die Theoriebildung als vielmehr um die Aufarbeitung der in Deutschland bereits ablaufenden nachholenden Modernisierung. Basierend auf den wirtschaftsromantischen Vorstellungen bei Johann Gottlieb Fichte und Adam Müller über den *Geschlossenen Handelsstaat* (1800) und die *Elemente der Staatskunst* (1809/1810) wurde die Wirtschaft als organisches Ganzes und nicht als eine Summe von Wirtschaftssubjekten verstanden. Theoretische Aussagen wurden nicht deduktiv, wie in der Klassik, sondern induktiv durch die Beobachtung von Einzelphänomenen gewonnen. Statt axiomatisch begründeter theoretischer Gebäude wurden Prozesse beschrieben, aus denen die späteren Stadien- und Evolutionstheorien entstanden sind. Die im Prozeß der Industrialisierung zutage tretende soziale Frage wurde in Abgrenzung zum gleichzeitig entstehenden Marxismus unter dem Stichwort »Kathedersozialismus« thematisiert, der auf eine eher staatliche Fürsorgepolitik hinauslief, die in der Bismarck-Ära auch tatsächlich in Angriff genommen wurde.

Mit der in Europa immer weiter fortschreitenden Industrialisierung wuchs nicht nur die Kluft zu den nichtindustrialisierten Ländern, es stellte sich auch heraus, daß der Kapitalismus neben wachsendem Wohlstand auch Ausbeutung und Elend produzierte. Hier setzte die sozialistische Kritik von Karl Marx an. Marx insistierte in der Hegelschen Tradition der Dialektik als historisches Movens, daß, im Gegensatz zur Annahme der britischen Klassik, Kapitalismus ein historisch begrenztes ökonomisches System sei, welches aufgrund interner Widersprüche die subjektiven und objektiven Voraussetzungen seiner eigenen Überwindung hervorbringe.

Er übernahm zunächst das universalistische oder unilineare Geschichtsverständnis der Klassik, wonach der Kapitalismus sich weltweit durchsetzen werde, begann aber, als er sich in den fünfziger Jahren der Kolonialen Frage zuwandte, an seiner ursprünglichen Theorie irre zu werden. Für die entwicklungstheoretische Diskussion im engeren Sinne sind deshalb insbesondere seine Schriften zu Indien, China und Rußland von Bedeutung, aus denen sich drei widersprüchliche Positionen im Hinblick auf mögliche gesellschaftliche Entwicklung außerhalb der westlichen Länder ableiten lassen, die die spätere marxistische Entwicklungstheorie nachhaltig beeinflußt haben. Indem Marx die zerstörerischen Wirkungen des englischen Warenexports für das traditionelle indische oder chinesische Gewerbe beschreibt, wird er zum Kronzeugen für die Dependenztheorie, die die Unterentwicklung auf die Einflüsse des Weltmarkts zurückführt. Indem er aber gleichzeitig betont, daß der europäische Kolonialismus auch eine progressive Rolle spiele, da er die Grundlagen der orientalischen Despotie zerstöre und damit der prinzipiell fortschrittlicheren bürgerlich-kapitalistischen Gesellschaft freie Bahn verschaffe, entpuppt er sich als früher Modernisierungstheoretiker, der den Despotismus der orientalischen Gesellschaften in der Tradition der französischen Aufklärung betrachtet. Damit propagiert er, wenn auch mit Blick auf ein anderes Endziel, ein ähnlich unilineares Geschichtsverständnis wie sein späterer Kritiker Walt Whitman Rostow, der nicht im Kommunismus, sondern im Zeitalter des Massenkonsums das Ende der Geschichte sieht.

Offensichtliche Irritation verursachte Marx allerdings Ende der fünfziger Jahre des vorigen Jahrhunderts die Erkenntnis, daß das Beharrungsvermögen des »traditionellen Sektors« in China sehr stark war. Er mußte später einräumen, daß seine in *Zur Kritik der Politischen Ökonomie* (1859) und im ersten Band des *Kapitals* (1867) niedergelegte Analyse nur für Westeuropa gilt. In Ländern, die er der asiatischen oder slawischen Produktionsweise zurechnete, also in allen außereuropäischen Hochkulturen, existiere dagegen die Tendenz zur Herausbildung bürokratischer Gesellschaften, die über kein endogenes Transformationspotential in Richtung auf eine bürgerlich-kapitalistische Entwicklung verfügten. Seine spätere Beschäftigung mit Rußland ließ ihn schließlich zu der vorsichtig formulierten These gelangen, daß in Gesellschaften solchen Typs, aufbauend auf dem Kollektivismus der Dorfgemeinschaften, auch ein direkter Übergang zum Sozialismus möglich sei, ohne das kapitalistische Stadium durchlaufen zu haben. Damit hatte er sich der anarchistischen Position der russischen Volkstümler weitgehend angenähert und, ganz nebenbei, auch seine latente Verwurzelung in der deutschen Romantik offenbart.

Hieran knüpfte unmittelbar die innerrussische Debatte zwischen den Sozialdemokraten, insbesondere Lenin und Plekhanov, und den Volkstümlern an. Während letztere darauf insistierten, daß in Rußland der Kapitalismus aufgrund der Enge des Binnenmarkts und der überlegenen englischen Konkurrenz keine Chance zur Entfaltung mehr habe, deshalb die russische Dorfgemeinde zum Fokus einer sozialistischen Gesellschaft werden müsse, suchte Lenin in seinem Buch über *Die Entwicklung des Kapitalismus in Rußland* (1899) das Gegenteil nachzuweisen. Marx war zuvor, nämlich 1877 und 1881, zweimal von russischer Seite (insbesondere durch Vera Sassulitsch) als Schiedsrichter in dieser Kontroverse angerufen worden.

Bemerkenswert ist aber immerhin, daß bei Plekhanov und ursprünglich auch bei Lenin selbst die Gefahr eingeräumt wurde, daß in Rußland als einem »halbasiatischen« Land die sozialistische Revolution und die dann notwendige planmäßige Organisation der Produktion durchaus zu einer »asiatischen Restauration« führen könne, wenn an die Stelle der alten Despotie des Zarenreiches eine neue Despotie der Bürokratie trete. Die Diskussion um das Agrarprogramm der russischen Sozialdemokratie auf dem Stockholmer Parteitag 1906 war Anlaß dieser Bedenken. Plekhanov warnte deshalb davor (das berühmte Plekhanov-Fragezeichen), die sozialistische Revolution anzustreben, bevor der Kapitalismus und die bürgerliche Gesellschaft sich voll etabliert hätten. Diese Debatte wurde in den zwanziger und dreißiger Jahren unseres Jahrhunderts im Zusammenhang mit der Diskussion um die Asiatische Produktionsweise wieder aufgenommen und von Stalin kategorisch beendet. Die Pointe bei dieser Auseinandersetzung innerhalb der russischen Linken ist, daß gleichzeitig unter der programmatischen Anleitung des Finanzministers Sergei Julius Witte eine staatlich forcierte Industrialisierungs- und Modernisierungspolitik (insbesondere Eisenbahnbau und Schwerindustrie) verfolgt wurde, deren Grundgedanken auf List und seinen Vorläufern beruhten.

Das Ende des 19. Jahrhunderts erlebte mit der »Zweiten Industriellen Revolution« im Bereich von Chemie und Elektrotechnik nicht nur eine neue Industrialisierungswelle in Europa, es erlebte auch das letzte Ausgreifen der europäischen Mächte auf den noch nicht kolonialisierten Rest der Welt. Um dessen Aufteilung wurde so erbittert gerungen, weil der relative Vorsprung Englands sich insbesondere gegenüber Deutschland und den USA weitgehend nivelliert hatte. Unter dem Begriff Imperialismustheorie wurde, aus Anlaß des Burenkrieges, in dem Buch des britischen Linksliberalen John Atkinson Hobson *Der Imperialismus* (1900) erstmals die europäische Welteroberung einer grundsätzlichen Kritik unterzogen. Gleichzeitig analysierte er die wirtschaftlichen und ideologischen Triebkräfte, die das *Zeitalter des Imperialismus* (1880-1914) auszeichneten.

In der Hobsonschen Tradition stehende Autoren wie Hilferding, Lenin, Luxemburg, Bucharin und Sternberg wollten, ausgehend von der Marxschen Kapitalismusanalyse, einen aus binnenwirtschaftlichen Verwertungs- oder Absatzschwierigkeiten resultierenden Zwang zum Kapital-

und Warenexport ableiten, der die Eroberung von Kolonien und damit die Erschließung neuer Felder kapitalistischer Betätigung erfordere. Deshalb bezeichnete Lenin in seiner berühmten, theoretisch allerdings nicht besonders tiefgründigen Analyse von 1916 den Imperialismus als das höchste, bereits auf den Niedergang hindeutende Stadium des Kapitalismus. Demgegenüber betonten nichtmarxistische Autoren wie Joseph Schumpeter seine soziologische Dimension, also das im Imperialismus zum Ausdruck kommende Streben nach schierer Machtausweitung. Gemeinsam war allen diesen Theorien die eurozentrische Sichtweise, also der, wenn auch kritische Blick aus der Sicht der imperialistischen Mächte. Die Resultate imperialer Expansion für die betroffenen Kolonien selbst wurden allenfalls am Rande thematisiert. Selbst die Zweite Internationale konnte sich zu keiner grundsätzlichen Kritik der Kolonialpolitik verstehen. Erst die Dependenztheorie der sechziger Jahre sollte für eine grundsätzliche Umkehrung der Sichtweise sorgen.

Der mit dem Industrialisierungsprozeß in Europa einhergehende soziale Wandel wurde etwa 100 Jahre nach der Herausbildung der Volkswirtschaftslehre zum Gegenstand einer weiteren akademischen Disziplin, der Soziologie. Deren Stammväter, Ferdinand Tönnies in *Gemeinschaft und Gesellschaft* (1887), Emile Durkheim in *Über soziale Arbeitsteilung* (1902) und Max Weber mit dem Hauptwerk *Wirtschaft und Gesellschaft* (1911-1920) thematisierten, wie es im sich industrialisierenden Europa zu modernen Gesellschaften gekommen war. Insbesondere bei Weber stand dabei neben den historisch-strukturellen Gründen die Frage nach den inneren geistigen Antrieben zur Herausbildung des Kapitalismus im Vordergrund. Damit begab er sich in expliziten Gegensatz zu Marx, der im 24. Kapitel des *Kapital* über die ursprüngliche Akkumulation die äußeren Zwänge in den Vordergrund gestellt hatte, denen sich der einzelne ausgesetzt sah.

Obwohl auch Weber in der Tradition der historischen Schule stand, betonte er im Unterschied zu List nicht nur die Notwendigkeit zur Entfaltung der produktiven Kräfte mittels staatlicher Förderung, sondern auch die Herausbildung einer bürgerlich-rationalen Weltauffassung. In der Rationalisierung aller Verhaltensweisen sieht Weber den Kern des Modernisierungsprozesses. Dabei ging es ihm erstens um die Klärung der universalhistorischen Frage nach den Gründen der europäischen Sonderentwicklung zum okzidentalen Rationalismus und der hier anzutreffenden Entfaltung einer kapitalistischen Geisteshaltung und zweitens um die Unterschiede im okzidentalen Kulturkreis selbst, die er für die Ungleichzeitigkeit der Entwicklung zwischen den europäischen Ländern verantwortlich machte. Ersteres wurde in seiner Schrift *Die protestantische Ethik und der Geist des Kapitalismus* (1904/05) religionssoziologisch begründet; letzteres auf den Umstand zurückgeführt, daß sich in den angelsächsischen Ländern frühzeitig eine von aristokratischen Hemmnissen befreite kapitalistische Wirtschaftsgesinnung durchsetzen konnte, während in Deutschland (als Grenzfall) sowie in Ost- und Südeuropa aufgrund feudaler Relikte eine unterentwickelte Geschäftsmoral vorherrschend blieb. Anders als in England konnte die ökonomisch absteigende Klasse der Großgrundbesitzer ihre politische Macht weiterhin behaupten und in der »Großen Depression« der achtziger Jahre des vorigen Jahrhunderts, anders als in England 40 Jahre zuvor, sogar neue Kornzölle durchsetzen, weil das Bürgertum im ganzen 19. Jahrhundert aufgrund der verspäteten Industrialisierung zu schwach blieb. Insofern war Weber auch der letzte große Theoretiker der bürgerlichen Gesellschaft, obwohl sie in seinem Heimatland nie so richtig zum Durchbruch gekommen war.

Die eigentliche Rezeption Webers erfolgte allerdings erst nach dem Zweiten Weltkrieg. In den USA begann sie immerhin schon Anfang der dreißiger Jahre, als Talcott Parsons dessen Protestantismusschrift ins Englische übersetzte. Weber ist damit nicht nur der Mitbegründer der Soziologie insgesamt, sondern auch Stammvater der Entwicklungssoziologie und Modernisierungstheorie der fünfziger Jahre, deren wichtige Fragen er bereits gestellt hatte.

Der Erfolg der Oktoberrevolution in dem vergleichsweise rückständigen Rußland, wo im Sinne der marxistischen Klassiker der Sozialismus noch gar nicht hätte auf der Tagesordnung stehen dürfen, hatte aus entwicklungspolitischer Sicht mehrere Konsequenzen. Die Revolution ließ sich im Sinne der Leninschen Imperialismustheorie nur dadurch rechtfertigen, daß mit dem Herausbrechen des »schwächsten Gliedes der Kette«, nämlich Rußlands, das kapitalistische Weltsystem insgesamt zusammenbrechen würde, dadurch die Revolution auf die hochindustrialisierten Länder ausgedehnt und dessen Proletariat anschließend der Sowjetunion eine Art Entwicklungshilfe beim Aufbau des Sozialismus leisten werde. Um die Weltrevolution organisieren zu können, wurde 1919 die Kommunistische Internationale als Exekutive aller Kommunistischen Parteien gegründet. Bereits Anfang der zwanziger Jahre stellte sich aber die Vorstellung vom Weitertragen der Revolution als eine Fehlkalkulation heraus, da sich der Kapitalismus in den Industrieländern wieder zu stabilisieren vermochte. Das Schwergewicht der revolutionären Aktivitäten verlagerte sich deshalb auf die nichtindustrialisierten Länder, wobei bis Ende der zwanziger Jahre China und dessen nationalistische und antiimperialistische Revolution im Zentrum des Interesses stand.

Damit geriet die Kolonialfrage erstmals so richtig ins Blickfeld theoretischer Überlegungen, wobei aber weniger entwicklungsstrategische Erwägungen als solche der revolutionären Strategie in den Kolonien im Vordergrund standen. Da in Ländern wie China von einem entwickelten Kapitalismus mit entsprechendem Proletariat jedoch noch weniger die Rede sein konnte als in Rußland am Vorabend der Revolution, wurde die alte innerrussische Kontroverse aus den achtziger Jahren des 19. Jahrhunderts wieder aktuell, ob denn der Sozialismus auch in einer bäuerlichen Gesellschaft über die politische Mobilisierung der Bauern zu verwirklichen sei. Diese Frage war wiederkehrendes Thema auf den Weltkongressen der Komintern, wobei insbesondere die Debatte zwischen dem indischen Kommunisten Manabenda Nath Roy und Lenin über Strategie und Taktik der kolonialen Revolution auf dem Zweiten Weltkongreß 1920 für Furore sorgte. In China zumindest setzte sich schließlich gegen den Widerstand der orthodox argumentierenden Kominternmehrheit seit Anfang der dreißiger Jahre die maoistische Vorstellung von der Bauernrevolution und einem Sozialismus durch, der sich auf Armut statt auf die entwickelten Produktivkräfte gründet. Die mit der Frage der revolutionären Strategie und dem Charakter der orientalischen Gesellschaften verknüpfte Diskussion um die Asiatische Produktionsweise wurde 1931 auf der Leningrader Orientalistenkonferenz politisch zugunsten des orthodoxen, von Marx selber aber verworfenen, universellen Schemas über die Periodisierung von Gesellschaftsformationen beendet, nicht zuletzt, um der Kritik an Stalins Apparatherrschaft die Spitze zu nehmen.

Für Rußland selbst lautete die Konsequenz aus dem Scheitern der weltrevolutionären Hoffnungen, daß der Sozialismus aus eigener Kraft aufzubauen sei, also zunächst einmal seine materiellen Grundlagen, was Marx die Entfaltung der Produktivkräfte genannt hatte, zu schaffen seien. Die zwanziger Jahre erlebten deshalb innerhalb der bolschewistischen Partei eine entwicklungstheoretische Kontroverse, die unter dem Namen Industrialisierungsdebatte in die Literatur einging. Dabei handelte es sich um die Optionen vorrangiger Agrarentwicklung mit allmählicher Industrialisierung (Bucharin) versus beschleunigter Industrialisierung auf Kosten der Landwirtschaft (Preobrazhensky) mit den gesellschaftlichen Konsequenzen von bürokratischen Nutznießern und bäuerlichen Leidtragenden. Resultat der Debatte war die Entscheidung für Option zwei, die mit dem ersten Fünfjahresplan (1928-1932), der forcierten Schwerindustrialisierung und der Zwangskollektivierung, um die zur Finanzierung notwendigen landwirtschaftlichen Überschüsse besser requirieren zu können, in die Tat umgesetzt wurde. Der damit einhergehende Aufbau einer Planungs- und Verwaltungsbürokratie bestätigte Plekhanovs Warnung vor einer möglichen asiatischen Restauration, die im Stalinismus ihren despotischen Ausdruck fand. Die Strategie der dreißiger Jahre wurde zum Kern des sowjetischen Entwicklungsmodells, das nach dem Zweiten Weltkrieg auf Osteuropa, China und die ehemaligen Kolonien, die in den politischen Einflußbereich der Sowjetunion fielen, übertragen wurde. Sie wurde so zur politischen Alternative der seit der Entkolonialisierung vom Westen angebotenen Modernisierungstheorie und Entwicklungsökonomie.

Bevor die Skizzierung der Theoriebildung der fünfziger Jahre erfolgt, ist allerdings ein Rückblick auf die dogmengeschichtliche Weiterentwicklung im »bürgerlichen« Lager notwendig. Obwohl die tatsächliche Wirtschaftspolitik der europäischen Nachzügler sich eher an den Listschen Vorstellungen orientierte, beherrschte das klassische Denken die akademische Diskussion, wobei sich das Schwergewicht allerdings von den makro- auf mikroökonomische Fragestellungen verlagerte. Seit Alfred Marshalls *The Pure Theory of Foreign Trade* (1879) wurde der Ausdruck »Neoklassik« gebräuchlich, wobei in unserem Zusammenhang vor allem die Weiterentwicklung der ricardianischen Außenhandelstheorie von Interesse ist. Im Unterschied zu Ricardo, der von internationalen komparativen Vorteilen aufgrund unterschiedlicher natürlicher Produktionsbedingungen (Klima, Bodenfruchtbarkeit etc.) ausging, wurde von den schwedischen Nationalökonomen Eli Heckscher (*The Effect of Foreign Trade and the Distribution of Income*, 1919) und Göran Ohlin (*Die Beziehungen zwischen internationalem Handel und internationalen Bewegungen von Kapital und Arbeit*, 1930) das Faktorproportionentheorem entwickelt. Dieses zielte darauf ab, die von Land zu Land unterschiedliche Ausstattung mit Produktionsfaktoren wie Arbeit und Kapital in die Analyse komparativer Vor- oder Nachteile einzubeziehen. Daraus wurde gefolgert, daß internationale Arbeitsteilung nicht nur zwischen Rohstoffen und Fertigwaren (sog. Ricardo-Güter), sondern auch zwischen Fertigwaren unterschiedlicher Faktorintensität (sog. Heckscher/Ohlin-Güter) für alle Beteiligten von Vorteil sei. Das hieß, daß die unterschiedliche Lohnhöhe als Folge der Verknappung bzw. des Überschusses an Arbeitskräften oder unterschiedliche Ausstattung mit Kapital eine Spezialisierung auf arbeits- oder kapitalintensive Produktion sinnvoll mache.

Das neoklassische Denken blieb bis in die frühen dreißiger Jahre herrschende Lehrmeinung, bis die Weltwirtschaftskrise und die anschließende langanhaltende Depression deutlich machten, daß die Kräfte des Marktes allein kein Heilmittel gegen die Krise zu liefern vermochten. Die wirtschaftspolitische Praxis dieser Jahre, gerade im Außenwirtschaftsbereich, dokumentierte eher das Gegenteil. Massiver Protektionismus, gegenseitige Abwertungen und die Schaffung exklusiver Wirtschaftszonen wie z. B. die Gründung des Sterling-Blocks im Jahre 1932 belegten, daß die Regierungen unter Verletzung der reinen, d. h. universalistischen, Theorie die Rettung in egoistisch motivierter, massiver Staatsintervention suchten. Die Folge war, daß, gemessen am binnenwirtschaftlichen Einbruch, der Welthandel noch stärker zurückging. Damit war auch die seit den achtziger Jahren des 19. Jahrhunderts währende Expansionsphase der Primärgüterproduzenten in den angelsächsischen Siedlerkolonien, am südlichen Ende von Lateinamerika und am Schwarzen Meer, realer Hintergrund der damaligen Attraktivität des Theorems der komparativen Kosten, an ihr Ende gelangt.

In dieser Krisensituation war es der Engländer John Maynard Keynes, der mit seiner *Allgemeinen Theorie der Beschäftigung, des Zinses und des Geldes* (1936) den Nachweis erbrachte, daß wirtschaftliches Gleichgewicht im Sinne der Neoklassik auch bei Unterbeschäftigung, also Unterauslastung der Produktionsfaktoren, möglich ist. Die theoretische Schlußfolgerung aus seiner Arbeit lautete, daß ein ausgeklügeltes Instrumentarium zur Konjunktursteuerung den Weg aus der Krise weisen könne. Der Keynesianismus als dogmengeschichtliche Gegentradition war geboren, der zunächst in den USA im New Deal und seit den fünfziger Jahren auch in Europa zur herrschenden Lehrmeinung wurde. Keynesianisch inspiriert waren demzufolge ebenfalls die Entwicklungsökonomen der Nachkriegszeit, die die Neoklassiker auch auf diesem Feld für lange Zeit in die Defensive drängten.

Die Antwort auf den Zusammenbruch der Weltwirtschaft Ende der zwanziger Jahre war also in der Sowjetunion der Aufbau des Sozialismus in einem Land mittels forcierter und staatlich organisierter Schwerindustrialisierung und in den kapitalistischen Ländern die wachsende Staatsintervention.

Dogmengeschichtlich erwähnenswert ist aber auch der parallel entstehende Korporatismus in den faschistischen Ländern. Hier ist vor allem der Rumäne Mihail Manoilesco zu nennen, der von der Warte der in die Krise geratenen Getreideexportökonomien am Schwarzen Meer einen noch radikaleren Protektionismus als Friedrich List empfahl und als Finanzminister in Rumänien später auch durchsetzte. In seinem Hauptwerk *Die nationalen Produktivkräfte und der Außenhandel* (1929) argumentierte er, daß Protektionismus immer und prinzipiell von Vorteil sei, wenn er in rückständigen Agrarstaaten zum Aufbau einer Industrie führe und damit das durchschnittliche Produktivitätsniveau der Volkswirtschaft anhebe, Lists Lernkosten also gar nicht gezahlt werden müßten. Bemerkenswert ist, daß Manoilesco in den dreißiger und vierziger Jahren im *Weltwirtschaftlichen Archiv* des Kieler Instituts für Weltwirtschaft, heute das Zentralorgan der deutschen Neoklassiker, reichlich zu Wort kam und durchaus wohlwollend rezipiert wurde. Wenn auch nicht offen eingestanden, so wurden seine Grundgedanken nach 1945 in Rumänien doch fortgesetzt, ähnlich wie das Stalinsche Industrialisierungsmodell der Logik der Witteschen Industrialisierungspolitik am Ende des zaristischen Rußland gefolgt war.

Zwar auch noch unter dem Eindruck der Weltwirtschaftskrise, aber zum ersten Mal im engeren Sinne aus der Perspektive der Kolonien, beginnt in den vierziger Jahren die theoretische Beschäftigung mit den Besonderheiten einer kolonialen Ökonomie und Gesellschaft, die in die Dogmengeschichte unter dem Begriff »Dualismustheorie« Eingang fand. Einen prominenten Platz nimmt dabei der Holländer Julius Herman Boeke ein, der als Kolonialbeamter in Niederländisch Indien gearbeitet hatte, 1942 nach der japanischen Besetzung des Landes ans New Yorker Institute of Pacific Relations ging und dort in der ersten Hälfte der vierziger Jahre sein erst 1953 vollständig erschienenes Hauptwerk *Economics and Economic Policies of Dual Societies* verfaßte. Darin thematisierte er den Umstand, daß einer traditionellen Gesellschaft ein moderner Plantagensektor von außen aufgepfropft wurde, ohne, wie in den angelsächsischen Siedlerkolonien der Fall, diesen traditionellen Sektor zu absorbieren bzw. zu verdrängen.

Der spezifische Unterschied zu westlichen Gesellschaften lag also darin, daß der moderne Sektor sich nicht aufgrund eines allmählichen internen Wandels herausgebildet hatte. Zur Überwindung der Krise der exportorientierten Kolonialökonomien empfahl er eine verantwortliche Steuerung durch die Kolonialbürokratie. Boeke wurde von der Dependenztheorie später zu Unrecht mit dem Argument kritisiert, daß er einen schieren Dualismus propagiert und nicht die funktionale Rolle des traditionellen für den modernen Sektor herausgearbeitet habe. Im Grunde war er aber ein Vorläufer der späteren Diskussion um die koloniale Produktionsweise. Autoren wie W. Arthur Lewis, Benjamin Higgins und Gunnar Myrdal sahen demgegenüber in den fünfziger Jahren gerade im »unbegrenzten« Angebot billiger Arbeitskraft (Lewis) von seiten des traditionellen Sektors den entscheidenden Faktor, um den modernen Sektor über niedrige Arbeitskosten international konkurrenzfähig zu machen, bis über die Verknappung von Arbeitskraft der traditionelle Sektor schrittweise aufgesaugt würde.

Boeke war, wenn man es genau nimmt, eigentlich gar kein Vorläufer der Modernisierungstheorie, die in den fünfziger Jahren in den USA zum entwicklungstheoretischen Paradigma schlechthin ausgebaut wurde. Viel wichtiger waren die Arbeiten von Talcott Parsons, der das Bindeglied zwischen der klassischen europäischen Soziologie (Durkheim, Weber, Pareto – aber auch Sombart, Schumpeter und Marx) und der amerikanischen Soziologie darstellt. Parsons hatte in London und Heidelberg studiert und dort 1929 über den Kapitalismus-Begriff bei Marx, Weber und Sombart promoviert. Seine Übersetzung von Webers Protestantismusschrift und anderer Texte sorgte für die Weber-Rezeption in den USA. Er war einer der Hauptvertreter des Strukturfunktionalismus, der in den zwanziger und dreißiger Jahren den Evolutionismus ablöste und damit ein Denken in Funktionen statt in Substanzen begründete.

Parsons' Grundthese lautet, daß gesellschaftliche Realität in erster Linie aus Handlungen besteht. Diese sind in modernen, im Unterschied zu traditionalen Gesellschaften zweckrational und nicht gefühlsbestimmt. Er unterscheidet drei Ebenen von Gesellschaft: das soziale System, das Persönlichkeitssystem und das System der allgemeinen kulturellen Werte. Mit seinen »pattern-variables« formulierte er fünf darauf bezogene Begriffspaare grundlegender Orientierung an kulturellen Wertmustern, sozialen Normen und persönlichen Motivationen, die auf dichotomische Art und Weise den Unterschied von traditionalem und modernen Handeln beschreiben. Hieran vor allem sollten die späteren Modernisierungstheoretiker wie Bert Hoselitz und Marion Levy anknüpfen. Parsons' Evolutionstheorie, in den sechziger Jahren entwickelt, stellt im Unterschied zu Weber nicht den Begriff der Rationalisierung, sondern, ähnlich Durkheim, entsprechend dem funktionalistischen Ansatz, den der sozialen Differenzierung in den Vordergrund. Traditionale und moderne Gesellschaften unterscheiden sich demzufolge durch den Grad der Ausdifferenzierung gesellschaftlicher Rollen.

Auf den nichtmaterialistischen Charakter seiner Theorie ist es zurückzuführen, daß Parsons nach der gesellschaftstheoretischen Krise der dreißiger Jahre (eine Parallele zur ökonomischen Theorie) ein neues Paradigma begründen konnte, das in der Ära des Antikommunismus der fünfziger Jahre als Grundlage für die neue Theorie gesellschaftlichen Wandels, nämlich die Modernisierungstheorie, diente. Am Ausgangspunkt gesellschaftlicher Entwicklung stand jetzt nicht mehr die Politische Ökonomie (wie bei der Klassik) oder deren Kritik (wie bei List oder Marx), sondern individualpsychologische und kulturelle Faktoren, ein Vorgang, der sich gegenwärtig aus ähnlichen Gründen wiederholt.

3. Die Etablierung der Disziplin

Die Etablierung der Entwicklungstheorie als eigenständige akademische Disziplin ist auf den Beginn der fünfziger Jahre zu datieren. Die nach dem Zweiten Weltkrieg auf amerikanischen Druck wieder aufgenommene Entkolonialisierung, zunächst in Asien und seit Ende der fünfziger Jahre auch in Afrika, sowie der Ausbruch des Ost-West-Konflikts machten es aus amerikanischer Sicht notwendig, der wachsenden Attraktivität des sowjetischen Modells, das seine Zuständigkeit auch für die ehemaligen Kolonien reklamierte, eine eigene Gesellschaftstheorie entgegenzusetzen, aus der wiederum entwicklungspolitische Konsequenzen abzuleiten waren. Die für die nächsten 20 Jahre zum dominanten Paradigma aufsteigende Modernisierungstheorie gliederte sich in mehrere Teildisziplinen, nämlich die Entwicklungsökonomie, Theorien zur Nationalstaatsbildung und Demokratisierung sowie die Modernisierungstheorie im engeren Sinne, die sich mit Fragen des sozialen und mentalen Wandels in traditionellen Gesellschaften befaßt. Sie war aber insofern keine neue Theorie, da sie auf die großen Theorien des 19. Jahrhunderts zurückgriff – insbesondere die deutsche historische Schule und die Evolutionstheorien, darauf aufbauend Weber, aber auch Tönnies und Durkheim, und im wirtschaftlichen Bereich auf die Stadientheorien von Marx und List sowie die Botschaft von Keynes, daß ökonomische Prozesse durch staatliche Intervention steuerbar seien.

Ausgangspunkt der an der Diskussion beteiligten Autoren, die vor allem in der Zeitschrift *Economic Development and Cultural Change* geführt wurde, war im Gegensatz zur marxistischen Argumentation die These, daß in erster Linie interne, im kulturellen und mentalen Bereich zu suchende Faktoren für die Rückständigkeit der nichtindustrialisierten Gesellschaften verantwortlich seien. Diese Rückständigkeit wurde aber als relativ aufgefaßt, da ihr die Annahme zugrunde lag, daß alle Gesellschaften, welthistorisch gesehen, einen gleichgerichteten Prozeß sozialen, politischen und wirtschaftlichen Wandels durchliefen. Die Unterschiede zwischen ihnen seien folglich nur in der unterschiedlichen Ausprägung dieser Wandlungsprozesse zu sehen. Als Endziel von Entwicklung wurde allerdings nicht wie bei Marx die klassenlose Gesellschaft, sondern, so der Stadientheoritiker Walt Whitman Rostow in seinem Buch *Stadien wirtschaftlichen Wachstums* (1960), das im Untertitel (»Ein antikommunistisches Manifest«) als explizites Gegenmodell zum *Kommunistischen Manifest* formuliert wurde, die moderne Industriegesellschaft im Zeitalter des Massenkonsums amerikanischen Zuschnitts avisiert. In modernerer Terminologie könnte man auch vom fordistischen Zeitalter sprechen, in dem der Absatz der fließbandmäßigen Massenfertigung von Konsumgütern entsprechende Masseneinkommen voraussetzt.

Als notwendige zentrale Wandlungsprozesse im kulturellen Bereich wurden Säkularisierung, Rationalisierung, Differenzierung und Verwissenschaftlichung (Weber, Parsons, Eisenstadt) und im individualpsychologischen Bereich Empathiesteigerung und Leistungsmotivation (Hagen, Lerner) identifiziert. Daraus leiteten die Modernisierungstheoretiker für die übrigen gesellschaftlichen Dimensionen bestimmte Transformationsphasen ab. Sie lauteten für den Bereich der Politik: Staatenbildung, Nationenbildung, Demokratisierung und Umverteilung (Almond, Rokkan, Deutsch, Lipset); im Bereich der Wirtschaft: Kapitalakkumulation, technischer Fortschritt, take off zu einem sich selbst tragenden Wachstum und Reife im Sinne der Ausbreitung des Massenkonsums (Rostow); im Bereich der Gesellschaft: Bevölkerungswachstum, Urbanisierung, Alphabetisierung, Kommunikationssteigerung und soziale Mobilisierung (Lerner, Deutsch). Hergeleitet wurden diese

Annahmen aus generalisierten Beobachtungen über entsprechende Transformationsprozesse in westlichen Industriegesellschaften und dann auf die traditionellen Gesellschaften bedenkenlos übertragen. Leitbild war dabei der angelsächsisch-demokratische Weg, während Faschismus und Stalinismus als pathologische Fälle nicht weiter theoretisch reflektiert wurden. Für die Entwicklungspolitik, so die strategische Folgerung, kam es also darauf an, durch gezielte Hilfe (eben Entwicklungshilfe), nämlich Beratungstätigkeit, technische und finanzielle Transferleistungen, den internen Wandel zu fördern und so den innovationsbereiten, modernen gesellschaftlichen Kräften in den traditionellen Gesellschaften freie Bahn zu verschaffen.

Auf dem Teilgebiet der Entwicklungsökonomie wurde das Denken für die nächsten 20 Jahre vom Keynesianismus bestimmt. Die Erfahrung der Weltwirtschaftskrise, der Zusammenbruch des Welthandels, die daraus resultierende Krise der reinen Exportökonomien und nicht zuletzt die Notwendigkeiten des Wiederaufbaus in Europa nach den Zerstörungen des Zweiten Weltkriegs hatten zu einem Umdenken geführt. Empfohlen wurde jetzt von Autoren wie Paul Rosenstein-Rodan, Albert O. Hirschman und Ragnar Nurkse eine binnenmarktorientierte Wachstumsstrategie, die unter dem Begriff »Importsubstitutionsindustrialisierung« Eingang in die Literatur fand. Dieser Ansatz legitimierte protektionistische Maßnahmen, wenn auch die Außenhandelsorientierung nicht grundsätzlich abgelehnt wurde. Dieser Strategie lag wiederum ein Wachstumsmodell zugrunde, das auf Roy Forbes Harrod (*Ein Essay zur dynamischen Theorie*, 1939) und Evsey Domar (*Kapitalexpansion, Wachstumsrate und Beschäftigung*, 1946) zurückging. Es besagte, daß die Beeinflussung volkswirtschaftlicher Kennziffern wie der Sparrate oder der Investitionsquote quasi automatisch zu Wirtschaftswachstum führen würde. Wachstum und insbesondere Industrialisierung wurden von den Entwicklungsökonomen weitgehend mit Entwicklung gleichgesetzt. Demokratisierung würde sich, so Seymour Martin Lipset in seinem 1960 erschienenen Buch *Political Man*, zwangsläufig daraus ergeben. Für eine Übergangszeit, solange sich noch keine modernisierungswilligen bürgerlichen Eliten gebildet hätten, wurden autoritäre Regime nicht nur toleriert, sondern sogar als notwendig angesehen.

Gegen diesen Entwicklungsoptimismus der fünfziger und sechziger Jahre wandten sich damals nur wenige Autoren außerhalb des marxistischen Lagers. Eine Ausnahme bildete der damals wenig beachtete und vom Kommunisten zum Antikommunisten konvertierte Karl August Wittfogel. Unter Rückgriff auf die Marxschen Schriften zu nichtwestlichen Gesellschaften und die Diskussion über die Asiatische Produktionsweise der zwanziger und dreißiger Jahre stellte er in seinem Hauptwerk *Die orientalische Despotie* (1957) die These auf, daß der bürgerlich-kapitalistische Entwicklungsweg Europas nicht der einzige in der Weltgeschichte sei. In orientalischen Gesellschaften (in Asien ebenso wie im präkolumbianischen Amerika) seien aus traditionellen Gemeinschaften keine feudalen, sondern bürokratische Systeme entstanden, die sich durch die absolute staatliche Kontrolle aller Lebensbereiche auszeichnen. Anders als in feudalen oder kapitalistischen Gesellschaften ist der Staat im Marxschen Sinne nicht Teil des Überbaus, sondern über die organisatorischen Aufgaben, die die Bürokratie wahrnimmt (Wasserregulierung, Infrastruktur, Organisation von massenhaften Arbeitseinsätzen u. a.) Teil der Produktionsverhältnisse. Klassenherrschaft gründet sich demzufolge nicht auf Besitz, sondern resultiert aus der organisierenden (managerialen) Funktion der Bürokratie. Dezentrale Machtverteilung, freie Städte, soziale Durchlässigkeit, Garantie des Privateigentums, Individualismus und andere den bürgerlichen Gesellschaften wesentliche Elemente, wie sie in Europa erstmals 1215 in der »Magna Charta« garantiert wurden, sind orientalischen Gesellschaften demzufolge wesensfremd. Ihr Fehlen wird als ursächlich für die diesen Gesellschaften eigentümliche hohe Stabilität bzw., wenn man es negativ bewerten will, die ihnen innewohnenden stagnativen Tendenzen angesehen. Grundlegende Umbrüche, wie in der Folge der bürgerlichen Revolutionen, kommen nicht zustande. Politische Umbrüche führen immer nur zur Restauration alter, in Unordnung geratener bürokratisch-despotischer Herrschaft. Wittfogel vermochte also, hier liegt die eigentliche Pointe, unter Rückgriff auf Marx eine Theorie anzubieten, wieso die sozialistischen Revolutionen in Rußland (als einem »halbasiatischen« Land) oder später China keine emanzipatorische Perspektive zu eröffnen vermochten. Deshalb seien Stalinismus oder Maoismus keine Pathologie, wie die Modernisierungstheorie annahm, sondern aus der Logik der alten Gesellschaften notwendig immer wiederkehrende Ausdrucksformen des Despotismus.

Zwischen dem Optimismus der Modernisierungstheorie und dem Pessimismus der Wittfogelschen Argumentation sind eine Reihe von Autoren anzusiedeln, die ideengeschichtlich nicht so eindeutig einzuordnen sind. Gemeint sind die Vertreter einer historischen Makrosoziologie, die, wie Reinhard Bendix, auch maßgeblich durch Weber beeinflußt wurden, aber den Ahistorismus Parsonsscher Prägung vermieden haben. Mit den Modernisierungstheoretikern gemein haben sie die interne Fragestellung. Sie unterscheiden sich aber von ihnen durch die Herausarbeitung unterschiedlicher Wege in die Moderne, die von den jeweiligen innergesellschaftlichen Kräftekonstellationen und dem Zeitpunkt abhängig gemacht werden, zu dem der Modernisierungsprozeß beginnt. Barrington Moore etwa, der mit seinem Hauptwerk *Die sozialen Ursprünge von Diktatur und Demokratie* (1966) in den USA eine eigene

Schule begründete (Charles Tilly, Theda Skocpol, James Kurth), thematisiert den Zusammenhang von politischen Systemen und der Art und Weise, wie zuvor die Agrarstrukturen dieser Gesellschaften transformiert wurden. Kommt es zur frühzeitigen Emanzipation der Bauern, sind die Bedingungen für eine demokratische Entwicklung gegeben, bleibt sie aus, d. h., hält sich der Großgrundbesitz an der Macht, sind autoritäre Systeme die Folge. Alexander Gerschenkron diagnostiziert mit seiner »Rückständigkeitstheorie« einen Zusammenhang zwischen dem Zeitpunkt, zu dem der Industrialisierungsprozeß beginnt, und den ihn jeweils tragenden Akteuren. Seine These lautet: Je später die Industrialisierung einsetzt, desto weniger ist sie eine Angelegenheit des klassischen, innovationsfreudigen und risikobereiten Unternehmers im Sinne Joseph Schumpeters und desto mehr übernehmen Großbanken und Kartelle diese Rolle, bis schließlich der Staat selber zur entscheidenden Modernisierungsagentur wird, weil nur so die notwendigen Investitionen aufgebracht und dem überlegenen Kompetenzdruck der Vorreiter stand gehalten werden kann. Die gleiche Argumentation findet sich, wenn auch anders begründet, bei Rosenstein-Rodan.

4. Die Kritik beginnt

Parallel zur Formulierung der Modernisierungstheorie wurde in den fünfziger Jahren der Boden für ein Paradigma bereitet, das seit Ende der sechziger Jahre als Gegenentwurf für weltweite Aufmerksamkeit sorgte. Gemeint sind die außenhandelstheoretischen Überlegungen des Argentiniers Raúl Prebisch und des deutschen Emigranten Hans Singer. Beide arbeiteten damals in einschlägigen Organisationen der Vereinten Nationen (Prebisch in der Economic Commission for Latin America und später der UNCTAD, Singer im Department of Economic Affairs) und beschäftigten sich mit der Frage, ob die Eingliederung in die internationale Arbeitsteilung für die Primärgüterproduzenten tatsächlich, wie von der neoklassischen Theorie behauptet, mit einem Wohlfahrtsgewinn verbunden sei. Aufgrund statistischer Zeitreihenuntersuchungen über die wertmäßige Zusammensetzung des Export- und Importwarenkorbs von Industrie- und Entwicklungsländern kamen sie zu dem Ergebnis, daß eine Tendenz zur säkularen Verschlechterung der Austauschrelationen (Terms of Trade) für die Primärgüterproduzenten zu konstatieren sei. Berührungspunkte bestanden also zu den binnenmarktorientierten Strategien der Entwicklungsökonomen. Wichtiger aber war ihr Einfluß auf die spätere Diskussion um Weltmarkt und ungleichen Tausch, eine Theorie, die in der Verschlechterung der Terms of Trade ihren empirischen Beleg sah. Auch die strukturalistische Variante der Dependenztheorie wurde vorbereitet, insofern Prebisch bereits die Begrifflichkeit von Zentrum und Peripherie benutzte. Ferner lassen sich die späteren handelspolitischen Forderung der UNCTAD, der Gruppe der 77 oder der Nord-Süd-Kommission nach einer neuen Weltwirtschaftsordnung auf diese Argumentation zurückführen.

Während Singer und Prebisch sich durchaus noch im Rahmen der klassischen Theorie bewegten, wurde seit Ende der fünfziger Jahre der radikale Angriff auf die »internalistische« Argumentation der Modernisierungstheorie von neomarxistischen Autoren wie Paul Baran und Paul M. Swezy vorgetragen. Die Eskalation des Vietnamkrieges und damit die Infragestellung der Legitimität des amerikanischen Gesellschaftsmodells, die weltweite Protestbewegung der sechziger Jahre und die Renaissance des Marxismus zeigten ihre Wirkung auch in der Dritte-Welt-Diskussion. Unter Rückgriff auf die klassischen Imperialismustheorien, insbesondere in ihrer Leninschen Version, formulierten diese

Autoren aus dem Umkreis der amerikanischen Zeitschrift *Monthly Review* die Gegenposition. Nicht innergesellschaftliche oder gar mentale, sondern außergesellschaftliche, vor allem außenwirtschaftliche Faktoren seien für die Probleme verantwortlich. Folglich wurde auch nicht mehr von Rückständigkeit, sondern von Unterentwicklung gesprochen, um den prozessualen Charakter dieses Zustands zu unterstreichen. Trotz formaler Unabhängigkeit der ehemaligen Kolonien besteht die Ausbeutung der Dritten Welt aufgrund diverser Mechanismen indirekter Beherrschung fort. Dabei ist der Neoimperialismus der USA, als der nach dem Zweiten Weltkrieg eindeutigen Hegemonialmacht, zur neuen Form internationaler Herrschaft geworden. Barans Hauptwerk von 1957 über die *Politische Ökonomie des Wirtschaftswachstums* begründete das zentrale Argument: Die mangelnde Dynamik der unterentwickelten Länder resultiert aus dem ständigen Transfer von Surplus aus der Dritten in die Erste Welt sowie der unproduktiven Verwendung der verbleibenden Überschüsse in den betreffenden Ländern. Damit wurde die externe Begründung von Singer/Prebisch radikaler formuliert und um ein herrschaftssoziologisches Argument bereichert.

Daß der Strukturalismus via Parsons nicht nur in die Modernisierungstheorie, sondern, wenn auch nur implizit, Eingang in die Neoimperialismustheorie gefunden hatte, belegen die Schriften des Norwegers Johan Galtung und des Chilenen Osvaldo Sunkel. Bei ihnen steht nicht das marxistische Argument der internationalen Ausbeutung, sondern die Analyse der Struktur des internationalen Systems mit seinen internen Konsequenzen für die abhängigen Länder im Vordergrund. Eine bei Galtung prinzipiell gleichrangige Dominanz der Industrieländer auf politischer, wirtschaftlicher, militärischer, kultureller und kommunikativer Ebene etabliert eine Hierarchisierung des Internationalen Systems in Metropolen und Satelliten in allen gesellschaftlichen Dimensionen. Diese führt wiederum zu strukturellen Deformationen in den Ländern der Peripherie, die trotz aller historischen und kulturellen Unterschiede identische Tiefenstrukturen aufweisen, welche eine eigenständige Entwicklung blockieren. So konstituiert sich jenseits von konkreten Ereignissen ein System »struktureller Gewalt«, dem die Länder der Dritten Welt mehr oder weniger hilflos ausgesetzt sind und das folglich nur auf der System- und nicht der Akteursebene aufgehoben werden kann.

Damit waren die Bausteine versammelt (Singer/Prebisch-These, amerikanische Neoimperialismustheorie und linker Strukturalismus), aus denen in der zweiten Hälfte der sechziger Jahre die lateinamerikanische Dependenztheorie formuliert wurde, die für die nächsten 10 bis 15 Jahre, weltweit rezipiert, das Alternativparadigma zur Modernisierungstheorie abgeben sollte. Daß diese Theorie in Lateinamerika entstanden ist, ist keineswegs so zufällig, lag hier die Unabhängigkeit doch am weitesten (150 Jahre) zurück und waren hier seit den achtziger Jahren des vorigen Jahrhunderts die längsten Erfahrungen mit der Exportorientierung bzw. seit der Weltwirtschaftskrise der dreißiger Jahre mit einer Binnenmarktstrategie gemacht worden, ohne daß sich durchschlagende und breitenwirksame Entwicklungserfolge eingestellt hatten.

Die Kernthese der Dependenztheorie lautet deshalb, daß in Lateinamerika die Jahrhunderte währende und auf den Beginn der spanischen Kolonisierung zurückgehende Einbindung in das sich ausbreitende kapitalistische Weltsystem nicht nur einen permanenten Ressourcenabfluß, sei es durch Plünderung oder ungleiche Handelsbeziehungen, bewirkt hat, der sich nach der Unabhängigkeit nahtlos fortsetzte, auch wenn die Akteure sich von Spanien über England auf die USA verlagert hatten, sondern auch, daß diese Beziehungen eine strukturelle Transformation im Innern dieser Gesellschaften herbeigeführt haben, die das

System externer Ausbeutung und Abhängigkeit nach innen verlängert. Eine Lösung des Problems der Unterentwicklung sei deshalb nur in einer radikalen Transformation des Internationalen Systems wie der innergesellschaftlichen Strukturen zu finden.

Aus der Vielzahl der an der Diskussion beteiligten Autoren sollen nur zwei herausgegriffen werden, die in gewisser Weise für die beiden Hauptrichtungen der Dependenztheorie stehen. Der Deutsch-Amerikaner André Gunder Frank, unmittelbar durch Baran/Sweezy beeinflußt, bezog sich vor allem auf die Ausbeutungsthese und prägte die griffige Formel von der »Entwicklung der Unterentwicklung«. Damit insistierte er auf der Beobachtung, daß die Gesellschaften der Peripherie durchaus eine Dynamik besitzen, die allerdings in eine Richtung verläuft, die der von der Modernisierungstheorie behaupteten völlig entgegengesetzt ist, und daß die Entwicklung in den Zentren nur erklärbar sei als eine solche zu Lasten der Peripherie. Entwicklung hier und Unterentwicklung dort seien nur die »zwei Seiten einer Medaille«. Die Brasilianer Fernando Cardoso und Enzo Faletto gingen demgegenüber in ihrem Hauptwerk *Abhängigkeit und Entwicklung in Lateinamerika* (1969) sehr viel differenzierter an das Thema heran, indem sie sich stärker mit den unterschiedlichen Ausprägungen der Unterentwicklung in den einzelnen lateinamerikanischen Großregionen befaßten und damit die jeweiligen internen historischen und soziopolitischen Faktoren berücksichtigten. Die Konsequenz aus Franks radikaler Position konnte nur die revolutionäre Umgestaltung des kapitalistischen Systems im Weltmaßstab sein, während Cardoso/Faletto eher einen Ansatz für reformerische Strategien im nationalen Rahmen boten, wobei aber auch hier eine grundsätzliche Restrukturierung der Außenbeziehungen zu vollziehen sei.

Neben dem lateinamerikanischen Fokus der Diskussion mit seinen Schwerpunkten in Chile, Mexiko und Brasilien gab es zwei Nebenschauplätze. Als Vertreter der karibischen Diskussion in Guayana und Jamaika reflektierten Autoren wie George Beckford und Clive Thomas die reine und vollständige Form externer Durchdringung, wie sie die Plantagenökonomien der Antillen auszeichnete. Daneben existierte in Ostafrika (Tansania und Kenia) eine eigenständige Diskussion afrikanischer Autoren (Nabudere, Rweyemamu, Shivji), die sich besonders in Dar es Salaam in der Blütezeit von Nyreres Ujamaa-Sozialismus entfalten konnte. Hier lag der Schwerpunkt auf der Analyse der Klassenstrukturen in afrikanischen Bauerngesellschaften als Resultat externer Beherrschung. Die afrikanische Produktionsweisendiskussion ist in diesem Zusammenhang zu sehen.

Die Dependenztheorie wurde bei der europäischen und nordamerikanischen Linken begierig aufgenommen, weil sie sich so vorzüglich als das Dritte-Welt-Pendant zur Kritik der eigenen Gesellschaft eignete und dem Internationalismus eine theoretische Begründung lieferte. Sie war auch bei den politischen Eliten in der Dritten Welt sehr populär, weil sie unabhängig von deren jeweiliger politischen Provenienz eine bequeme Erklärung verschaffte, die alle Probleme nach außen verlagerte und sie der Notwendigkeit enthob, grundsätzliche gesellschaftliche Reformen, etwa bezüglich der Bodenverteilung, im eigenen Land in Angriff zu nehmen.

5. Die Aufspaltung in separate Diskussionsstränge

Mit Beginn der siebziger Jahre ist eine chronologische Darstellung des weiteren Verlaufs der Debatte kaum noch möglich. Einerseits bestand das modernisierungstheoretische Paradigma fort, auch wenn sich seit Ende der siebziger Jahre unter seinen Vertretern angesichts der nur partiellen Erfolge der daraus abgeleiteten Strategien die Stimmen mehrten, die den Optimismus der fünfziger und sechziger Jahre nicht mehr teilten. Zu diesen Skeptikern gehörten prominente Entwicklungsökonomen wie Myrdal, Hirschman oder Streeten. Auch die Weltbank zog 1984 eine kritische Bilanz.[4] Andererseits spaltete sich das Lager der dependenz- und neoimperialismustheoretisch beeinflußten Autoren in viele Diskussionsstränge auf, indem nurmehr einzelne Aspekte weiter verfolgt wurden, die entwicklungsstrategischen Konsequenzen in den Vordergrund traten oder die Dependenztheorie selber zum Gegenstand einer kritischen Beschäftigung wurde und Anlaß zu Gegenentwürfen lieferte.

In der europäischen Diskussion, insbesondere in Frankreich, der Bundesrepublik und England, nahm das Thema Weltmarktanalyse für einige Jahre den alles beherrschenden Stellenwert ein. Während der Angriff von Singer/Prebisch auf die Außenhandelstheorie sich noch im Rahmen der neoklassischen Argumentation bewegte, nahmen marxistische Autoren jetzt die Terms-of-Trade-Debatte zum Anlaß, den internationalen Handel grundsätzlich als entwicklungsblockierend zu betrachten, da er im Sinne Barans schlicht mit Ausbeutung gleichzusetzen sei. Das Ende des Kolonialismus und damit das Ende des offenen Transfers durch Raub, Betrug oder Ausbeutung durch formelle Beherrschung verlangte eine Theorie, die begründete, warum nach der Entkolonialisierung dieser Transfer in verdeckter Form fortbestehe. Dieser wurde im Mechanismus des »Ungleichen Tauschs«, so die Argumentation der französischen Autoren im Anschluß an Arghiri Emmanuels gleichnamiges Buch (1969), bzw. in der Modifikation des Wertgesetzes auf dem Weltmarkt, so Gunther Kohlmey, Ernest Mandel und die Berliner Diskussion, gesehen. Emmanuels Argument lautete, daß analog dem Profitratenausgleich zwischen Ka-

---

[4] Gerald M. Meier/Dudley Seers (Hg.), *Pioneers in Development*, New York 1984.

pitalen unterschiedlicher Produktivität, der im nationalen Rahmen zu einer Wertübertragung bei der Bildung der Durchschnittsprofitrate führe, eine solche Wertübertragung auch in internationalem Maßstab stattfinde. Die Gegenthese lautete, daß international keine vergleichbare Faktormobilität gegeben sei, deshalb das Wertgesetz, sprich der Äquivalententausch, verletzt werde. Auf dem Weltmarkt fände somit ein Austausch unterschiedlicher Arbeitsquanten zuungunsten der Länder mit niedriger Arbeitsproduktivität statt.

Diese Debatte wurde mit großer Erbitterung von allen Seiten geführt, obwohl doch das Ziel, die Widerlegung der neoklassischen Außenhandelstheorie, allen gemeinsam war. Ein befriedigendes Ergebnis wurde selbst theorieimmanent nicht erreicht, da die Streitfrage der ausreichenden internationalen Faktormobilität letztlich nur empirisch zu beantworten ist. Bemerkenswert ist jedenfalls, daß mit der ersten Ölpreiserhöhung 1973 die Diskussion nahezu schlagartig beendet wurde, weil deutlich wurde, daß auch andere Variablen als die Marktgesetze das internationale Preisgefüge nachhaltig beeinflussen können. Einerseits konnte in den siebziger Jahren nicht mehr davon die Rede sein, daß eine generelle Tendenz zur Verschlechterung der Terms of Trade für Primärgüterproduzenten besteht, da zusammen mit den steigenden Ölpreisen auch ein Preisauftrieb bei anderen Rohstoffen zu verzeichnen war, zum anderen wuchs die Erkenntnis, daß mit der Zunahme des Kapitalexports in die Dritte Welt in Form von Direktinvestitionen ein erheblicher Teil des internationalen Warenverkehrs konzerninterner Handel von Gütern unterschiedlicher Verarbeitungsstufen wurde, deren preismäßige Bewertung eher durch betriebswirtschaftliche Kriterien bestimmt ist.

Deshalb ging die Weltmarktdiskussion unmittelbar über in die Diskussion um die Multinationalen Konzerne, die in der Folge zu den neoimperialistischen Akteuren schlechthin stilisiert wurden. Die Modifikation der These von der internationalen Ausbeutung lautete nun, daß als Folge der weltweiten Plazierung von Teilfertigungen die konzerninternen Verrechnungspreise einen wesentlichen Mechanismus zur Wertübertragung darstellten. Außerdem ging es um die herrschaftssoziologische Dimension der Problematik. International operierende Konzerne sind in der Lage, die nationale Gesetzgebung zu unterlaufen und so die wirtschaftspolitische Handlungsautonomie von Regierungen einzuschränken. Oder sie vermögen aufgrund ihres wirtschaftlichen Gewichts ihren Interessen entsprechende Sonderkonditionen durchzusetzen. Insbesondere in den kleinen mittelamerikanischen (sog. Bananenrepubliken) oder afrikanischen Staaten, wo einzelne Konzerne im Agrar- oder Minenbereich Monopolstellungen einnehmen, ließen sich dafür etliche Beispiele finden. Auch die direkte Intervention, um politisch genehme Regime an der Macht zu halten oder ungenehme von der Macht zu entfernen, gehört zu diesem Themenkomplex.

Während die Weltmarkt- und Multidiskussion eine Ausdifferenzierung der These von der internationalen Ausbeutung darstellte, verfolgte die Diskussion im Anschluß an die Arbeiten des Ägypters Samir Amin eher die Argumentation von der strukturellen Blockierung als Folge der Eingliederung in die internationale Arbeitsteilung. Amin diagnostizierte einen fundamentalen Unterschied zwischen dem von ihm so genannten metropolitanen und peripheren Kapitalismus. Während ersterer seine Dynamik aus einer tendenziell im Gleichgewicht befindlichen Beziehung zwischen Kapitalgüter- und Massenkonsumgütersektor gewinne, beruhe die Dynamik in der Peripherie auf der Verbindung von Primärgüterexporten und Luxusgüterimporten. Um diese außenorientierte (periphere) durch eine eigenständige (autozentrierte) Entwicklung abzulösen, so die strategische Schlußfolgerung, ist eine Abkoppelung

(Dissoziation) vom Weltmarkt notwendig. Nach erfolgter interner Restrukturierung der Ökonomie sei ein Entwicklungsprozeß in Gang zu setzen, der dem metropolitanen Schema von gleichgewichtigem Wachstum des Kapital- und Massenkonsumgütersektors entspreche, wie es bereits in den Marxschen Reproduktionsschemata dargelegt worden war. Dabei könne ggf. eine regionale Kooperation peripherer Ökonomien hilfreich sein. Dieter Senghaas hat diese Strategie in *Weltwirtschaftsordnung und Entwicklungspolitik* (1977) auf die griffige Formel der drei entwicklungspolitischen Imperative (Dissoziation, interne Restrukturierung und regionale Kooperation) gebracht.

Die praktischen Erfahrungen von Ländern wie der Volksrepublik China, die sich in den sechziger und siebziger Jahren weitgehend aus dem Weltmarkt zurückgezogen hatten, wurden als empirischer Beleg einer erfolgreichen Abkoppelungsstrategie interpretiert.[5] Im Unterschied zur radikalen Version der Dependenztheorie, die die Aufhebung der Unterentwicklung nur im Weltmaßstab für möglich hielt, verfolgten Amin und Senghaas also eine radikalisierte Version der Listschen Argumentation, deren Gültigkeit auch für dessen »Länder der heißen Zone« angenommen wurde. Mißverstanden wurde das »Plädoyer für Dissoziation« (Senghaas) von vielen Rezipienten insofern, als die Abkoppelung bereits als Ziel und nicht als Instrument für nachholende Entwicklung angesehen wurde. Daß eine dissoziative Politik nicht notwendig an sozialistische Regime gebunden war, zeigte die spätere Schwellenländerdiskussion. Trotz deren unbestreitbarer Weltmarktintegration verfolgten sie eine massive, neomerkantilistisch motivierte Staatsintervention, die bewußt, zumindest auf der Importseite, das neoklassische Dogma der komparativen Vorteile verletzt.

5 Ulrich Menzel, *Theorie und Praxis des chinesischen Entwicklungsmodells. Ein Beitrag zum Konzept autozentrierter Entwicklung*, Opladen 1978.

Parallel zu dieser eher abstrakten Diskussion im Anschluß an die Dependenztheorie entwickelte sich, aus derselben Quelle gespeist, eine eher pragmatisch orientierte Debatte, die in den Forderungen nach einer neuen Weltwirtschaftsordnung gipfelte. Die Entkolonialisierung hatte in den sechziger und siebziger Jahren durch die Aufnahme vieler neuer Staaten die politischen Gewichte in den Vereinten Nationen verschoben. Die Blockfreienbewegung oder die Gruppe der 77 innerhalb der UNCTAD hatten Foren geschaffen, gemeinsame Interessen der Dritten Welt zu identifizieren, zu artikulieren und auch in gemeinsame politische Forderungen umzusetzen. Der kleinste gemeinsame Nenner war dabei, unter Ausklammerung der divergierenden Interessenlagen aufgrund unterschiedlicher politischer Systeme der Beteiligten, die Konzentration auf die Veränderung der weltwirtschaftlichen Rahmenbedingungen. Insbesondere die UNCTAD wurde zur Speerspitze dieser Forderungen, die sich theoretisch auf die Singer/Prebisch-These und im weiteren Sinne auf die Argumente der Dependenztheorie stützen konnten. Unterstützt wurden diese Forderungen von den auf keynesianischem Gedankengut basierenden Empfehlungen der diversen Nord-Süd-Kommissionen.

Analog dem zumindest zeitweise erfolgreichen Vorbild der OPEC sollte über eine globale Interventionspolitik zumindest eine Stabilisierung, wenn nicht eine Erhöhung der Rohstoffpreise durchgesetzt werden, sollten vermehrt Ressourcentransfers von der Ersten in die Dritte Welt stattfinden und sollte der Protektionismus der Industrieländer abgebaut werden, um den Marktzugang der Agrar- und Rohstoffproduzenten und der jungen Industrieländer zu verbessern. Aus heutiger Sicht ist allerdings zu konstatieren, daß sich von diesen Forderungen kaum etwas materialisiert hat, und zwar nicht nur, weil die Industrieländer zu großen Widerstand leisteten, sondern auch, weil die Interessenlage der Dritten Welt selbst auf außenwirtschaftlichem Gebiet noch zu heterogen war.

Gleichzeitig wurden aber auch aus dem Umkreis der Weltbank, wo der Einfluß der Dritten Welt im Unterschied zur UNCTAD aufgrund anderer Stimmenverteilung (Quotensystem entsprechend den Kapitalanteilen) sehr viel geringer war, kritische Stimmen laut, die, nicht zuletzt vor dem Hintergrund der damals einsetzenden Diskussion um die »Grenzen des Wachstums«, die überkommenen Wachstumsstrategien in Frage stellten, zumal sich ganz offensichtlich die soziale Frage in vielen Ländern immer weiter dramatisierte. Insbesondere die bekannte Nairobi-Rede des damaligen Weltbankpräsidenten Robert McNamara aus dem Jahre 1973 hatte hier katalytisch gewirkt. McNamara forderte eine gezielte Hilfe für die absolut Armen in der Dritten Welt. Daraus resultierten die Programme zur Förderung der Kleinbauern oder die Grundbedürfnisstrategie, die sich nicht mehr am volkswirtschaftlichen Wachstum schlechthin, sondern an der Verbesserung der elementaren Lebensbedingungen der einfachen Bevölkerung orientierten.

Auf theoretischer Ebene stand dafür das Argument, daß Wirtschaftswachstum auch auf der Basis vorangegangener oder zumindest gleichzeitiger Umverteilungsmaßnahmen möglich sei (*Redistribution with Growth*, so der Titel eines einschlägigen Buches von Hollis Chenery u. a. 1974). Damit war die Gegenposition zu den frühen Entwicklungsökonomen und Modernisierungstheoretikern formuliert, die im Sinne der Kuznetsschen U-Hypothese von der Notwendigkeit ausgingen, zuerst Wachstum, sogar auf Kosten zunehmender Ungleichheit, anzustreben und eine Umverteilung erst später nachfolgen zu lassen (growth first, redistribution later). Als empirischer Beleg der Gegenthese wurden insbesondere die Erfahrungen von Taiwan und Südkorea angeführt, Länder, in denen in der Tat zu Beginn der

Industrialisierung aufgrund von Bodenreformen eine weitgehende Homogenisierung der Einkommen erzielt worden war. Anlaß zu diesem theoretischen Umdenken hatte sicherlich auch die Radikalisierung der sozialen Bewegungen in der »Dritten Welt« in den siebziger Jahren gegeben. Nicht zuletzt unter dem Einfluß der Volksrepublik China, die ihre Strategie ländlicher Entwicklung im Rahmen von Volkskommunen als Modell für die »Dritte Welt« reklamierte, gewannen agrarsozialistische Vorstellungen, so etwa die Ujamaa-Bewegung in Tansania, an Popularität, die man auf diese Weise zurückdrängen wollte.

Neben der Umsetzung der aus der Dependenztheorie gewonnenen Einsichten für die entwicklungspolitische Praxis wurde auch die Globalanalyse weitergetrieben. Autoren wie Amin, Frank und vor allem Immanuel Wallerstein entwickelten ein neues Paradigma, die sog. Weltsystemtheorie, die nichts Geringeres für sich beanspruchte, als eine Theorie der kapitalistischen Akkumulation im Weltmaßstab und, darauf aufbauend, eine Theorie über Struktur und Entwicklungsdynamik des internationalen Systems insgesamt zu liefern. Auf diese Weise sollte die Perspektive der klassischen Imperialismustheorie mit der der Dependenztheorie vereinbart werden. Organ der Weltsystemtheoretiker ist die amerikanische Zeitschrift *Review*.

Die Grundthese Wallersteins, die in seinem auf vermutlich fünf Bände angelegten Hauptwerk *The Modern World-System* (1974 ff.) mit großem historiographischen Aufwand entfaltet wird, lautet, daß mit Beginn der europäischen Welteroberung am Ende des 15. Jahrhunderts die bis dahin existierenden Weltreiche, die durch einen bürokratisch-militärischen Apparat zusammengehalten wurden, schrittweise durch ein Weltsystem abgelöst werden, das kein politisches Zentrum mehr benötigt, da es unabhängig von den in seinen Grenzen vorhandenen Nationalstaaten existiert. Strukturiert seit der frühen Neuzeit wird es durch den sich herausbildenden Weltmarkt. Die Hierarchisierung des Systems in Zentrum, Semiperipherie und Peripherie, erstmals manifest durch das Entwicklungsgefälle zwischen West- und Osteuropa, das sich im 16. Jahrhundert herausbildete, und damit auch die Disposition in Richtung Entwicklung bzw. Unterentwicklung wird auf die Wirkung der internationalen Arbeitsteilung zurückgeführt. Auf Phasen der Expansion, in der immer neue Teile der Welt in dieses System integriert werden, folgen Phasen der Konsolidierung, die die Struktur vertiefen. Da Wallerstein und der ähnlich argumentierende Frank einen Kapitalismusbegriff verwenden, der allein von dem Kriterium ausgeht, ob Marktproduktion vorliegt, ist es ihnen möglich, auch Produktionsweisen, die nicht auf freier Lohnarbeit beruhen (etwa Plantagen mit Sklavenarbeit, share cropping u. a.), als kapitalistisch zu bezeichnen. Der Aufstieg und Niedergang einzelner Hegemonialmächte, mehr oder weniger mit den jeweils führenden Handels- oder Industrienationen identisch, auch der Aufstieg einzelner Länder von der Semiperipherie ins Zentrum (so etwa in den Fällen USA und Japan) ändert nichts an dem grundsätzlichen Funktionsmechanismus des Systems, was seine Überlegenheit und größere Stabilität gegenüber den älteren Weltreichen unterstreicht. Eine Lösung der Entwicklungsproblematik ist deshalb nur möglich, wenn die Strukturen des Systems insgesamt verändert werden.

Wallerstein und Frank haben, gerade wegen ihres globalen Ansatzes, zahlreiche Kritik und Gegenentwürfe provoziert. Einer der prominentesten Kritiker ist der US-Amerikaner Robert Brenner, der unter Rückgriff auf die Debatte der fünfziger Jahre zwischen Maurice Dobb und Paul Sweezy über die Ursachen des Übergangs vom Feudalismus zum Kapitalismus die These aufstellt, daß nicht die internationale Arbeitsteilung, sondern der von Region zu Region unterschiedliche Ausgang sozialer Kämpfe dafür verantwortlich ist, ob ein Land Zentrum oder Peripherie wird. Diese These wird von Brenner, unter Bezug auf den ersten Band von Wallersteins *Modern World-System*, anhand der unterschiedlichen Entwicklung von West- und Osteuropa diskutiert. In seiner Argumentation waren nicht die Primärgüterlieferungen der Ostseeanrainer nach Westeuropa der entscheidende Faktor für Unterentwicklung, sondern die erfolgreiche Bauernbefreiung in Westeuropa im Anschluß an die Krise des Feudalismus setzte dort eine kapitalistische Dynamik in Gang, während in Osteuropa die Grundherren ihre Position wieder stärken konnten und die Bauern in die sog. zweite Leibeigenschaft zu zwingen vermochten.

Gegen die strukturalistische Argumentation der Weltsystemtheoretiker wird hier also die Sicht von Marx stark gemacht, die darauf insistiert, daß die Geschichte eine Geschichte von Klassenkämpfen ist. Damit hatte Brenner auch eine in den folgenden Jahren an Intensität zunehmende Debatte zwischen Externalisten und Internalisten wieder eröffnet. Jene verwiesen immer wieder auf die identischen Tiefenstrukturen von Peripheriegesellschaften aufgrund der allgemeinen Wirkung von Weltmarkt und internationaler Arbeitsteilung, während diese die jeweiligen soziopolitischen Unterschiede und daraus resultierenden Differenzierungen im Weltsystem in den Vordergrund stellten.

Ein ambitionierter Gegenentwurf aus linkskeynesianischer Sicht stammt von Hartmut Elsenhans. Elsenhans stellt die These von Baran und Frank radikal in Frage, daß die Industrialisierung in den Zentren auf die Ausbeutung der Kolonien zurückzuführen ist. Er versucht demgegenüber theoretisch und empirisch zu belegen, daß die Kapitalakkumulation im Zentrum anfänglich im wesentlichen das Ergebnis interner Ausbeutung auf der Basis steigender Arbeitsproduktivität war. Daß es dort langfristig zu einer homogenen Entwicklung gekommen ist, ist auf die Durchsetzung politischer und gewerkschaftlicher Gegenmacht zurückzuführen, die in der Folge steigende Masseneinkommen ermöglichte. Damit war eine Ausweitung des Binnenmarktes und die im Aminschen Sinne gleichgewichtige Beziehung zwischen Massenkonsumgüter- und Kapitalgütersektor gegeben. Elsenhans' strategische Konsequenzen sind deshalb weniger radikal als bei den Weltsystemtheoretikern. Für ihn ist nachholende Entwicklung (bei zunehmender Arbeitsproduktivität) auch in einem Land möglich, wenn es analog gelingt, durch den Aufbau von Gegenmacht Strukturreformen durchzusetzen und die Masseneinkommen zu steigern. An die Stelle der Bourgeoisie, wie seinerzeit in Europa oder Nordamerika, müssen mangels Alternative sog. Staatsklassen treten, die als Entwicklungsagenturen fungieren und aus Gründen ihrer Legitimation die Selbstprivilegierung zu reduzieren und statt dessen Überschüsse in den Branchen zu investieren haben, die der Befriedigung des steigenden Bedarfs nach Massenkonsumgütern dienen. Nicht berücksichtigt wurde allerdings die Möglichkeit, daß die Renteneinkommen (etwa aus dem Ölsektor) rein konsumtiv ausgegeben werden, so zwar Massenloyalität, aber keine Produktivitätssteigerungen erreicht werden.

Aus einer ganz anderen Perspektive argumentiert der Brite Bill Warren in seinem posthum erschienenen Buch *Imperialism. Pioneer of Capitalism* (1980). Unter Rückgriff auf den optimistischen Marx der fünfziger Jahre des vorigen Jahrhunderts, der dem Kolonialismus trotz aller Schrecklichkeiten durchaus positive Züge abzugewinnen vermochte, wendet er sich gegen die Leninsche These vom Imperialismus als dem höchsten, bereits auf den Niedergang hinweisenden Stadium des Kapitalismus. Im Gegenteil, laut Warren hat der Kapitalismus seine Expansionskraft im Weltmaßstab noch lange nicht erschöpft. Es ist vielmehr gerade der Imperialismus, der wesentlich zur noch lange nicht abgeschlossenen Durchkapitalisierung der Welt beiträgt. Das Wirken Multinationaler Konzerne muß aus dieser Perspektive als durchaus positiv gewertet werden. Als empirischen Beleg für seine These verweist Warren auf die Industrialisierungsprozesse in den ostasiatischen und lateinamerikanischen Schwellenländern. Gegen Warrens linksorthodoxen modernisierungstheoretischen Ansatz lassen sich allerdings die gleichen Argumente wie gegen andere Globaltheorien anführen, nämlich daß er aus durchaus zutreffenden Einzelphänomenen unzulässige Verallgemeinerungen ableitet. Genauso wenig wie etwa der britische Kolonialismus aus Indien eine moderne Industriegesellschaft gemacht hat, vermochte etwa das Wirken Multinationaler Konzerne die Durchkapitalisierung Brasiliens zu leisten.

Ein Segment der genannten Großtheorien thematisierte die Diskussion um die koloniale Produktionsweise. Sie wurde ebenfalls Anfang der siebziger Jahre geführt und hatte ihre Schauplätze in Lateinamerika, Indien und Frankreich (mit Bezug auf Schwarzafrika). Ausgelöst wurde sie 1971 durch Ernesto Laclaus Aufsatz *Feudalismus und Kapitalismus in Lateinamerika*, der sich kritisch mit Frank auseinandersetzte und ihm vorwarf, daß dessen Kapitalismusbegriff nur auf der Zirkulationsebene angesiedelt sei, er sich aber nicht um die spezifischen Produktionsverhältnisse an der Peripherie kümmere. Im Unterschied zu den Industrieländern gäbe es dort als Folge der kapitalistischen Durchdringung von außen kein Stadienmodell von Produktionsweisen, also weder eine Auflösung der feudalen Produktionsweise noch einen Übergang zum Kapitalismus, sondern eine Kombination bzw. »Artikulation«, so der französische Ausdruck, von Elementen, die verschiedenen Produktionsweisen zuzuordnen sind. Der eindringende Kapitalismus eliminiere nicht den Feudalismus, stelle ihn vielmehr in seine Dienste bzw. kreiere, wie im Falle der Sklaverei, sogar vorkapitalistische Produktionsweisen, die vorher in diesen Ländern gar nicht bestanden haben.

Eine ähnliche Stoßrichtung hatte auch die indische Diskussion (Rudra, Patnaik, Alavi, Banaji u. a.), die in den siebziger Jahren vor allem in der Bombayer Zeitschrift *Economic and Political Weekly* geführt wurde und auf umfangreichen empirischen Untersuchungen basierte. Dort ging es um die Frage, ob die sog. Grüne Revolution, d. h. die Einführung neuer Hochleistungsreissorten (vor allem im Punjab), zu einem Agrarkapitalismus in Indien führe und damit den Übergang vom Feudalismus einleite, ob dieser Übergang bereits in der Kolonialzeit als Folge britischer Modernisierungspolitik erfolgt sei oder ob sich daraus eine spezifische, eben koloniale, Kombination verschiedener Produktionsweisen herausgebildet habe. Aus dieser Debatte gingen tendenziell die Vertreter der Durchkapitalisierungsthese als »Sieger« hervor.

Wie so häufig besonders abstrakt war die französische Diskussion, die im Anschluß an die strukturalistische Marx-Interpretation von Althusser und Balibar geführt wurde und sich auf rein kategorialer Ebene mit den Spezifika der Übergangsproblematik in kolonialen Ländern befaßte. Der naheliegende Zusammenhang zwischen der Dobb/Sweezy- und der Brenner/Wallerstein-Debatte bestand explizit kaum.

Diese Diskussionen liefen sich Ende der siebziger Jahre ohne eindeutige Ergebnisse tot. Lediglich ihre deutsche Variante, der Bielefelder Verflechtungsansatz, erwies sich als fruchtbar für das Verständnis der Besonderheiten der peripheren Ökonomie und Gesellschaft, zumal die Bielefelder Entwicklungssoziologen, hier liegt ihre methodische Innovation gegenüber der Theoriediskussion, zahlreiche Langzeitfeldstudien unternahmen. Sie konzentrierten sich vor allem auf die Themen Subsistenzproduktion und informeller Sektor in städtischen und ländlichen Gebieten sowie die Beziehungen zwischen Subsistenz- und Marktproduktion. Später kamen Fragen der Formierung von Gesellschaften, insbesondere die Herausbildung von Bürokratien und sog. strategischen Gruppen hinzu. Letzterer Aspekt stellte, ähnlich wie Elsenhans' Staatsklassenargument, die Verbindung zu der in der Bundesrepublik besonders intensiv geführten Staatsdiskussion her. Die Grundthese der Bielefelder lautet, daß es sich bei der Subsistenzproduktion in der Dritten Welt nicht um ein absterbendes traditionelles Überbleibsel handelt, wie die Modernisierungstheorie annahm, daß sie vielmehr trotz partieller Modernisierung erhalten bleibt bzw. durch den Modernisierungsprozeß gar erst erzeugt wird. Als notwendige Ergänzung zur Teilnahme an der Warenwirtschaft bietet sie für viele Menschen den einzigen Ausweg, um überhaupt überleben zu können.

Ein separater und sehr breit geführter Strang der Diskussion drehte sich um die Rolle des Staates in der Dritten Welt. Eine Kontroverse bezog sich auf die Frage, ob der Staat ein wesentliches Hemmnis für Entwicklung darstellt oder ob er unter den besonderen Bedingungen unterentwickelter Länder zur entscheidenden Entwicklungsagentur wird. Ist er das eine oder das andere wegen seiner spezifischen Schwäche oder Stärke? Diese Kontroverse geht im Grunde bis zum Ende des 18. Jahrhunderts zurück, als die Klassiker in ihrem Angriff auf den Merkantilismus die Staatsfunktionen reduzieren wollten und in der Durchsetzung der Marktprinzipien die entscheidende Voraussetzung zur Mehrung des weltweiten Wohlstands sahen. Bei List, der von der Warte der ersten Nachzügler argumentierte, schlug das Pendel wieder in Richtung Staatstätigkeit um. Die Neoklassiker wandten sich später wiederum gegen einen intervenierenden Protektionismus, während die Keynesianer den Staat erneut ins Spiel brachten. Eine zweite Kontroverse erwuchs aus der Dependenztheorie und verfolgte die Frage, welchen Charakter der Staat in der Dritten Welt besitzt. Kann er autonom handeln oder ist er gleichermaßen abhängig wie die Ökonomie? Die dritte Kontroverse schließlich entzündete sich an der Frage, ob Industrialisierung, wie die Modernisierungstheorie annahm, zwangsläufig auch zu Demokratisierung führe oder ob sie nicht umgekehrt geradezu notwendig autoritäre Systeme verlange. Eigentlich begonnen hatte die staatstheoretische Diskussion allerdings bereits bei den Entwicklungsökonomen, als Paul Rosenstein-Rodan 1943 im Hinblick auf Südosteuropa die These aufstellte, daß der Staat in strategischen Bereichen die anfänglichen Investitionen selber tätigen muß, um so eine allgemeine Industrialisierung in Gang zu setzen. Dessen Ansatz wurde in den fünfziger Jahren von Hirschman oder Nurkse fortgeführt.

In der politischen Modernisierungstheorie wurde der autoritäre Entwicklungsstaat, so etwa bei Löwenthal (1963), zumindest für eine Übergangsphase, als durchaus notwendig erachtet. Die entsprechende Argumentation lautete, daß modernisierungswillige Eliten, im Sinne des risikofreudigen und innovationsbereiten Unternehmers à la Schumpeter, nicht oder nur zu wenig vorhanden seien. An ihre Stelle müsse eine neue Elite treten, nämlich die aus den Unabhängigkeitsbewegungen hervorgegangenen Offiziere oder Bürokraten. Da die Signale des Marktes als Elemente indirekter Steuerung kaum vorhanden sind, müssen sie durch direkte Steuerung ersetzt werden. Das Militär sei am ehesten aufgrund seiner Sozialisation in der Lage, solche Funktionen auszuüben. Kritische Stimmen, so etwa Frantz Fanon in *Die Verdammten dieser Erde* (1961), warnten allerdings sehr früh davor, daß die »Befreier« im Sinne des späteren Bielefelder Konzepts der »strategischen Gruppen«, anders als Elsenhans hoffte, durchaus einen Hang zur Selbstprivilegierung haben und sich als neue herrschende Klasse zu etablieren vermögen. Ähnliches zeigte die Erfahrung aus den sozialistischen Ländern zu Genüge und wurde in Milovan Djilas' *Die neue Klasse* bereits 1957 auf den Begriff gebracht. Bei Gunnar Myrdal wurde die Argumentation in *Asian Drama* (1968) erstmals umgedreht. Vor dem

Hintergrund seiner südasiatischen Erfahrungen verwies er darauf, daß der Staat aufgrund seiner notorischen Schwäche die notwendigen Leitfunktionen nicht wahrnehmen könne und deshalb als wesentliches Entwicklungshemmnis wirke.

Für die siebziger und achtziger Jahre sind vier Theoriestränge zu konstatieren, die sich nur wenig gegenseitig beeinflußten. Die lateinamerikanische Diskussion im Anschluß an Guillermo O'Donnels Buch *Modernization and Bureaucratic-Authoritarianism* (1972), Bindeglied zwischen der modernisierungs- und dependenztheoretischen Staatstheorie, begründete den Übergang von populistischen zu autoritären Regimen in Lateinamerika mit dem Wandel der Industrialisierungsstrategie von der Importsubstitution der leichten (Konsumgüter) zur schweren Phase (Investitionsgüter). Ähnlich wurde auch später von Bruce Cummings im Hinblick auf Ostasien argumentiert, der den Begriff des »bürokratisch-autoritären Entwicklungsregimes« einführte. Die aktuelle Transitions-Debatte (O'Donnell, Schmitter, Linz u. a.) über die Umstände des Übergangs von autoritären zu demokratischen Systemen in Spanien und Lateinamerika setzt diese Debatte mit genau umgekehrter Stoßrichtung fort, ohne allerdings noch einen expliziten entwicklungstheoretischen Bezug zu haben. Hierbei handelt es sich um einen der vielen, fast schon paradoxen Paradigmenwechsel in der derzeitigen »Unübersichtlichkeit«.

Ferner gab es die sehr kategoriale deutsche Staatsableitungsdiskussion, in der die allgemeine marxistische Staatstheorie mit der Dependenztheorie verknüpft wurde. Hat der Staat in der »Dritten Welt« einen besonderen Charakter im Unterschied zu den Industrieländern? Wenn ja, welche besonderen Funktionen kommen ihm dann zu und wie kann er vor diesem Hintergrund zum Entwicklungsagenten werden? Diese Diskussion kam 1979 zu einem abrupten Ende, als auf der Hamburger Konferenz der Deutschen Vereinigung für Politische Wissenschaft konstatiert wurde, daß es den peripheren Staat als differentia specifica nicht gibt. Hier zeigte die immer stärker werdende Kritik an der Dependenztheorie ihre Wirkung, wenn auch Elsenhans' Staatsklassenargument und die Bielefelder Analyse der »strategischen Gruppen« von Evers/Schiel in modifizierter Form diese Diskussion fortsetzen.

Die angelsächsische Staatsdiskussion wurde, entsprechend der anderen Wissenschaftstradition, weniger deduktiv geführt und formulierte ihre Thesen induktiv vor dem Hintergrund einzelner Gesellschaften, insbesondere in Südasien und Ost- und Westafrika. Hier wurde die Stärke des postkolonialen Staates gegenüber einer noch unterentwickelten Bourgeoisie bzw. miteinander konkurrierender Klassen in den Vordergrund gestellt.

Und schließlich gab es noch die inzwischen völlig desavouierte sowjetmarxistische Theorie vom »nichtkapitalistischen Entwicklungsweg«. Unter Ablehnung der lateinamerikanischen und westeuropäischen Diskussion als »linksrevisionistisch« hatte sie, trotz anderer Terminologie, sehr viele Gemeinsamkeiten mit der Modernisierungstheorie. Bei dem nichtkapitalistischen Entwicklungsweg sollte es sich um einen allmählichen Übergang von der nationalen Befreiungsrevolution in die sozialistische Revolution handeln, wobei die kapitalistische Phase in Ländern, in denen die Voraussetzungen für den Aufbau des Sozialismus noch nicht gegeben seien, abzukürzen bzw. ganz zu überspringen war, eine Argumentation, die bereits zu Zeiten der Komintern in der Roy/Lenin-Debatte eine Rolle spielte. Dieses Überspringen hatte der Staat zu gewährleisten. Als positive Beispiele wurden Länder wie Tansania, Algerien, Ägypten in der Nasser-Ära, der Irak oder Syrien angeführt, also jene Länder, die seinerzeit als potentielle Verbündete des sozialistischen Lagers in der »Dritten Welt« in Frage kamen. Damit wird ersichtlich, daß es sich hierbei auch um eine entwicklungstheoretische Legitimierung machtpolitischer Interessen der Sowjetunion handelte.

Den Versuch einer Synthese der Modernisierungstheorie, die eine weltweit gleiche Determinierung von Entwicklung annimmt, und der Dependenz- bzw. Weltsystemtheorie, die für die Peripherie von der umgekehrten Annahme ausgeht, stellt die induktiv gewonnene Theorie der nachholenden Entwicklung von Senghaas und Menzel dar. Auf der Basis historisch-komparativer Untersuchungen über erfolgreiche und erfolglose Fälle nachholender Entwicklung werden Entwicklung und Unterentwicklung nicht als ein für allemal gegeben aufgefaßt, sondern in Abhängigkeit von spezifischen historischen Konstellationen als Möglichkeiten interpretiert. Gefragt wird nicht, warum es überhaupt zu Industrialisierung und Entwicklung gekommen ist und warum dieser Prozeß in England begann, gefragt wird vielmehr, wie Länder, die sich bereits dem Kompetenzdruck überlegener Gesellschaften ausgesetzt sahen, auf diese Situation reagierten. Ob dieser Peripherisierungsdruck zu tatsächlicher Peripherisierung führt oder ob ihm erfolgreich standgehalten wird und Maßnahmen zur Gegensteuerung ergriffen werden, die zu erfolgreicher nachholender Entwicklung führen, hängt, so die These, in erster Linie von innergesellschaftlichen Faktoren ab. Im Falle kleiner Länder ist dabei eine Weltmarktorientierung nicht zu vermeiden. Nur muß diese Außenorientierung von einer soziopolitischen Struktur im Innern begleitet werden, die eine breitenwirksame Binnenmarkterschließung zuläßt. Gesellschaften, die trotz Peripherisierungsdruck einen Prozeß nachholender Entwicklung durchlaufen, zeichnen sich deshalb durch frühzeitige Entoligarchisierung, Partizipation und Demokratisierung aus, ein Argument, das sich auch bei Elsenhans findet. Die aus der kontrastierenden Analyse der frühen Fälle nachholender Entwicklung in Europa gewonnenen Erkenntnisse wurden für die Untersuchung der späteren Fälle, nämlich der ostasiatischen Schwellenländer, fruchtbar gemacht.

Die bislang letzte große Debatte, an der nahezu alle bedeutsamen Schulen beteiligt waren, entzündete sich an der Frage, wie das Phänomen der Schwellenländer analytisch zu verorten ist. Gemeint sind eine Reihe von Ländern in Lateinamerika, Ostasien und an der europäischen Peripherie, die seit den sechziger Jahren bemerkenswerte Industrialisierungsprozesse zu verzeichnen haben. Handelt es sich hier um vollgültige Fälle nachholender Entwicklung oder nur um ganz neue Ausprägungen von Unterentwicklung? Diese Frage war auch eine des akademischen Interesses, da sich so diverse Großtheorien verifizieren oder falsifizieren ließen. Deshalb ist die These aufstellbar, daß das Schwellenländerphänomen für die derzeitige Theoriekrise ein wesentlicher Auslöser war.

Im Hinblick auf die entwicklungspolitische Praxis, soweit sie von internationalen Organisationen wie der Weltbank verfolgt wurde, ist in diesem Zusammenhang nämlich seit Ende der siebziger Jahre eine Renaissance der Neoklassik (Johnson, Bauer, Lal, Little, Balassa) zu beobachten. Insbesondere Deepak Lal eröffnete mit seinem Buch *The Poverty of »Development Economics«* (1983) den Generalangriff auf den Entwicklungskeynesianismus der fünfziger und sechziger Jahre sowie die Empfehlungen der Nord-Süd-Kommission. Die Krise der auf Importsubstitution angelegten Industrialisierung in Lateinamerika, das Scheitern der ambitionierten und auf globalen Dirigismus hinauslaufenden Entwicklungsziele der Vereinten Nationen (Stichwort Neue Weltwirtschaftsordnung) und der offensichtliche Erfolg der Exportstrategien einiger ostasiatischer Länder ließen den Zweifel am Entwicklungskeynesianismus wachsen. Die Alternative lautet seitdem erneut mehr Markt und weniger Staat bzw. statt Wachstum des Binnenmarkts Wachstum via Export.

Theoretisch vorbereitet wurde die Wiederentdeckung der Neoklassik durch die Weiterentwicklung des Faktorproportionentheorems von Heckscher/Ohlin durch den Ungarn Béla Balassa. Sein in den siebziger Jahren entwickeltes Neofaktorproportionentheorem *(A Stages Approach to Comparative Advantage)* gab die Annahme homogener Produktionsfaktoren auf und führte das Konzept des Humankapitals in die Theorie ein. In dem Maße, wie etwa die Qualifikation von Arbeitskraft gesteigert wird, ist auch eine Veränderung der komparativen Vorteile eines Landes, d. h. eine Aufwärtsmobilität in der internationalen Arbeitsteilung, möglich. Andere Theoreme wie das der technologischen Lücke oder des Produktzyklus (Raymond Vernon) führen komparative Vorteile auf zeitlich begrenzte Verfügbarkeitsmonopole von Produkt- oder Verfahrensinnovationen zurück.

Vor diesem theoretischen Hintergrund und der langen weltwirtschaftlichen Rezession der siebziger Jahre in den Industrieländern, die nicht zuletzt auf die wachsende Konkurrenz der neuen Fertigwarenexporteure in den Schwellenländern zurückgeführt wurde, unternahmen die OECD (Little/Scitovsky/Scott), die Weltbank (Balassa), das amerikanische Bureau auf Economic Research (Bhagwati/Krueger) und das Kieler Institut für Weltwirtschaft (Donges u. a.), in der Bundesrepublik die Hochburg der Neoklassik, in den siebziger Jahren ausgedehnte empirische Untersuchungen, in denen der Nachweis erbracht werden sollte, daß eine Exportstrategie, die sich an komparativen Vorteilen und Freihandel orientiert, langfristig größere Wachstumschancen bietet als die bis dato weitgehend verfolgten und auf Protektionismus beruhenden Binnenmarktstrategien. Wie nicht anders zu erwarten, wurde ein entsprechender empirischer Befund vorgelegt, der in handelspolitische Empfehlungen umgemünzt wurde. Sie lauteten: Der Markt und nicht die staatliche Intervention ist das beste entwicklungspolitische Instrument. Konsequenterweise wurde gleichzeitig auch gegen den defensiven Protektionismus in den Industrieländern zu Felde gezogen, die ihre Märkte für die Produkte der Dritten Welt zu öffnen und ihre Ökonomien den neuen weltwirtschaftlichen Gegebenheiten »anzupassen« hätten. Diese letztere, nicht völlig von der Hand zu weisende Argumentation macht deutlich, wie schwer sich Gewerkschaften in den Industrieländern mit einem entwicklungspolitischen Engagement tun müssen.

Zum genau gegenteiligen Befund kamen die konsequenten Vertreter der Weltsystemtheorie, die in der Bundesrepublik durch die Starnberger Folker Fröbel, Jürgen Heinrichs und Otto Kreye repräsentiert werden. Ausgangspunkt war auch bei ihnen die strukturelle Krise in den Industrieländern und die gleichzeitigen Industrialisierungsprozesse in einigen Entwicklungsländern. Neu an deren Industrialisierung war, daß sie sich weder an der Primärgütererzeugung noch an möglicherweise vorhandenen Binnenmarktpotentialen orientierte, sondern von Anfang an exportorientiert war, wobei das anfängliche Motiv in der Ausnutzung unterschiedlicher Lohnkosten bestand. In speziell eingerichteten Freien Produktionszonen wurden sog. Weltmarktfabriken, insbesondere in den Branchen Textil, Bekleidung und Unterhaltungselektronik, errichtet und vor allem weibliche Arbeitskräfte beschäftigt.

Die Kernthese von Fröbel/Heinrichs/Kreye lautet, hier unterscheiden sie sich von der Neoklassik, daß diese Art von Industrialisierung nicht entwicklungsfördernd ist, da sie aufgrund ihres enklavenhaften Charakters keine breitenwirksamen Wachstumseffekte für die übrige Ökonomie zeigt. Resultat sei eine *Neue internationale Arbeitsteilung*, so der Titel ihres einschlägigen Buches (1977), bei der nicht mehr Primärgüter gegen Fertigwaren, sondern Fertigwaren unterschiedlicher Arbeits- bzw. Kapitalintensität getauscht werden. Voraussetzung dafür war die Verfügbarmachung des quasi unerschöpflichen Potentials billiger Arbeitskräfte in der »Dritten Welt«, die mittlerweile mögliche Zerlegung des Arbeitsprozesses in qualifizierte und unqualifizierte Komponenten und die Fortentwicklung der internationalen Transport- und Kommunikationstechnologie. Neben die bisherigen internationalen Märkte für Waren und Kapital ist also auch ein Weltmarkt für Arbeitskraft und Produktionsstandorte getreten mit der Konsequenz, daß Rationalisierungsinvestitionen in den Industrieländern durch Verlagerungsinvestitionen in die »Dritte Welt« ersetzt werden.

Während so der Versuch gemacht wurde, die Grundannahmen der Weltsystemtheorie trotz des Schwellenländerphänomens zu retten, war dieser Sachverhalt für eine andere Gruppe von Autoren, die auch dem kritischen oder marxistischen Lager zuzurechnen sind, Anlaß für eine linke Revision alter Positionen. Im Unterschied zur Dependenztheorie wurde durchaus für einige Fälle, insbesondere in Ostasien, ein vollgültiger Prozeß nachholender Industrialisierung konstatiert, der aber im Gegensatz zur neoklassischen Theorie nicht ökonomisch mit dem Rückgriff auf die Steuerungsfunktionen des Marktes, sondern, gerade in den konfuzianischen Ländern Ostasiens, soziopolitisch mit der ausgeprägten staatlichen Lenkungstätigkeit in allen binnenwie außenwirtschaftlichen Dimensionen erklärt wird. Auf diese Weise fanden auch hier die Staatsdiskussion wie die Debatte zwischen Internalisten und Externalisten ihre Fortsetzungen.

6. Die Krise der Großtheorien

In der zweiten Hälfte der achtziger Jahre ist kaum noch eine Weiterentwicklung der Diskussion auf der Ebene globaler Theorie zu vermelden. Kennzeichen der Diskussion ist vielmehr die mehr und mehr kritische Beschäftigung der Theoretiker mit dem Zustand der eigenen Disziplin und die Aufsplitterung in verschiedene Schauplätze, die nicht mehr beanspruchen können, eine große Theorie zu liefern. Die Übertragung der Fordismusdiskussion, maßgeblich beeinflußt durch die französische Regulationsschule, auf die Entwicklungstheorie ist der letzte orthodoxe Versuch des theoretischen Nachweises, daß reformistische Strategien in der Tradition von Amin, Elsenhans oder Menzel/Senghaas, die auf dem Gegenmacht/Massenkonsum/Reallohnsteigerungs-Paradigma beruhen, nicht praktikabel sind, weil erstens das fordistische Akkumulationsmodell der Nachkriegszeit in den Industrieländern selbst in die Krise geraten sei und weil zweitens, anders als die Theoretiker der autozentrierten Entwicklung argumentieren, die Frühphase der Industrialisierung in den Industrieländern gar nicht auf der Ausweitung des Massenkonsums beruht habe. Diese Behauptung, die letztlich nur empirisch zu klären ist, wurde allerdings von dem Kronzeugen der Fordismuskritiker, Burkart Lutz[6], nur sehr dürftig belegt.

Ansonsten ist eher zu konstatieren, daß »Modethemen«, die seit Jahren die gesellschaftspolitische Diskussion in Westeuropa und Nordamerika beherrschen, so die Wiederentdeckung der Kultur anstelle der harten politökonomischen Analyse, die Feminismusdiskussion (Frauen – die letzte Kolonie) oder, sicher kein Modethema, die Ökologieproblematik (Stichwort: dauerhafte Entwicklung), die aus der Diskussion um die Grenzen des Wachstums entstanden ist, sich der entwicklungspolitischen Diskussion bemächtigt haben. Auch wenn es sich hierbei fraglos um wichtige Aspekte der Entwicklungstheorie handelt, so ist doch der Zweifel angebracht, ob mit einem dieser Ansätze

---

6 Burkart Lutz, *Der kurze Traum der immerwährenden Prosperität. Eine Neuinterpretation der industriell-kapitalistischen Entwicklung im Europa des 20. Jahrhunderts*, Frankfurt 1984.

tatsächlich das Ei des Kolumbus gefunden worden ist. Die neue Synthese, die das alles wieder zusammenführt, steht noch aus. Angesagt sind derzeit jedenfalls eher Theorien mittlerer Reichweite bei gleichzeitiger Renaissance der Modernisierungstheorie.

Fragt man nach den Gründen der aktuellen Krise der »Grand Theories«, lassen sich eine Reihe von Ursachen angeben: Erstens sind wir seit einer Reihe von Jahren Zeuge eines doppelten Differenzierungsprozesses der ehemals »Dritten Welt«. Die aus dem strukturalistischen Denken modernisierungs- wie dependenztheoretischer Provenienz entsprungene Vorstellung identischer Tiefenstrukturen von Gesellschaft, Staat und Ökonomie in nichtindustrialisierten Ländern läßt sich nicht länger aufrechterhalten. In wirtschaftlicher Hinsicht ist, grob vereinfacht, mindestens eine Vierteilung in Schwellenländer, OPEC-Länder, absolut arme und sich relativ verarmende (Beispiel Argentinien) Länder zu konstatieren. Weder die Modernisierungstheorie noch die Dependenz/Weltsystemtheorie, die ja beide einen globalen Anspruch erheben, vermögen das zu erklären. Insbesondere das Aufkommen der Schwellenländer hat hier auf allen Seiten katalytisch gewirkt. Hingewiesen sei nochmals auf die scharfe Kontroverse zwischen Neoklassikern und Entwicklungskeynesianern bzw. den diesbezüglichen linken Revisionismus.

Gleichzeitig ist es zu einem bemerkenswerten Prozeß politischer Differenzierung (Demokratisierung versus anhaltender Autoritarismus versus Refundamentalisierung) gekommen, der sich mit den einschlägigen Theorien über politische Modernisierung bzw. mit den diversen Staatsableitungsübungen nicht erklären läßt. Auf der einen Seite kann nicht der Nachweis erbracht werden, daß, wie von der Modernisierungstheorie ursprünglich angenommen, Wirtschaftswachstum durchgängig und quasi automatisch zu Demokratisierung geführt hat, was beispielsweise von

Hirschman[7] bereits vor zehn Jahren durchaus selbstkritisch eingeräumt wurde. Der Demokratisierungsprozeß in Ländern wie Südkorea, Singapur oder Taiwan, eindeutige Fälle eines anhaltenden Hochwachstums, nimmt sich nach wie vor sehr bescheiden aus. Das gleiche gilt auch für die Rentierstaaten am Persischen Golf. Umgekehrt lassen sich die Demokratisierungsprozesse in Ländern wie Chile, Argentinien oder den Philippinen (keine eindeutigen Wachstumsfälle) nicht mit der dependenztheoretischen Staatsdiskussion vereinbaren, die genau das meinte ausschließen zu können. Der Paradigmenwechsel der in der O'Donnel-Tradition stehenden Transitions-Theoretiker macht das besonders deutlich.

Ein weiterer Faktor ist sicherlich die seit Beginn der achtziger Jahre immer deutlicher werdende Krise des realen Sozialismus, die ja nicht nur für Osteuropa, sondern gleichermaßen auch für Länder wie China, Vietnam, Kampuchea, Nordkorea, Kuba etc. zu konstatieren war. Insbesondere die Öffnungs- und Reformpolitik der VR China, in den siebziger Jahren Paradigma für ein alternatives Entwicklungsmodell schlechthin, hat nachhaltige Wirkung auf die Theoriediskussion ausgeübt. In dem Maße, wie das Scheitern aller Spielarten sozialistisch inspirierter Entwicklungsstrategien zu vermelden war, ist auch die Option eines dritten Weges zwischen Kapitalismus und Sozialismus hinfällig geworden. Damit ist auch der ursprüngliche Gehalt des Begriffs »Dritte Welt« seines Sinnes entleert worden, der durchaus, etwa bei Frantz Fanon, emanzipatorisch im Sinne des »Dritten Standes« und keineswegs in »drittklassigem« Sinne von unterentwickelt, abhängig, rückständig oder traditional gemeint war.

---

7 Albert O. Hirschman, *Aufstieg und Niedergang der Entwicklungsökonomie*, in: Ders., *Entwicklung, Markt und Moral. Abweichende Betrachtungen*, München 1989, S. 40-63 (engl. 1981).

3. Der Reigen der Entwicklungsstrategien: Wachstum – Umverteilung – Wachstum

40 Jahre Entwicklungspolitik – das heißt trotz aller Paradigmenwechsel und Vielfalt der Begrifflichkeit bei Licht betrachtet 40 Jahre Wachstumsförderung. Die Unterschiede reduzieren sich im Grunde auf die Frage, ob dieses Wachstum neoklassisch, keynesianisch, neomerkantilistisch oder sozialistisch angeregt werden soll. Welche Rolle kommt dem Markt oder dem Staat bei der Wachstumsförderung zu? Ist dieses Wachstum binnenmarktorientiert oder exportgetrieben? Soll protektionistisch unter Verletzung oder eher freihändlerisch nach Maßgabe komparativer Kostenvorteile verfahren werden? Bietet eine Verteilungspolitik zugunsten der oberen Einkommensbezieher zur Erhöhung der Sparquote die besten Wachstumschancen, oder läßt sich durch eine Verteilungspolitik zugunsten der unteren Einkommensbezieher, um deren Produktivität zu steigern, das Wachstumsziel mit dem Aspekt der Gerechtigkeit verbinden? Soll das Wachstum maximiert oder im Sinne eines »dauerhaften Wachstums« begrenzt werden? Gewährleistet ein globaler Einkommenstransfer zugunsten des Südens und damit eine Regulierung der Weltwirtschaftsbeziehungen oder eine globale Deregulierung die effektivste weltweite Allokation der Produktionsfaktoren und damit den universalen Wohlfahrtsgewinn?

Die unterschiedlichen Strategien sind naturgemäß mit unterschiedlichen Interessen verbunden, je nachdem, ob eher der Süden oder eher der Norden insgesamt, ob eher einzelne Ländergruppen des Südens wie etwa die OPEC oder die Schwellenländer, ob eher die Eliten bzw. Staatsklassen oder die Armen des Südens die Nutznießer sind. Daß die Strategien in den vergangenen 40 Jahren unterschiedliche und zum Teil widersprüchliche Konjunkturen erfahren haben, ist nicht nur auf die sich verschiebenden Kräfteverhältnisse zwischen den angesprochenen Staaten- und Interessengruppen, sondern auch auf die Erfolge und Mißerfolge der jeweiligen Strategien, weltwirtschaftliche und weltpolitische Konstellationen sowie auf den Einfluß zurückzuführen, den die theoretische Debatte auf die Entwicklungspolitik ausgeübt hat.[1]

1. Die Strategie der frühen Jahre: Wachstum zuerst, Umverteilung und Demokratisierung später

Die entwicklungsstrategische Diskussion im engeren Sinne begann Mitte der vierziger Jahre und erlebte ihren ersten Höhepunkt in den fünfziger Jahren. Sie ist verbunden mit den »Pionieren« Paul Rosenstein-Rodan, Ragnar Nurkse,

1 Als Überblicksdarstellungen vgl. Gerd Addicks/Hans-Helmut Bünning, *Ökonomische Strategien der Entwicklungspolitik*, Stuttgart 1979; Klaus Bodemer, *Programmentwicklung in der Entwicklungspolitik der Bundesrepublik Deutschland*, in: Franz Nuscheler (Hg.), *Dritte Welt-Forschung. Entwicklungstheorie und Entwicklungspolitik*, Opladen 1985, S. 278-307. = Sonderheft 16 der Politischen Vierteljahresschrift; Michael Dauderstädt, *Entwicklungspolitik – Politik ohne Entwicklung. Eigenanstrengungen, Ordnungspolitik und Politikdialog im Nord-Süd-Verhältnis*, Bonn 1984; Michael Dauderstädt/Alfred Pfaller, *Bestandsaufnahme und Bewertung neuer entwicklungspolitischer Ansätze*, Köln 1984; Keith Griffin, *Alternative Strategies for Economic Development*, Houndmills 1989; Lutz Hoffmann/Hermann Sanders, *Entwicklungspolitik I: Strategien*, in: *Handwörterbuch der Wirtschaftswissenschaft*. Bd. 2., hg. von Willi Albers u. a., Stuttgart 1980, S. 393-407; Informationszentrum Dritte Welt, *Entwicklungspolitik – Hilfe oder Ausbeutung?*, Freiburg 1984; Franklyn Lisk, *Conventional Development Strategies and Basic Needs Fullfilment. An Reassessment of Objectives and Policies*, in: *International Labour Review* 115.1977,2, S. 175-191; Franz Nuscheler, *Lern- und Arbeitsbuch Entwicklungspolitik*, Bonn 1991; Walter Satzinger/Detlef Schwefel, *Entwicklung als soziale Entwicklung: Über Irrwege und Umwege entwicklungstheoretischer Strategieversuche*, in: Dieter Nohlen/Franz Nuscheler (Hg.), *Handbuch der Dritten Welt*. Bd. 1. *Unterentwicklung und Entwicklung: Theorien – Strategien – Indikatoren*, Hamburg 1982, S. 312-331. Zu den Erfahrungen mit 40 Jahren »Entwicklung« aus Sicht der Weltbank vgl. den 1991er Weltentwicklungsbericht »*The Challenge of Development*«.

Arthur W. Lewis, Albert O. Hirschman u. a.[2], deren Überlegungen im damals vorherrschenden keynesianischen Denken verwurzelt waren.[3] Entwicklung wurde bei ihnen gleichgesetzt mit Wirtschaftswachstum, insbesondere Industrialisierung. Das entsprechende Kapitalangebot zur Finanzierung der Investitionen, ohne die es kein Wachstum geben kann, sollte durch die Erhöhung der Sparquote geschaffen werden. Deshalb wurde eine Umverteilung zugunsten der Bezieher hoher Einkommen als notwendig erachtet. Sofern ein Mangel an Unternehmern und damit an Kapitalnachfrage bestehe, könne ersatzweise der Staat bei der Industrialisierung eine Initialfunktion übernehmen, wobei autoritäre Regime in der Anfangsphase als besonders geeignet angesehen wurden.[4] Die aus dieser Überlegung resultierende strategische Konsequenz lautete: Wachstum zuerst, Umverteilung später (growth first, redistribution later) bzw. erst Industrialisierung und dann Demokratisierung.

[2] Gerald M. Meier/Dudley Seers (Hg.), *Pioneers in Development*, New York 1984.
[3] Zur Diskussion der frühen Jahre vgl. Irma Adelman, *Theories of Economic Growth and Development*, Stanford 1961; Hans Besters, *Theorien zur wirtschaftlichen Entwicklung*, in: Hans Besters/Ernst E. Boesch (Hg.), *Entwicklungspolitik*, Berlin 1966, S. 243-304; V. V. Bhatt, *Theories of Balanced and Unbalanced Growth: A Critical Appraisal*, in: Kyklos 17.1964,4, S. 612-626; Dieter Ernst, *Entwicklung durch importsubstituierende Industrialisierung?* in: Das Argument 15.1973,4-6, S. 332-403; Lutz Hoffmann, *Entwicklungstheorien des ausgewogenen und unausgewogenen Wachstums: eine Gegenüberstellung*, in: Zeitschrift für die gesamte Staatswissenschaft 121.1965,3, S. 523-574; Diana Hunt, *Economic Theories of Development. An Analysis of Competing Paradigms*, New York 1989; Prem Singh Laumas, *Balanced and Unbalanced Growth in the Theory of Economic Development*, in: Weltwirtschaftliches Archiv 97.1966,1, S. 139-152; Dudley Seers, *The Birth, Life and Death of Development Economics*, in: Development and Change 10.1979,4, S. 707-718; Nicholas Stern, *The Economics of Development. A Survey*, in: Economic Journal 99.1989, Nr. 397, S. 597-685; Paul Streeten, *The Frontiers of Development Studies*, London 1972; sowie den Sammelband von A. N. Agarwala/S. P. Singh (Hg.), *The Economics of Underdevelopment*, Delhi 1958, wo die wichtigsten Beiträge der frühen Diskussion abgedruckt sind.
[4] Vgl. Richard Löwenthal, *Staatsfunktionen und Staatsform in den Entwicklungsländern*, in: Ders. (Hg.), *Die Demokratie im Wandel der Gesellschaft*. Berlin 1963. S. 164-192.

Um diesen Denkansatz zu verstehen, ist ein Rückblick auf die weltwirtschaftlichen und weltpolitischen Ereignisse der dreißiger und vierziger Jahre unseres Jahrhunderts geboten sowie auf die Folgerungen, die auf der politischen Ebene wie auf der Ebene der volkswirtschaftlichen Doktrinenbildung gezogen wurden. Die Revolutionierung des internationalen Transportwesens durch den Eisenbahnbau in Übersee und die Ersetzung des Segelschiffs durch das Dampfschiff hatte seit den achtziger Jahren des 19. Jahrhunderts über die drastische Reduzierung der Transportkosten zum ersten Mal in der Weltgeschichte einen wirklichen Weltmarkt für Massenfrachtgüter wie Getreide, Vieh, Ölsaaten, aber auch Kohle, Erz, Holz u. a. konstituiert. Seitdem war es aus europäischer Sicht interessant geworden, die Böden und Rohstoffvorkommen der überseeischen Territorien zu erschließen. Folge war ein erhebliches exportgetriebenes Wachstum in den ehemaligen Kolonien in Lateinamerika, insbesondere seinem südlichen Teil, in den angelsächsischen Siedlerkolonien, in Südosteuropa (Ukraine, Rumänien), aber auch in den tropischen Plantagenregionen, das bis etwa 1930 anhielt.[5] Vor diesem Hintergrund ist die Durchsetzung der Neoklassik als herrschende volkswirtschaftliche Lehrmeinung zu sehen, die auf außenwirtschaftlichem Gebiet die internationale Spezialisierung nach Maßgabe komparativer Kostenvorteile empfahl, die sich damals noch an natürlichen Produktionsfaktoren orientierte, also auf eine Arbeitsteilung Rohstoffe versus Fertigwaren (sog. Ricardo-Güter) hinauslief. Der daraus im neoklassischen Sinne resultierende Wohlfahrtsgewinn konnte um so mehr realisiert werden, je weniger handelspolitische Restriktionen die Arbeitsteilung beeinträchtigten. Die damalige Entwicklungsstrategie lautete demnach, wenn auch noch nicht dem Namen, so doch der Sache nach: Freihandel.

5 Vgl. dazu Ulrich Menzel, *Auswege aus der Abhängigkeit. Die entwicklungspolitische Aktualität Europas*, Frankfurt 1988.

Der Exportboom in Übersee wurde mit Ausbruch der Weltwirtschaftskrise jäh unterbrochen, da die Industrieländer zur Linderung ihrer wirtschaftlichen Probleme hochprotektionistische Maßnahmen ergriffen und ihr Heil in separaten, möglichst autarken Großraumwirtschaften suchten. Genannt sei nur der Smooth-Hawley-Tarif der USA von 1930, das Ottawa-Abkommen, das England 1932 mit seinen Dominions abschloß, oder die deutschen und japanischen Anstrengungen, in Südosteuropa bzw. Ostasien komplementäre regionale Ökonomien aufzubauen. Für die übrige Welt waren die Konsequenzen wegen des daraus resultierenden überproportionalen Rückgangs des Welthandels besonders fatal, weil damit die Logik des Exportwachstumsmodells schlechthin obsolet geworden war.

Da die neoklassischen Rezepte zur Überwindung der Krise in den Industrieländern versagten, bildete sich ein neues volkswirtschaftliches Paradigma heraus, das unter dem Namen Keynesianismus in die Lehrbücher einging. John Maynard Keynes hatte im Gegensatz zur neoklassischen Annahme gezeigt, daß keineswegs immer eine Tendenz zur vollen Auslastung der Produktionsfaktoren bestehen muß, daß ein wirtschaftliches Gleichgewicht vielmehr auch bei ihrer Unterauslastung, also hoher Arbeitslosigkeit und brachliegenden Kapazitäten, möglich ist. Als Weg aus einer solchen Situation empfahl er ein Instrumentarium staatlicher Anreize, um die Konjunktur wieder in Gang zu setzen.

Darauf aufbauend entwickelten die englischen Ökonomen Roy Harrod und Evsey Domar[6] ein Wachstumsmodell, das im Kern auf folgender Aussage beruhte: Die Wachstumsrate des BSP ist gleich dem Koeffizienten aus Sparquote und

---

6 Roy Forbes Harrod, *Ein Essay zur dynamischen Theorie*, in: Heinz König (Hg.), *Wachstum und Entwicklung in der Wirtschaft*, Köln 1970, S. 35-54 (engl. 1939); Evsey D. Domar, *Kapitalexpansion, Wachstumsrate und Beschäftigung*, in: König 1970, S. 55-66 (engl. 1946).

Kapitalkoeffizienten, wobei der Kapitalkoeffizient wiederum aus dem Verhältnis von Kapitalstock und dem Koeffizienten aus BSP und Arbeitskräftepotential gebildet wird.[7] Um das Wachstum zu steigern, bedarf es also einer Anhebung der Sparquote oder einer Senkung des Kapitalkoeffizienten, d. h. einer Steigerung der Kapitalproduktivität, die wiederum gleichbedeutend mit einer effektiveren Nutzung des Kapitalstocks ist. Die strategischen Überlegungen konzentrierten sich allerdings auf den Zähler des Koeffizienten, d. h. die Erhöhung des Kapitalangebots. Dieses kann entweder durch eine Steigerung des Sparaufkommens oder durch die Kapitalzufuhr von außen erreicht werden.

Da man von der Prämisse ausging, daß in erster Linie die Bezieher höherer Einkommen in der Lage sind zu sparen bzw. daß bei wachsendem Einkommen auch der relative Anteil des Sparaufkommens steigt, wurde eine ungleiche Verteilung der Einkommen durchaus positiv gewertet. Dieses Argument wurde durch die sog. U-Hypothese von Simon Kuznets gestützt.[8] Aufgrund vergleichender statistischer Untersuchungen über die Industrialisierungsprozesse in diversen Ländern war er zu der Aussage gelangt, daß eine zu Beginn der Industrialisierung vorhandene eher egalitäre sich in eine stärker ungleiche Einkommensverteilung verwandelt, die sich erst mit fortschreitender Industrialisierung wieder abbaut. Aus dieser Beobachtung wurde die

---

[7] Die entsprechende Formel lautet:

$$\text{Wachstumsrate BSP} = \frac{\text{Nettoinvestitionsrate (= Sparrate)}}{\text{Kapitalkoeffizient}}$$

$$\text{wobei Nettoinvestitionsrate} = \frac{\text{Nettoinvestitionen}}{\text{BSP}}$$

$$\text{und Kapitalkoeffizient} = \frac{\text{Kapitalstock}}{\text{Arbeitsproduktivität}}$$

$$\text{und Arbeitsproduktivität} = \frac{\text{BSP}}{\text{Arbeitskräftepotential}}$$

[8] Simon S. Kuznets, *Economic Growth and Income Inequality*, in: *American Economic Review* 45.1955,1, S. 1-28.

normative Schlußfolgerung gezogen, daß eine anfänglich wachsende Ungleichheit der Einkommensverteilung sogar anzustreben ist, da sie zur Beschleunigung des Wirtschaftswachstums führt und so langfristig auch den unteren Einkommensbeziehern nützt. Entwicklungspolitik war also im damaligen Verständnis nicht nur *Wachstums-*, sondern auch *Verteilungspolitik* zugunsten der Bezieher hoher Einkommen.

Soweit die private Investitionstätigkeit nicht ausreicht, kann der Staat die mangelnde Unternehmerfunktion ersetzen, indem er Anreize gibt, die das Sparaufkommen erhöhen bzw. die Investitionstätigkeit fördern. Letztere kann außenwirtschaftlich durch eine entsprechende Handels- und Währungspolitik (Zölle, Abwertungen) abgesichert werden. Falls diese Anreize nicht ausreichen, kann der Staat durch seine Einnahme- und Ausgabepolitik (Besteuerung bzw. staatliche Investitionen) auch selber unternehmerisch tätig werden.

Das auf Keynes bzw. Harrod/Domar zurückgehende Denken wurde von den frühen Entwicklungsökonomen auf die nichtindustrialisierten Länder übertragen, wobei Rosenstein-Rodan[9] mit Blick auf die Industrialisierung in Ost- und Südosteuropa die Ehre gebührt, diesen Gedanken 1943 zum ersten Mal formuliert zu haben. Er forderte dort gezielte und umfassende staatliche Investitionen (einen »big push«), vor allem im schwerindustriellen Sektor, um so ein allgemeines Wirtschaftswachstum anzuregen.

Daß der Entwicklungskeynesianismus sich aber tatsächlich als herrschende Lehrmeinung durchsetzte und insbesondere in Lateinamerika in den fünfziger und sechziger Jahren auch praktiziert wurde, hatte noch andere Gründe.

---

9 Paul N. Rosenstein-Rodan, *Problems of Industrialization of Eastern and South-Eastern Europe*, in: The Economic Journal 53.1943, Nr. 210, S. 202-211; ders., *Notes on the Theory of the »Big Push«*, in: H. S. Ellis/H. C. Wallich (Hg.), *Economic Development for Latin America*, London 1961, S. 57-73.

Raúl Prebisch und Hans Singer[10] hatten damals den Nachweis zu erbringen versucht, daß entgegen der neoklassischen Argumentation für die Primärgüterproduzenten die Teilnahme an der internationalen Arbeitsteilung mit einem Wohlfahrtsverlust verbunden sei, da sie eine säkulare Verschlechterung ihrer Austauschrelationen (Terms of Trade) hinzunehmen haben. Auch wenn die theoretische Begründung für ihre These unbefriedigend blieb, so lautete die strategische Konsequenz: möglichst weitgehende Reduzierung der einseitigen Rohstoffspezialisierung und Konzentration auf die Entwicklung des Binnenmarkts, eine Politik, die angesichts des zusammengebrochenen Weltmarkts ohnehin nahelag. Die bislang aus den Industrieländern im Gegenzug für die eigenen Primärgüter importierten Fertigwaren sollten zum Ausgangspunkt einer eigenen Industrialisierung genommen und durch protektionistische Maßnahmen abgesichert werden. Diese Strategie wurde Importsubstitutionsindustrialisierung (ISI) genannt.

Von größerer Bedeutung für die Durchsetzung des Entwicklungskeynesianismus dürften allerdings zwei unmittelbare Resultate des Zweiten Weltkriegs gewesen sein. Gemeint ist die in Asien einsetzende und maßgeblich von den USA gegen den Widerstand der europäischen Mächte forcierte, neuerliche Welle der Entkolonialisierung, die in den sechziger Jahren in Afrika ihre Fortsetzung fand, sowie der Ausbruch des Ost-West-Konflikts. Die Regierungen der unabhängig gewordenen Länder, allen voran Indien, setzten alles daran, neben der politischen auch die wirtschaftliche Souveränität zu gewinnen. An die Stelle der überkommenen Kolonialökonomie mit ihrer einseitigen Ausrichtung auf die Bedürfnisse der Mutterländer sollte eine eigenständige In-

---

10 Raúl Prebisch, *Für eine bessere Zukunft der Entwicklungsländer. Ausgewählte Ökonomische Studien*, Berlin (Ost) 1968 (span. 1950 ff.); Hans Singer, *Relative Prices of Exports and Imports of Underdeveloped Countries*, New York 1949.

dustrialisierung treten. Da ein nationales Unternehmertum sich in der Kolonialzeit allenfalls rudimentär hatte entfalten können, von bürgerlicher Entwicklung in nichtwestlichen Gesellschaften auch aus anderen Gründen kaum die Rede sein konnte, war es naheliegend, daß in den sog. neuen Nationen dem Staat eine entscheidende Rolle bei der Finanzierung und Organisation dieser Industrialisierung zukam. Hier bot der Keynesianismus, angereichert durch sozialistisches Gedankengut, das entsprechende Angebot.

Der Ost-West-Konflikt, der seit Ende der vierziger Jahre zunehmend auf dem Territorium der Kolonien bzw. ehemaligen Kolonien ausgetragen wurde, erzwang auch ein wachsendes Interesse der westlichen Industrieländer, insbesondere der USA, für deren wirtschaftliche und soziale Belange. Chinesische Revolution, Korea-Krieg und sich anbahnender Vietnam-Krieg hatten deutlich gemacht, daß die Expansion des sowjetischen Einflußbereichs auch nach den Grenzziehungen des Jahres 1945 ungebrochen war. Die Sowjetunion setzte ihr eigenes Ordnungs- und Industrialisierungsmodell als Hebel in der globalen Auseinandersetzung ein, indem sie es als adäquate Strategie wirtschaftlicher Entwicklung empfahl und über die von ihr beeinflußten Kommunistischen Parteien vor Ort auch durchzusetzen suchte. Insbesondere die Kubanische Revolution und ihr mögliches Übergreifen auf andere Länder in Lateinamerika hatte hier ihre Wirkung gezeigt.

Daraus ergab sich aus amerikanischer Sicht die Notwendigkeit, zusätzlich zur militärischen Eindämmung auch der ideologischen Attraktivität der Sowjetunion ein eigenes Modell wirtschaftlicher und sozialer Entwicklung entgegen zu setzen und durch Beratungstätigkeit und Finanzhilfe zu fördern. Dieser Gedanke war erstmals 1947 vom damaligen amerikanischen Präsidenten Truman formuliert worden. Die Entwicklungspolitik als neues Politikfeld war geboren. Vermittels amerikanischen Drucks hatten sich dem auch andere Industrieländer, so etwa die Bundesrepublik und Japan, anzuschließen, die im Gegensatz zu England oder Frankreich durch ihre koloniale Vergangenheit weniger kompromittiert schienen. Die Zusammenarbeit mit autoritären Regimen, wenn sie nur antikommunistisch auftraten, war kein Hinderungsgrund, da sie erstens als Bündnispartner gesucht wurden und zweitens im Sinne der keynesianischen Strategie als notwendiges, wenn auch vorübergehendes Übel angesehen wurden.

Das alles bildet den Hintergrund, warum der Entwicklungskeynesianismus in den fünfziger und sechziger Jahren zur Leitidee aller Entwicklungsstrategien wurde. Daß die wachsende Ungleichheit sich wieder abbauen würde, wurde auch politisch mit der Hoffnung begründet, daß es im Zuge der Industrialisierung zu Urbanisierung, Alphabetisierung, sozialer Mobilisierung und damit auch zu politischer Partizipation und über die Demokratisierung und die Etablierung gewerkschaftlicher Gegenmacht zu Umverteilung kommen würde. Ferner wurde argumentiert, daß die anfänglich aus Effektivitätsgründen für notwendig erachtete Konzentration der Ressourcen auf einen modernen industriellen Kern zu Ausbreitungs- und Durchsickerungseffekten (spread and trickle down) in den traditionellen und ländlichen Raum führen werde, dessen Bevölkerung auf diese Weise langfristig an der Modernisierung teilnehmen werde.

W. Arthur Lewis' Argumentation lautete sogar explizit, daß der anfängliche Vorteil der traditionellen Ökonomien, ihr schier unbegrenztes Angebot von Arbeitskräften, wegen der daraus resultierenden geringen Lohnkosten eine wichtige Wachstumsvoraussetzung sei. Im Zuge des Wachstums würden immer mehr Arbeitskräfte beschäftigt, bis auf diese Weise das Arbeitskräfteangebot des traditionellen Sektors aufgesaugt werde und auch dort der Modernisierungsprozeß einsetze.[11]

11 W. Arthur Lewis, *Economic Development with Unlimited Supplies of La-*

Hinsichtlich des Industrialisierungsweges rivalisierten die von Rosenstein-Rodan und Nurkse[12] favorisierte Strategie des gleichgewichtigen Wachstums (balanced growth) mit Hirschmans Plädoyer für ein ungleichgewichtiges Wachstum (unbalanced growth). Nurkses Einwand gegen eine reine Angebotspolitik, also eine Politik, die lediglich das Sparaufkommen steigert, lautete, daß das Vorhandensein von Finanzierungskapital nicht automatisch zu Investitionen führe. Stimuliert werden müsse auch die Nachfrage nach Kapital. Da wegen der geringen internationalen Nachfrageelastizität für Primärgüter die Exportsektoren kaum als Motor für beschleunigtes Wachstum in Frage kommen, sah er die einzige Chance in der raschen Expansion der Binnenmärkte. Seine Grundidee lautete deshalb, die Investitionsanreize so zu setzen, daß eine Produktion entsteht, die ihren eigenen Markt schafft, sich also nach den Einkommenselastizitäten der Nachfrage zu richten hat. Während Nurkse bei der Implementierung dieser Strategie auf den privaten Unternehmer baute, dem nur ein entsprechendes Informations- und Anreizsystem geboten werden müsse, ging Rosenstein-Rodan einen Schritt weiter und schlug eine straffe Investitionslenkung vor.

Diesen Überlegungen stellte Hirschman[13] seine Vorstellung des ungleichgewichtigen Wachstums entgegen. Auch er ging von der These aus, daß der eigentliche Engpaß nicht auf der Seite des Kapitalangebots liege, da Luxuskonsum, Horten, unproduktive Investitionen oder Kapitalflucht weit verbreitet seien. Der Engpaß liege vielmehr in der unzureichenden Nachfrage nach Kapital, weil die Fähigkeit zu

---

bour, in: *The Manchester School of Economic and Social Studies* 22.1954,2, S. 139-191; ders., *Die Theorie des wirtschaftlichen Wachstums*, Tübingen 1956.

12 Ragnar Nurkse, *Problems of Capital Formation in Underdeveloped Countries*, Oxford 1953.

13 Albert O. Hirschman, *Die Strategie der wirtschaftlichen Entwicklung*, Stuttgart 1967 (engl. 1958).

investieren fehle. Die eigentliche Schuld wurde also der sozio-kulturell begründeten Unzulänglichkeit der privaten Unternehmer zugeschoben, denen es im Sinne Schumpeters an Risikofreude und Innovationsbereitschaft mangele. Also müßten in ausgewählten Schlüsselsektoren durch Überkapazitäten und Engpässe Drucksituationen und somit Anreize für unternehmerische Aktivitäten geschaffen werden. Geeignet seien vor allem Investitionen in Infrastruktur und Schwerindustrie, weil sie besonders viele Koppelungseffekte für die übrige Wirtschaft aufweisen. In diesen Schlüsselsektoren habe der Staat ggf. selber zu investieren. Die vor- und nachgelagerten Koppelungseffekte würden dann über zusätzliche Nachfrage bzw. verbesserte Produktionsbedingungen (Infrastruktur) stimulierend wirken und neue Investitionen von seiten der privaten Unternehmer induzieren. Diese Strategie sei durch Importrestriktionen abzusichern und durch Anreize für ausländische Investitionen zu ergänzen.

Die Landwirtschaft blieb bis in die sechziger Jahre von diesen Überlegungen weitgehend unberührt, bis man auch dort auf eine Wachstumsstrategie setzte, die unter dem Namen »Grüne Revolution« bekannt wurde.[14] Durch die Züchtung und Verbreitung neuen Hochleistungssaatguts, insbesondere bei Reis, Mais und Weizen, sollten die Erträge gesteigert werden, wobei entsprechende zusätzliche Vorleistungen an Kunstdünger, Pflanzenschutzmitteln und Bewässerung sowie Agrartechnik, Lagerungs- und Verarbeitungskapazitäten notwendig waren. Daß die dafür notwendigen Investitionen nur von Großgrundbesitzern und wohlhabenden Bauern aufgebracht werden konnten und so eine weitere Einkommenskluft, jetzt auch innerhalb der Landwirtschaft geschaffen wurde, nahm man bewußt in Kauf, da hier ebenfalls der Wachstumsaspekt Vorrang vor

14 Keith Griffin, *The Political Economy of Agrarian Change. An Essay on the Green Revolution*, London 1974.

dem Verteilungsgesichtspunkt hatte. Insbesondere der Aufschwung der Weizenproduktion im indischen Punjab ist auf die »Grüne Revolution« zurückzuführen.

Rückblickend läßt sich sagen, daß die skizzierte Strategie, wenn man die reinen Wachstumsziele betrachtet, in einigen Ländern, namentlich in Lateinamerika (Paradebeispiel Brasilien), nicht ohne Erfolg war (vgl. Tabelle 2). Das ihr zugrundeliegende Denken wurde deshalb auch in der sog. Ersten Entwicklungsdekade der sechziger Jahre nicht in Frage gestellt. Die Kritik setzte allerdings Ende der sechziger Jahre ein und wurde gleich von mehreren Seiten vorgetragen.

2. Die Einleitung des Paradigmenwechsels

Im Jahre 1969 erschien ein Bericht der »Kommission für Internationale Entwicklung« unter Leitung des ehemaligen kanadischen Außenministers, Lester Pearson (Pearson-Bericht), der die überkommene Entwicklungspolitik einer kritischen Bilanz unterzog.[15] In dem Bericht wurde, wenn auch in moderater Form, zum ersten Mal Skepsis geäußert, ob der bis dato verbreitete Optimismus, daß Wachstum automatisch zu Entwicklung führe, berechtigt sei, weil die weltwirtschaftlichen Rahmenbedingungen zu wenig berücksichtigt würden. Seine Empfehlungen liefen deshalb auf Forderungen hinaus, die die wesentlichen Punkte der Diskussion um die »Neue Weltwirtschaftsordnung« der späten siebziger Jahre vorwegnahmen. Der Pearson-Bericht leitete damit eine neue und durchaus innovative Phase der entwicklungspolitischen Diskussion ein, die den Akzent von der internen auf die externe Dimension verlagerte.

Radikaler in der Diagnose wie in den Schlußfolgerungen

15 Kommission für Internationale Entwicklung, *Der Pearson Bericht. Bestandsaufnahme und Vorschläge zur Entwicklungspolitik*, Wien 1969.

war die gleichzeitig einsetzende Kritik, die von seiten der Vertreter des Südens, insbesondere von lateinamerikanischen Sozialwissenschaftlern, vorgetragen wurde und unter dem Begriff Dependenztheorie weltweit rezipiert wurde. Sie entzündete sich an dem Umstand, daß die Wachstumsstrategien in die Krise geraten waren, als es darum ging, den Übergang von der Importsubstitution der leichten Phase (Konsumgüter) in die schwere Phase (Investitionsgüter und Grundstoffe) zu bewerkstelligen. Es hatte sich herausgestellt, daß für letzteres die Binnennachfrage nicht ausreichend war, nicht zuletzt deshalb, weil die erhofften Durchsickerungs- und Ausbreitungseffekte sich nicht einstellen mochten. Auch die erwartete Demokratisierung blieb aus. Statt dessen war eher eine Ausbreitung und Verfestigung autoritärer politischer Systeme zu beobachten.[16] Es bewahrheitete sich mithin weder die ökonomisch (Verknappung von Arbeitskraft, Lohnsteigerungen) noch die politisch (Partizipation, Aufbau von Gegenmacht) begründete Argumentation zur Überwindung des Scheitelpunkts der Kuznetsschen U-Kurve.

Während also die frühen Entwicklungsökonomen im zu geringen Sparaufkommen und in der mangelnden Investitionsbereitschaft der einheimischen Unternehmer das Problem gesehen hatten, verorteten die Dependenztheoretiker den Kern des Problems in weltwirtschaftlichen und weltpolitischen Faktoren. Insbesondere der Ressourcenabfluß als Folge ungleicher Verwertungschancen auf dem Weltmarkt und die aus der langen Einbindung in die internationale Arbeitsteilung resultierende strukturelle Deformation der Ökonomien der Länder des Südens wurden als entscheidende Variablen angesehen. Die strategische Konsequenz mußte deshalb auf eine Modifikation der Modalitäten hin-

---

16 Vgl. dazu Guillermo O'Donnell, *Modernization and Bureaucratic-Authoritarianism. Studies in Southern American Politics*, Berkeley 1979 (span. 1972).

auslaufen, unter denen diese internationale Arbeitsteilung vonstatten ging.

Bevor die diesbezüglichen Überlegungen dargestellt werden, ist allerdings auf einige weltpolitische Entwicklungen hinzuweisen, die den daraus abgeleiteten Forderungen für die zweite Hälfte der siebziger Jahre in Form des sog. Nord-Süd-Dialogs eine erhebliche Durchschlagskraft verliehen.[17] Dazu gehörte erstens die zeitweise sehr erfolgreiche Kartellpolitik der OPEC, die 1973 und 1978/79 substantielle Ölpreissteigerungen durchsetzen konnte und eine erhebliche Umverteilung des Welteinkommens in einen Teil der Südländer zustande brachte. Daraus wurden Hoffnungen abgeleitet, daß ähnliches auch bei anderen Rohstoffen möglich sei. Zweitens hatte die mittlerweile weitgehend abgeschlossene Entkolonialisierung und der damit einhergehende Mitgliederzuwachs in den Vereinten Nationen die Stimmenverteilung dort so sehr geändert, daß deren einschlägige Unterorganisationen, insbesondere die 1964 gegründete UNCTAD, zur Interessenvertretung des Südens avancierten. Anders als bei Weltwährungsfonds und Weltbank, wo die Machtverhältnisse von den eingezahlten Kapitalanteilen abhängen, gilt bei den Vereinten Nationen (abgesehen vom Sicherheitsrat) das Prinzip »Ein Land eine Stimme«.

Hinzu kam die wachsende Thematisierungsmacht der Länder des Südens, die über diverse Zusammenschlüsse wie die Blockfreienbewegung oder die Gruppe der 77, ein Zusammenschluß der Entwicklungsländer innerhalb der UNCTAD, den Nord-Süd-Konflikt für die folgenden 10 bis 15 Jahre zum scheinbar zweiten Globalkonflikt machen konnten. Das war nicht zuletzt deshalb möglich, weil die

17 Zum Thema Nord-Süd-Dialog vgl. Gerald Braun, *Nord-Süd-Konflikt und Entwicklungspolitik*, Opladen 1985; Hartmut Elsenhans, *Nord-Süd-Beziehungen. Geschichte, Politik, Wirtschaft*, Stuttgart 1984; Werner Link/Paul Tücks, *Der Nord-Süd-Konflikt und die Zusammenarbeit der Entwicklungsländer*, Berlin 1985; Volker Matties, *Die Blockfreien. Ursprünge, Entwicklung, Konzeptionen*, Opladen 1985.

siebziger Jahre eine Phase der Entspannung im Ost-West-Gegensatz darstellten (deutsche Ostverträge, KSZE, Rüstungskontrollabkommen, Carter-Ära in den USA), die die Dominanz der Ost-West-Optik auch auf dem Gebiet der Entwicklungspolitik etwas in den Hintergrund treten ließ. Und schließlich sorgten die tatsächlichen oder vermeintlichen Erfolge einiger sozialistischer Entwicklungsländer (insbesondere der VR China) für einen tiefen Eindruck, weil dort eine Strategie verfolgt wurde, die bewußt auf die Eingliederung in die internationale Arbeitsteilung und den Kapital- und Technologietransfer aus den Industrieländern verzichtete und an deren Stelle eine auf die eigenen Kräfte vertrauende Basisentwicklung des ländlichen Raums mit den Mitteln der Arbeitsakkumulation und des Rückgriffs auf traditionelle, einfache, angepaßte Technologien setzte. Es stieß von seiten der westlichen Industrieländer auf viel weniger Widerstand als die Modellvorstellungen der Sowjetunion, nicht zuletzt weil man der Spaltung des sozialistischen Lagers auch auf entwicklungspolitischem Gebiet durchaus positive Seiten abzugewinnen vermochte.

Nicht unerwähnt bleiben darf allerdings, daß 1973 mit dem ersten Bericht des Club of Rome über die »Grenzen des Wachstums« zum ersten Mal auch von ökologischer Seite die Wachstumsstrategien grundsätzlich in Frage gestellt wurden.[18] Dem lag die These zugrunde, daß einem Nachvollzug des westlichen Wirtschaftswachstums in den Ländern des Südens objektive Grenzen wegen der nicht ausreichend vorhandenen natürlichen Ressourcen (Rohstoffe und Energie) gesetzt seien. Dieses Thema sollte allerdings erst in den achtziger Jahren entwicklungspolitisch relevant werden.[19]

18 Dennis L. Meadows u. a., *Die Grenzen des Wachstums. Bericht des Club of Rome zur Lage der Menschheit*, Hamburg 1973.
19 Vgl. dazu Gerald Braun, *Vom Wachstum zur dauerhaften Entwicklung*, in: *Aus Politik und Zeitgeschichte*, Beilage zur Wochenzeitung Das Parlament B 25-26/91, 14.6.1919, S. 12-19; Wolfgang Hein (Hg.), *Umweltorientierte Ent-*

Die genannten negativen Entwicklungsbefunde, die theoretische Diskussion und die Entspannungspolitik verlagerten in den siebziger Jahren, also der Zweiten Entwicklungsdekade, den Akzent der Diskussion von der Ebene der Entwicklungszusammenarbeit auf die Systemebene, wobei sich allerdings fundamentale Widersprüche auftaten. Von den Ländern des Südens, präziser deren Eliten, wurde unter dem Begriff einer »Neuen Weltwirtschaftsordnung« eine Modifikation der weltwirtschaftlichen Rahmenbedingungen verlangt, die auf eine *externe Umverteilung* zu ihren Gunsten hinauslief. In der radikalen Variante wurde sogar eine weitgehende oder völlige Herauslösung aus der internationalen Arbeitsteilung verlangt, wobei hier allerdings die eigentlichen Wortführer kritische oder marxistische Sozialwissenschaftler des Nordens waren. Die entwicklungspolitischen Repräsentanten der Regierungen des Nordens und der von ihnen beherrschten internationalen Organisationen (insbesondere der Weltbank) favorisierten demgegenüber das Konzept der *internen Umverteilung* in den Südländern, also statt der Neuen Weltwirtschaftsordnung die neue Ordnung in den Entwicklungsländern, eine Strategie, die unter Begriffen wie Beschäftigungs-, Armuts- oder Grundbedürfnisorientierung Eingang in die Diskussion fand. Erstere, hier liegt der Widerspruch, stieß auf wenig Gegenliebe im Norden, während letztere im Süden mit großem Mißtrauen verfolgt wurde, da sie zu Lasten der dortigen Eliten ging und als Behinderung der eigenen Industrialisierungsziele angesehen wurde.

---

wicklungspolitik, Hamburg 1991; Udo Ernst Simonis, *Beyond Growth. Elements of Sustainable Growth*, Berlin 1990; Weltkommission für Umwelt und Entwicklung, *Unsere gemeinsame Zukunft. Der Brundtland-Bericht der Weltkommission für Umwelt und Entwicklung*, hg. v. Volker Hauff, Greven 1987; Manfred Wöhlcke, *Probleme und Zielkonflikte der internationalen Entwicklungspolitik im Umweltbereich*, Ebenhausen 1989.

3. Alternative 1: Globaler Entwicklungskeynesianismus

Die Zweite Entwicklungsdekade sollte zumindest in programmatischer Hinsicht ein Erfolg werden. Die 1961 auf der Konferenz von Belgrad ins Leben gerufene Blockfreienbewegung und die 1964 gegründete Welthandels- und Entwicklungskonferenz (UNCTAD), ein Organ der Generalversammlung der Vereinten Nationen, der mittlerweile 168 Mitglieder angehören und in der die Entwicklungsländer über die Stimmenmajorität verfügen, wurden zu den Foren, auf denen die Neue Weltwirtschaftsordnung diskutiert wurde. Das Paket der hier avisierten Forderungen bestand aus einer Neuen internationalen Wirtschaftsordnung im engeren Sinne, einer Neuen Meeres- und Seeverkehrsordnung und einer Neuen Technologie-, Informations- und Kommunikationsordnung.[20]

Während UNCTAD I (1964 in Genf) das Ziel aufstellte, daß 1 (bzw. 0,7) Prozent des BSP der Industrieländer als Nettokapitalzufluß (bzw. als öffentliche Entwicklungshilfe) in die Länder des Südens transferiert werden sollten, und UNCTAD II (1968 in Nairobi) ein Allgemeines System der Zollpräferenzen vorschlug, brachte UNCTAD III (1972 im damals noch sozialistisch regierten Santiago de Chile) die eigentliche Diskussion in Gang. Diese führte auf der Generalversammlung der Vereinten Nationen am 1. 5. 1974 zur »Erklärung über die Errichtung einer neuen Weltwirt-

---

20 Vgl. dazu Prakash Narain Agarwala, *The New International Economic Order: An Overview*, Oxford 1983; Jagdish N. Bhagwati, *The New International Economic Order. The North-South Debate*, Cambridge 1977; Miriam Camps/Catherine Gwin, *Collective Management. The Reform of Global Economic Organizations*, New York 1981; Jeffrey A. Hart, *The New International Economic Order. Conflict and Co-operation in North-South Economic Relations, 1974-1977*, London 1983; Volker Matthies, *Neue Weltwirtschaftsordnung. Hintergründe – Positionen – Argumente*, Opladen 1980; Ulrich Menzel/Dieter Senghaas, *Europas Entwicklung und die Dritte Welt. Eine Bestandsaufnahme*, Frankfurt 1986, Kap. 7; Jan Tinbergen (Hg.), *RIO. Reshaping the International Order*, Amsterdam 1976.

schaftsordnung«, die auf der 29. Generalversammlung am 12. 12. 1974 noch um die »Charta der wirtschaftlichen Rechte und Pflichten der Staaten« ergänzt wurde.

Die Idee, die hinter diesen Forderungen stand, lief darauf hinaus, den bislang praktizierten Entwicklungskeynesianismus um die internationale Dimension zu erweitern, also einen globalen Keynesianismus zu betreiben, der eine handelspolitische, eine transferpolitische, eine strukturpolitische und eine egalitäre Komponente aufwies. Im einzelnen ging es um die folgenden Punkte:

Erstens: Respektierung des Rechts auf die Kontrolle der eigenen Ressourcen, das ggf. die Nationalisierung oder Verstaatlichung ausländischen Besitzes, etwa desjenigen Multinationaler Konzerne, beinhaltete. Dazu gehörte auch die gleichberechtigte Mitsprache bei der Ausbeutung der Meere, die nicht allein denjenigen Ländern vorbehalten sein dürfe, die über die dafür notwendigen technischen und finanziellen Mittel verfügen. Ferner ging es um eine Demokratisierung derjenigen internationalen Organisationen, insbesondere von Weltbank und Weltwährungsfonds, in denen die Wirtschaftskraft der Mitglieder, also der Industrieländer, den alleinigen Ausschlag bei den Entscheidungen gibt.

Zweitens: Öffnung der Märkte der Industrieländer für die Exporte der Entwicklungsländer entsprechend ihren jeweiligen Möglichkeiten. Die Agrarexporteure stoßen auf hohe Handelshemmnisse, da die Agrarmärkte von den liberalen GATT-Regeln ausgeklammert sind. Die Fertigwarenexporteure, also in erster Linie die Schwellenländer, verlangten einseitige Präferenzen. Diese waren zwar im Lomé-Abkommen von 1975 zwischen der EG und den AKP-Staaten etlichen Ländern gewährt worden, nur war es in dieser Hinsicht weitgehend folgenlos geblieben, da die AKP-Staaten im Unterschied zu den Schwellenländern kaum konkurrenzfähige Fertigwaren anzubieten haben.

Drittens: Stabilisierung der Exporterlöse der Rohstoffproduzenten durch eine Regulierung der Weltrohstoffmärkte. Das System zur Stabilisierung der Wechselkurse, das in den Industrieländern durch Kauf und Verkauf von Devisen von seiten der Zentralbanken praktiziert wird, sollte auf die Rohstoffmärkte übertragen werden. Eine internationale Behörde sollte bei einem Überangebot von Rohstoffen diese durch Ankauf aus dem Markt nehmen und in Ausgleichslagern (Bufferstocks) deponieren. Auf diese Weise sollte einem Preisverfall entgegengewirkt werden. Bei einer Verknappung des Rohstoffangebots sollten die gelagerten Bestände veräußert werden, um so einen Preisauftrieb zu vermeiden. Die Finanzierung dieser Bufferstocks sollte durch einen gemeinsamen Fonds erfolgen, an dem die Industrieländer maßgeblich zu beteiligen seien. Ein alternativer Vorschlag lief auf die Indexierung der Rohstoffpreise, d. h. ihre Koppelung an die Preisentwicklung für Industriegüter, hinaus, eine Vorstellung, bei der die Agrarpreispolitik der EG Pate gestanden hatte. Während letzteres von den Industrieländern abgelehnt wurde, kam es bei ersterem immerhin zu einem scheinbaren Erfolg. Das »Integrierte Rohstoffabkommen« wurde 1976 auf der 4. UNCTAD-Konferenz in Nairobi tatsächlich verabschiedet, bis zum 30. 9. 1983, der Frist für die Ratifizierung, allerdings nur von 56 Ländern ratifiziert.

Viertens: Förderung der Industrialisierung in den Entwicklungsländern. Die Deklaration der UNIDO auf der Konferenz von Lima im Jahre 1975 hatte das phantastische Ziel ausgegeben, bis zum Jahre 2000 den Anteil der Entwicklungsländer an der Weltindustrieproduktion von 8 auf 25 Prozent zu steigern. Zu diesem Zweck sollte ein vermehrter Transfer von Finanzmitteln und Technologie aus den Industrieländern erfolgen. Entsprechend sollte auch die Geldpolitik an den Finanzbedürfnissen der Entwicklungsländer ausgerichtet werden.

Während UNCTAD IV (1976 in Nairobi), die ganz im Zeichen der ersten Ölpreissteigerung und der daraus resultierenden größeren Verhandlungsbereitschaft der Industrieländer stand, den Höhepunkt des Nord-Süd-Dialogs markierte, schlug das Pendel danach allmählich wieder in die andere Richtung. UNCTAD V (1979 in Manila) brachte immerhin noch einen gewissen Abbau der nichttarifären Handelshemmnisse, während die Gipfelkonferenz von Cancun 1981 in Mexiko im Grunde das Ende des Nord-Süd-Dialogs markierte.[21] Die Industrieländer, insbesondere die Bundesrepublik, zeigten aus prinzipiellen Erwägungen wie aus ihrem Eigeninteresse heraus keine weitere Bereitschaft, den globalen dirigistischen Forderungen nachzugeben. UNCTAD VI (1983 in Belgrad) brachte deshalb keine nennenswerten Ergebnisse. UNCTAD VII (1987 in Genf) machte mit ihrer Betonung der Eigenanstrengungen der Entwicklungsländer, die lediglich durch Beiträge der Industrieländer und der Internationalen Organisationen zu unterstützen seien, den neuerlichen Paradigmenwechsel und die Abkehr von der Betonung der außenwirtschaftlichen Rahmenbedingungen und den verstärkten Transferleistungen perfekt.

Der Bericht der Brandt-Kommission im Jahre 1980 hatte zwar noch einmal den Versuch gemacht, die festgefahrene Situation wieder in Bewegung zu bringen.[22] Er muß in erster Linie als ein politisches Dokument gewertet werden, weil hier von prominenten, aber nicht mehr im Amt befindlichen Politikern des Nordens im Gegensatz zu ihren Regierungen die Forderungen hinsichtlich der Neuen Weltwirtschaftsordnung unterstützt wurden. Demzufolge wurde der Schwerpunkt der Empfehlungen auf den Beitrag der

---

21 Vgl. Khushi M. Khan, *Nord-Süd-Dialog. Ende oder Wende?*, Hamburg 1989.
22 Nord-Süd-Kommission, *Das Überleben sichern. Der Brandt-Report*, Frankfurt 1981.

Industrieländer gelegt. Ein neuer Aspekt war dabei, daß neben einer ethisch motivierten Solidarität auch das Interesse des Nordens an einem verstärkten Transfer herausgestellt wurde. Erstens wurde angesichts der sich dramatisierenden Lage in vielen Teilen der Welt das Wohlergehen der reichen Länder langfristig in Abhängigkeit von der Überwindung der Armut im Süden gesehen, handele es sich hier letztendlich doch um eine Frage des globalen Überlebens. Und zweitens wurde auf die auch kurzfristig komplementären Interessen verwiesen, da eine durch den Ressourcentransfer gesteigerte Nachfrage des Südens die damalige Wachstumskrise in den Industrieländern hätte überwinden helfen können. Entwicklungspolitik sollte auf diese Weise die Funktion der Konjunktursteuerung bekommen. Der Kerngedanke des Brandt-Berichts, der im zweiten Bericht vom Februar 1983 hinsichtlich des Sofortprogramms noch einmal spezifiziert wurde[23], lief also auf eine keynesianische Wachstumspolitik im Weltmaßstab hinaus.

Trotz des hohen Ansehens der in der Kommission vertretenen Persönlichkeiten waren die Reaktionen bei den Verantwortlichen des Nordens eher reserviert[24], da die neokonservative Wende und die neuerliche Eskalation des Ost-West-Konflikts in den achtziger Jahren dem Liberalismus in der globalen wie nationalen Wirtschaftspolitik wieder zum Durchbruch verholfen und dem Thema Nord-Süd-Politik einen untergeordneten Rang in der Weltpolitik zugewiesen hatten. Noch schlechter erging es der radikalen Variante der Neuen Weltwirtschaftsordnung.

---

23 Willy Brandt (Hg.), *Hilfe in der Weltkrise. Ein Sofortprogramm. Der 2. Bericht der Nord-Süd-Kommission*, Reinbek 1983.
24 Friedrich-Ebert-Stiftung (Hg.), *Unfähig zum Überleben? Reaktionen auf den Brandt-Report*, Frankfurt 1983.

4. Alternative 2: Abkoppelung und Süd-Süd-Kooperation

Während die Forderungen nach veränderten weltwirtschaftlichen Rahmenbedingungen und verstärktem Ressourcentransfer eine Teilnahme der Entwicklungsländer an der internationalen Arbeitsteilung keineswegs grundsätzlich in Frage stellten, ging die radikale Variante der aus der Dependenztheorie gezogenen entwicklungsstrategischen Konsequenzen einen wesentlichen Schritt weiter. Wenn die Diagnose zutraf, daß die Probleme extern verursacht seien, dann mußte im Sinne einer Therapie die Axt an die eigentlichen Wurzeln gelegt werden, dann mußten die Außenbeziehungen nicht nur modifiziert, sondern soweit wie möglich oder gar vollständig abgebrochen werden. Das einschlägige Stichwort, das vor allem auf die Arbeiten von Samir Amin zurückging, lautete eigenständige bzw. autozentrierte Entwicklung.[25] Dieter Senghaas brachte in seinem *Plädoyer für Dissoziation* die daraus abzuleitende Strategie mit den drei entwicklungspolitischen Imperativen auf den Begriff: Abkoppelung (Dissoziation), interne Restrukturierung und regionale Kooperation.[26]

Bei diesem Plädoyer für Dissoziation handelte es sich im Grunde um eine radikale Weiterentwicklung der protektionistischen Argumentation von Friedrich List aus der ersten Hälfte des 19. Jahrhunderts, der für die kontinentaleuropäischen Nachzügler eine bewußte Verletzung der klassischen Freihandelsargumentation verlangt hatte, da nur mittels eines Protektionismus auf Zeit (Erziehungszoll) dem damals

---

[25] Samir Amin, *Zur Theorie von Akkumulation und Entwicklung in der gegenwärtigen Weltgesellschaft*, in: Dieter Senghaas (Hg.), *Peripherer Kapitalismus. Analysen über Abhängigkeit und Unterentwicklung*, Frankfurt 1974, S. 71-97; ders., *Delinking. Towards a Polycentric World*, London 1990 (franz. 1985).

[26] Dieter Senghaas, *Weltwirtschaftsordnung und Entwicklungspolitik. Plädoyer für Dissoziation*, Frankfurt 1977.

erdrückenden englischen Wettbewerbsdruck standgehalten und eine eigenständige Industrialisierung in Gang gesetzt werden könne. Der mit dem Verzicht auf den Freihandel verbundene Wohlfahrtsverlust würde durch die Entwicklung der eigenen produktiven Kräfte (Aufbau von wissenschaftlich-technischer Kompetenz und Qualifizierung von Arbeitskräften) langfristig kompensiert.[27]

Das Problem, so die Folgerungen der Dependenztheoretiker, stelle sich in der zweiten Hälfte des 20. Jahrhunderts für die »Länder der dritten Stufe« schärfer, da die lang anhaltende Einbindung der ehemaligen Kolonien in die internationale Arbeitsteilung nicht nur einen permanenten Ressourcenabfluß, sondern über die strukturelle Deformation ihrer Ökonomien und Gesellschaften auch die Entwicklung eigener produktiver Kräfte verhindert habe. Also sei ein bloßer Protektionismus, wie im Zuge der Importsubstitutionspolitik der fünfziger und sechziger Jahre bereits praktiziert, nicht ausreichend. Die Abhängigkeit habe sich lediglich auf eine technologisch anspruchsvollere Ebene verlagert. Nur ein weitgehender Rückzug aus dem Weltmarkt eröffne die Chance einer völligen Restrukturierung der eigenen Ökonomien. Gestützt auf die eigenen Kräfte und Ressourcen, so bescheiden sie auch sein mögen, wäre dann ein völliger Neubeginn einzuleiten. An die Stelle der von Amin so genannten peripheren Grundverbindung: Primärgüterexporte versus Luxusgüterimporte habe ein gleichgewichtiges Wachstum von Kapital- und Massenkonsumgüterindustrien zu treten. Dabei sei dem Rückgriff auf traditionelle oder selbstentwickkelte einfache (angepaßte) Technologien der Vorrang gegenüber dem Import moderner Großtechnologien einzuräumen, um die im Sinne einer eigenständigen Entwicklung für notwendig erachteten Lernschritte durch die Mobilisierung der eigenen Kreativität statt durch Nachahmung zu vollzie-

---

27 Friedrich List, *Das nationale System der Politischen Ökonomie*, Jena 1920 (1. Aufl. 1841).

hen. Eine inkomplette Ressourcenausstattung und zu geringe Märkte, gerade der kleinen Ökonomien, sollten durch eine regionale Kooperation zwischen den Ländern des Südens kompensiert werden. Festzuhalten bleibt allerdings, daß es sich hierbei auch um eine lupenreine Wachstumsstrategie handelte, die viele Elemente des balanced growth aufwies. Nur unterschied man sich von den Empfehlungen à la Nurkse hinsichtlich der Instrumente ihrer Durchsetzung.

Wenn auch nicht immer explizit thematisiert, so lautete doch die politische Konsequenz, daß die Implementierung dieser Strategie nur über eine radikale Transformation der gesellschaftlichen Verhältnisse in den jeweiligen Ländern möglich ist, wurden doch Nationalisierung und ggf. Verstaatlichung ausländischer Unternehmen, radikale Bodenreformen, Entfeudalisierung und die Entmachtung der an der internationalen Arbeitsteilung partizipierenden Kompradorenbourgeoisien und Agraroligarchien als Voraussetzungen erachtet. Praktische Relevanz besaß das Konzept demnach eher für sozialistische Entwicklungsländer, sofern sie es verstanden hatten, auch zur Sowjetunion und der von dieser propagierten sozialistischen internationalen Arbeitsteilung auf Distanz zu gehen.

Aus heutiger Sicht muß allerdings konstatiert werden, daß nur einige wenige Länder diesem radikalen Konzept tatsächlich folgten, so neben der VR China etwa Nordkorea, Albanien, Birma und Kampuchea. Die Ergebnisse waren jedoch zwiespältig bis katastrophal, da der politische Preis im Gegensatz zum sozialistischen Anspruch in einer besonders krassen Entmündigung, Indoktrinierung und Vergewaltigung der jeweiligen Bevölkerung bestand, die in die Strukturen des neuen Systems gepreßt wurde (z. B. durch Zwangskollektivierung und Umsiedlungskapagnen). Die wirtschaftlichen Resultate waren eher bescheiden, so daß seit Ende der siebziger Jahre, zunächst in der VR China und zögerlicher auch in den anderen Ländern, eine neuerliche Öffnung eingeleitet wurde und statt des Vertrauens auf die eigene Kraft doch der Modernisierung mittels der Hilfe des Westens der Vorzug gegeben wurde.

Auf die internationale strategische Diskussion hatte die Grundidee immerhin einigen Einfluß. Insbesondere das Konzept von der kollektiven Self-Reliance, also verstärkter Süd-Süd-Zusammenarbeit, war ein wichtiges Thema der siebziger Jahre, das erstmals 1970 auf der Konferenz der Blockfreien in Lusaka auf die Tagesordnung gesetzt wurde.[28] Die kollektive Self-Reliance sollte sich auf die Bereiche Handel, Transportwesen, industrielle Kooperation, Finanzen und Währung, Kontrolle von Direktinvestitionen durch Angleichung einschlägiger Gesetze sowie Wissenschaft und Technologie beziehen. Diverse Versuche, eine solche regionale Kooperation auch zu institutionalisieren, wurden zwar gemacht (ASEAN, Andenpakt, Kooperationsabkommen in der Karibik, in West- und Ostafrika), doch hatten diese Abkommen allesamt keine entwicklungspolitischen Erfolge aufzuweisen, da die Bündelung von nichtkomplementären Rohstoffökonomien die Probleme eher vergrößerten, als einer Lösung nähergebracht hätten. Das gilt selbst für die ASEAN, deren durchaus positive entwicklungspolitische Bilanz auf diverse Umstände, aber nicht auf Kooperation im Sinne der kollektiven Self-Reliance zurückzuführen ist.

5. Alternative 3: Wachstum mit Umverteilung

Von einem ganz anderen, nämlich *internen* Blickwinkel wurden seit Beginn der siebziger Jahre von internationalen

---

28 Volker Matthies, *Kollektive Self-Reliance*, in: Nohlen/Nuscheler 1982, S. 380-394; Kushi M. Khan (Hg.), *Self-Reliance als nationale und kollektive Entwicklungsstrategie*, München 1980; Volker Matthies (Hg.), *Süd-Süd-Beziehungen*, München 1982.

Organisationen wie der Weltbank, der ILO und FAO die überkommenen Strategien einer Revision unterzogen. Diese Organisationen, in denen eher Politiker und Entwicklungsökonomen aus den westlichen Industrieländern das Sagen haben, konstatierten, daß die Erste Entwicklungsdekade zwar für eine beträchtliche Zahl von Ländern ein durchaus bemerkenswertes Wachstum gebracht hatte, daran aber nur ein geringer Teil der Bevölkerung wirklich partizipierte, während es für schätzungsweise 40 Prozent mit weiterer Verarmung verbunden war. Nach heutigen Größenordnungen sind das etwa eine Milliarde Menschen.

Die beiden nachfolgenden Tabellen sollen diesen Sachverhalt illustrieren.

Tabelle 2: Durchschnittliche Wachstumsraten des Volkseinkommens pro Kopf zu konstanten Preisen

Land	1965–1973	1973–1980	1980–1987
Afrika südlich der Sahara			
Äthiopien	1,2	−0,3	−1,6
Benin	0,4	−0,9	−0,6
Burkina Faso	0,9	1,9	1,2
Burundi	3,1	2,3	−0,6
Elfenbeinküste	3,7	2,8	−2,5
Ghana	1,1	−1,6	−2,1
Guinea		2,2	−0,5
Guinea-Bissau[a]		−4,4	3,1
Kamerun	−0,4	4,9	1,2
Kenia	4,0	0,9	−1,5
Kongo	1,8	−1,6	0,3
Madagaskar	0,9	−2,7	−3,4
Malawi		2,3	0,7
Mali	−0,2	4,3	0,6
Mauretanien	0,5	−1,9	0,9
Mauritius	−0,6	1,9	5,7

Land	1965–1973	1973–1980	1980–1987
Mosambik			−7,3
Niger	−4,4	3,5	−3,8
Nigeria	5,3	2,1	−5,8
Sambia	−0,8	−8,8	−5,5
Senegal	−1,7	−0,6	0,1
Simbabwe		−1,8	−2,4
Somalia	0,1	4,7	−1,9
Sudan	−3,1	3,8	−4,2
Tansania	1,5	−1,3	−1,6
Togo[a]	1,7	1,6	−4,8
Tschad	−1,2	−5,4	2,9
Uganda	0,5	−6,2	
Zaire	0,5	−5,9	−3,8
Zentralafrikan. Rep.	1,5	0,3	−0,6
Ost-, Südost- und Südasien			
Bangladesh	−3,0	2,7	1,0
China	5,1	4,1	8,9
Indien	1,8	1,7	3,3
Indonesien	5,4	7,6	1,1
Malaysia	3,0	6,6	−0,2
Myanmar (Birma)	0,0	3,8	0,7
Pakistan	1,9	2,0	2,8
Papua Neuguinea	3,6	−0,4	−1,3
Philippinen	2,7	2,7	−0,7
Sri Lanka	1,8	4,8	3,6
Südkorea	7,5	6,8	8,0
Taiwan	8,9	5,2	7,2
Thailand	4,1	3,6	2,9
Naher und Mittlerer Osten			
Ägypten[b]		7,7	−0,2
Algerien	7,2	6,6	−1,1
Jemen, Rep.		5,0	5,0
Jordanien[c]		9,0	1,6
Marokko	2,3	2,0	1,3

Land	1965–1973	1973–1980	1980–1987
Tunesien	4,9	3,9	−0,4
Türkei	3,9	1,4	3,3
Lateinamerika			
Argentinien	2,6	0,3	−2,2
Bolivien	2,4	0,3	−6,6
Brasilien	7,4	3,6	1,1
Chile	1,7	0,6	−1,8
Costa Rica	3,3	2,6	−2,8
Dominikan. Rep.	4,2	1,5	−2,7
Ecuador	2,1	6,4	−4,1
El Salvador	1,2	1,8	−2,4
Guatemala	2,7	2,4	−4,8
Haiti[a]	−0,2	2,5	−4,2
Honduras	0,3	−4,4	2,3
Jamaica	3,5	−4,2	−0,5
Kolumbien	3,8	3,1	1,3
Mexiko	4,3	3,4	−2,9
Panama	5,0	0,6	1,0
Paraguay	2,9	6,2	−2,6
Uruguay	2,2	3,1	−2,4
Venezuela		2,3	−4,5
Süd- und Osteuropa			
Jugoslawien	5,2	5,3	−0,1
Polen[a]			−0,1
Portugal	8,2	0,0	1,5
Ungarn		5,5	−0,5
Gesamt 72			
mit Wachstum über 1%	42	46	21
mit Wachstum 1 bis −1%	14	11	20
mit Wachstum unter −1%	5	13	30

[a] = 1980–1985; [b] = 1974–81, 1982–87; [c] = 1980–86

Quelle: Worldbank, Trends in Developing Economies 1989; Taiwan Statistical Data Book 1989.

Tabelle 3: Einkommensverteilung in ausgewählten Ländern

Land	Jahr	BSP/Kopf in US-$	Einkommen 5. Quintil/ 1. Quintil[a]	Gini-Koeffizient[b] Einkommen
Afrika südlich der Sahara				
Malawi	1967/68	60	4,87	0,4205
Tansania	1969	90	8,69	0,4935
Kenia	1976	240	23,23	0,6425
Sierra Leone	1967/69	140	9,38	0,5195
Sudan	1967/68	120	12,45	0,5170
Ghana	1987	390	6,86	0,4380
Sambia	1976	540	17,97	0,6245
Elfenbeinküste	1985/86	740	25,58	0,6545
Botsuana	1985/86	840	23,60	0,6335
Mauritius	1980/81	1250	15,13	0,6125
Ost-, Südost- und Südasien				
Bangladesh	1973/74	90	6,12	0,4140
	1976/77	110	7,56	0,4575
	1981/82	160	4,19	0,3405
	1985/86	160	3,72	0,3130
Nepal	1976/77	120	12,87	0,5885
Indien	1964/65	90	7,30	0,4675
	1975/76	160	7,06	0,4805
	1983	260	5,11	0,3805
Pakistan	1984/85	340	5,85	0,4230
Sri Lanka	1969/70	170	5,79	0,4090
	1980/81	300	8,59	0,4900
	1985/86	400	11,68	0,5635
Indonesien	1976	280	7,48	0,5070
	1987	450	4,69	0,3705
Philippinen	1970/71	230	14,57	0,5660
	1985	580	8,73	0,4865
Thailand	1975/76	400	8,14	0,4260
	1980/81	770	9,51	0,4530
	1985/86	810	12,23	0,5000
Südkorea	1976	750	7,95	0,4520

Land	Jahr	BSP/Kopf in US-$	Einkommen 5. Quintil/ 1. Quintil[a]	Gini-Koeffizient[b] Einkommen
Malaysia	1970	390	17,15	0,5994
	1973	550	16,02	0,5890
	1987	1810	11,13	0,5235
Taiwan	1966	240	5,25	0,3833
	1971	440	4,51	0,3505
	1981	2470	4,21	0,3275
	1987	5910	4,69	0,3459
Singapur	1982/83	6910	9,59	0,4965
Hongkong	1980	5210	8,70	0,4700

Naher und Mittlerer Osten

Land	Jahr	BSP/Kopf in US-$	Einkommen 5. Quintil/ 1. Quintil[a]	Gini-Koeffizient[b] Einkommen
Ägypten	1974	270	8,28	0,4725
Marokko	1984/85	560	4,02	0,3380
Türkei	1973	470	16,62	0,5891
Israel	1979/80	4730	6,60	0,4010

Lateinamerika

Land	Jahr	BSP/Kopf in US-$	Einkommen 5. Quintil/ 1. Quintil[a]	Gini-Koeffizient[b] Einkommen
Honduras	1967	240	29,49	0,7154
El Salvador	1976/77	590	8,60	0,4800
Panama	1973	840	30,90	0,6720
Guatemala	1979/81	1120	10,00	0,5455
Jamaika	1988	1070	9,11	0,4935
Kolumbien	1988	1180	13,25	0,5505
Peru	1972	620	32,11	0,6705
	1985	1010	11,80	0,5400
Costa Rica	1971	610	16,61	0,5710
	1986	1420	16,48	0,5740
Chile	1968	790	11,68	0,5320
Argentinien	1970	910	11,43	0,5180
Mexiko	1977	1460	18,76	0,5886
Brasilien	1972	570	33,30	0,7060
	1983	1810	26,08	0,6665
Venezuela	1970	1090	18,00	0,5875
	1987	3230	10,77	0,5205
Trinidad/Tob.	1975/76	2260	11,90	0,5265

Land	Jahr	BSP/Kopf in US-$	Einkommen 5. Quintil/ 1. Quintil[a]	Gini-Koeffizient[b] Einkommen
Süd- und Osteuropa				
Polen	1987	1930	3,63	0,2985
Ungarn	1982	2270	5,19	0,3435
Jugoslawien[c]	1973	870	6,15	0,3955
	1978	2400	5,86	0,3800
	1987	2480	7,02	0,4295
Portugal	1973/74	1380	9,44	0,4955
Spanien	1974	2270	7,03	0,4185
	1980/81	5630	5,80	0,3855

a) = prozentuale Anteile am Haushaltseinkommen nach prozentualen Haushaltsgruppen
b) auf der Basis von Quintilen berechnet. Die Formel zur Berechnung des Gini-Koeffizienten lautet:

$$\text{Gini} = 1 - \frac{4 \times Q_1 + 3 \times Q_2 + 2 \times Q_3 + Q_4}{200}$$

c) 1987 auf der Basis von Pro-Kopf-Einkommen
Quelle: Weltbank, Weltentwicklungsberichte 1979–1991; World Bank, World Tables 1987; Taiwan Statistical Data Book div. Jge.; Jürgen Rüland, Wirtschaftswachstum und politischer Wandel in Thailand. In: Werner Draguhn (Hg.), Asiens Schwellenländer: Dritte Weltwirtschaftsregion? Hamburg 1991, S. 134; eigene Berechnungen.

Die Tabelle 2 weist über den Zeitraum von 1965 bis 1987 für 72 Länder die durchschnittlichen *Wachstumsraten des Volkseinkommens* pro Kopf auf, wobei der gesamte Zeitraum in die Abschnitte 1965 bis 1973, 1973 bis 1980 und 1980 bis 1987 unterteilt ist. Diese drei Perioden sollen hilfsweise für die bisherigen Entwicklungsdekaden gelten. Demnach hatten im Zeitraum von 1965 bis 1973 42 Länder und 1973 bis 1980 sogar 46 Länder ein durchschnittliches Pro-Kopf-Wachstum von mehr als 1 Prozent aufzuweisen. Etliche Länder erreichten sogar wesentlich mehr. Bei 14 bzw. 11 Ländern war eine Stagnation und nur bei 5 bzw. 13 Ländern ein deutlicher Rückgang zu verzeichnen.

Dieser durchaus positive Befund wird allerdings relativiert, wenn man einen Blick auf Tabelle 3 wirft. Hier wird für 46 Länder, bezogen auf unterschiedliche Zeitpunkte und Zeiträume, die *Verteilung des Einkommens* ausgewiesen. Erhoben wurde die nach Quintilen geschichtete Verteilung der Haushaltseinkommen, auf deren Basis sich der Gini-Koeffizient berechnen läßt. Dieses Konzentrationsmaß bewegt sich theoretisch im Spektrum von 0 (= absolute Gleichheit der Verteilung) bis 1 (= absolute Ungleichheit der Verteilung). In der Realität weist der Gini-Koeffizient (Einkommen) Werte zwischen 0,3 und 0,8 auf. Erreicht er einen Wert von weniger als 0,5, kann bereits von einer relativ homogenen Verteilung gesprochen werden. Für die westeuropäischen Länder liegt er zwischen 0,4 und 0,5.

Auch wenn den Daten in Tabelle 3 mit einer beträchtlichen Reserviertheit bezüglich ihrer Validität zu begegnen ist, so wird doch immerhin deutlich, daß in der Mehrheit der Fälle, 24 von 46, der Gini-Wert über 0,5 liegt und damit eine hohe Ungleichheit anzeigt und daß die Länder mit besonders krasser Ungleichheit in der Einkommensverteilung (0,6 bis 0,7) vor allem in Lateinamerika und Schwarzafrika zu finden sind, während Ost-, Südost- und Südasien eine eher homogene Verteilung (0,3 bis 0,5) aufzuweisen haben. Das liegt u. a. daran, daß die Bodenverteilung in den Reiskulturen Asiens relativ egalitär ist. Abgesehen von den Philippinen ist ein ausgeprägter Großgrundbesitz dort kaum vorhanden. Gerade Länder, die in den sechziger und siebziger Jahren eine sehr positive Wachstumsbilanz aufwiesen wie etwa die Elfenbeinküste oder Kenia bzw. Brasilien, Kolumbien oder Mexiko, erreichen besonders hohe Gini-Werte. Die These vom Verelendungswachstum läßt sich also bei aller Vorsicht bestätigen. Demgegenüber stehen Länder wie Südkorea und vor allem Taiwan, die ein ähnliches oder gar noch höheres Wachstum bei einer homogenen oder sehr homogenen Einkommensverteilung zu erzielen vermochten. Hier war das Wachstum also von Anfang an durchaus breitenwirksam, läßt sich die Kuznetssche U-Hypothese kaum bestätigen.

Dieser unterschiedliche Befund führte von seiten der Weltbank zu einem wachstumsstrategischen Paradigmenwechsel. Unter Leitung von Hollis Chenery wurde 1973 zusammen mit dem Institute of Development Studies in Brighton eine Konferenz veranstaltet, die auf theoretischer und empirischer Ebene der Fragestellung gewidmet war, wie Wachstum mit Umverteilung (redistribution with growth) zu verbinden bzw. Wachstum sogar durch Umverteilung zu erreichen sei. Gegenüber der Argumentation der fünfziger Jahre war das eine Kehrtwendung um 180 Grad. Taiwan, Südkorea, Israel, Jugoslawien, Sri Lanka, Costa Rica und Tanzania wurden dabei als positive Belege herangezogen.[29] Um den »urban bias«[30], d. h., die einseitige Konzentration des Wachstums auf den modernen, städtischen, industriellen Sektor zu vermeiden, sei eine Politik zu verfolgen, die sich auf die Produktivitätssteigerung der ländlichen wie städtischen Armen (u. a. den sog. informellen Sektor) konzentriert. Zur Erreichung dieses Ziels seien Bodenreformen, Ausbau des Bildungswesens, Dezentralisierung von Entscheidungsinstanzen, Förderung arbeitsintensiver und kleinbetrieblicher Fertigung u. a. notwendig. Als entscheidender Mechanismus zur entsprechenden Allokation der notwendigen Investitionen und damit der Umverteilung von dem modernen in den traditionellen Sektor wurde der Staatshaushalt angesehen.

Kein geringerer als der damalige Präsident der Weltbank, Robert McNamara, war es, der 1973 in seiner Rede vor den Gouverneuren der Weltbank in Nairobi auf politischer

---

29 Hollis Chenery u.a., *Redistribution with Growth. Policies to Improve Income Distribution in Developing Countries in the Context of Economic Growth*, New York 1974.

30 Michael Lipton, *Why Poor People Stay Poor. A Study of Urban Bias in Development*, London 1977.

Ebene den Kurswechsel einleitete.[31] Gefördert werden sollten in Zukunft vor allem die Kleinbauern. Aufsehen erregte in diesem Zusammenhang auch das Buch des einflußreichen Weltbankdirektors Mahbub ul Haq, *The Poverty Curtain* (in Anlehnung an den Eisernen Vorhang), der in eindrucksvoller Weise die Spaltung der Welt in eine arme und eine reiche beschrieb[32], ferner der erste Bericht der ILO, *Beschäftigung, Wachstum und Grundbedürfnisse*[33], sowie die Arbeiten einer Forschungsgruppe der Weltbank unter Leitung von Paul Streeten, deren Ergebnisse unter dem Titel *First Things First. Meeting Basic Human Needs in Developing Countries* veröffentlicht wurden. Vor allem im letztgenannten Band wurde die neue Strategie ausgearbeitet.[34]

Im Vordergrund standen seitdem bis weit in die achtziger Jahre auf der programmatischen Ebene Konzepte einer beschäftigungs-, armuts- oder grundbedürfnisorientierten Entwicklungsstrategie, wobei sich ein Dissens in der Frage ergab, ob die Steigerung der Produktivität der Armen durch eine Umlenkung der Investitionen in arbeitsintensive Bereiche (= Beschäftigungsorientierung) oder die direkte Bedarfsdeckung im Sinne einer sozialstaatlichen Versorgungspolitik (= Armutsorientierung) im Vordergrund zu stehen habe.[35] Unter Grundbedürfnisstrategie, die die verschiedenen Ziele zu integrieren suchte, wurde im engeren Sinne die Gewährleistung von Ernährung, Gesundheit, Behausung,

---

31 Robert S. McNamara, *Adress to the Board of Governors*, Nairobi, September 1973.
32 Mahbub ul Haq, *The Poverty Curtain. Choices for the Third World*, New York 1976.
33 ILO, *Beschäftigung, Wachstum und Grundbedürfnisse. Ein weltweites Problem. Dreigliedrige Weltkonferenz über Beschäftigung, Einkommensverteilung und sozialen Fortschritt und die internationale Arbeitsteilung*, Genf 1976.
34 Paul Streeten u. a., *First Things First. Meeting Basic Human Needs in Developing Countries*, New York 1981.
35 Vgl. Lisk 1977; Franz Nuscheler, *»Befriedigung der Grundbedürfnisse« als neue entwicklungspolitische Lösungsformel*, in: Nohlen/Nuscheler 1982, S. 332-358.

sauberem Wasser, Hygiene und Erziehung, im weiteren Sinne auch die Garantie der Menschenrechte und politische Partizipation verstanden.

Der brisante Kern des neuen Paradigmas bestand darin, daß die negativen Konsequenzen der bisherigen Wachstumsstrategien im wesentlichen auf politische Faktoren in den Entwicklungsländern selber zurückgeführt wurden. Das Argument lautete, daß deren Machtstrukturen und die Selbstprivilegierungsinteressen der dortigen Eliten verhinderten, daß die Bedürftigen am Wachstum partizipieren.[36] Würde es durch einschlägige Investitionen gelingen, die Ernährungs-, Gesundheits- und Bildungssituation der Armen zu verbessern, ließe sich deren Arbeitsproduktivität steigern und auch auf diesem Wege das Wirtschaftswachstum fördern. Ein Anliegen der beiden Weltbank-Forschungsgruppen von Chenery und Streeten bestand darin, den bereits praktizierten, aber unkoordinierten Maßnahmen der diversen UN-Unterorganisationen (WHO im Bereich des Gesundheitswesens, UNESCO im Bereich der Grundschulbildung, FAO im Bereich der Ernährung, ILO im Bereich der Beschäftigung und UNICEF im Bereich der Kinder- und Familienpolitik) einen theoretischen Rahmen zu geben und ihren Programmen über den Einfluß der Weltbank auch entsprechende Durchschlagskraft zu verleihen.

So gelang es unter dem neuen Schlagwort »integrierte ländliche Entwicklung«, die durch den besonderen Aspekt der Frauenförderung ergänzt wurde, die neue Strategie seit Ende der siebziger Jahre zur Richtschnur nationaler und internationaler Entwicklungshilfeinstitutionen zu machen, was seinen Niederschlag in vielen Einzelprojekten fand. Daß trotz des politischen Drucks der Weltbank und des großen Engagements der beteiligten Institutionen die Er-

---

36 Gunnar Myrdal, *Relief Instead of Development Aid*, in: *Intereconomics*, 16.1981, 2, S. 86-89; Amartya Sen, *Development: Which Way Now?*, in: *The Economic Journal* Nr. 93, 1983, S. 745-762.

gebnisse aus heutiger Sicht eher mager sind, lag nicht zuletzt daran, daß der Widerstand von seiten der Behörden und Eliten in den betroffenen Ländern so stark war. Ihr explizites Argument lautete, daß auf diese Weise nur deren angestrebte Industrialisierung aus dem Eigeninteresse der Industrieländer heraus verhindert werden solle. Der implizite Grund war sicherlich, daß die notwendige Umverteilung von Boden und Finanzmitteln, also auch eine Umwidmung der staatlichen Budgets, zu ihren Lasten gegangen wäre und somit eine, wenn nicht die wichtigste, Quelle zur Selbstprivilegierung der Eliten verlorengegangen wäre.[37]

6. Die achtziger Jahre: Renaissance der Neoklassik und Rückkehr zur reinen Wachstumsförderung

Die sog. Dritte Entwicklungsdekade[38] der achtziger Jahre wird von der Weltbank in ihrem zweiten (nach 1980), der »Armut« gewidmetem Weltentwicklungsbericht des Jahres 1990 als das »verlorene Jahrzehnt« bezeichnet.[39] Verloren einmal, weil die innovativen Ansätze der siebziger Jahre (Neue Weltwirtschaftsordnung, Süd-Süd-Kooperation, Grundbedürfnisorientierung) gescheitert sind oder nur geringe Erfolge aufzuweisen haben, ohne daß ein überzeugender neuer strategischer Entwurf in Sicht wäre. Verloren aber vor allem deshalb, weil sich die reale Situation in einer wachsenden Zahl von Ländern dramatisch verschlechtert

---

37 Hans-Dieter Evers/Tilman Schiel, *Strategische Gruppen. Vergleichende Studien zu Staat, Bürokratie und Klassenbildung in der Dritten Welt*, Berlin 1988.
38 Vgl. dazu im Vorgriff sehr optimistisch Peter V. Saladin, *Die Strategie für das Dritte Entwicklungsjahrzehnt (1981-1990)*, in: *Außenwirtschaft* 36.1981, 3, S. 259-287.
39 Weltbank, *Weltentwicklungsbericht 1980. Teil I: Anpassung und Wirtschaftswachstum in den achtziger Jahren. Teil II: Armut und menschliche Entwicklung*, Washington 1980; Weltbank, *Weltentwicklungsbericht 1990. Die Armut*, Washington 1990.

hat. Letzteres geht aus Tabelle 2 eindrücklich hervor. Im Zeitraum von 1980 bis 1987 hatten von 72 Ländern nur noch 21 ein durchschnittliches Pro-Kopf-Wachstum des Einkommens von mehr als 1 Prozent zu verzeichnen. 20 Länder wiesen eine Stagnation auf und immerhin 30 Länder ein z. T. beträchtliches Negativwachstum, das in einzelnen Fällen sogar 4 bis 7 Prozent jährlich erreichte. Die sich in den letzten Jahren häufenden Meldungen über Hungersnöte, Massensterben und Flüchtlingsströme haben also den gemeinsamen Nenner einer sich rapide verschlechternden Gesamtlage. Kommt es dort zu Katastrophen (ausbleibender Regen, Überschwemmungen etc.), ziehen diese fast schon zwangsläufig verheerende Konsequenzen nach sich. Insbesondere in Afrika südlich der Sahara visiert die Weltbank deshalb nur noch ein bescheidenes definiertes »dauerhaftes Wachstum« an.[40]

Hier liegt einer der Gründe, warum in der Diskussion das Pendel in der zweiten Hälfte des letzten Jahrzehnts wieder in Richtung reiner Wachstumsorientierung und damit nach Manier der frühen Jahre auf Umverteilung zugunsten der Wohlhabenden umgeschlagen ist, steht doch die Förderung des modernen Sektors mittels Großprojekten wieder stärker im Vordergrund.[41] Das betrifft nicht so sehr die Projektebene, auf der wegen der langen Laufzeiten Strategiewandel nur langfristig umsetzbar sind, wohl aber die Programmatik und die Verteilung der Budgetmittel im Rahmen der gesamten Entwicklungszusammenarbeit, also einschließlich der Kredite. Neu ist allerdings, daß jetzt nicht mehr den keyne-

40 Vgl. dazu The World Bank, *Sub-Saharan Africa. From Crisis to Sustainable Growth. A Long-Term Perspective in Developing Countries*, Washington 1989.
41 Zur Wende in der Entwicklungspolitik vgl. Thomas Fues/Barbara Unmüßig, *Die neue Kälte aus dem BMZ*, in: *Blätter des IZ3W*, Mai 1987; Siegfried Pater, *Stichwort: Wende. Konservative Entwicklungspolitik in den Achtzigern*, Dortmund 1990; Georg Simonis/Susanne Ludwig, *Die neue Südpolitik der Bundesrepublik: zwischen Krisenmanagement und Neomerkantilismus*, in: *Peripherie* 7.1986, 25/26, S. 22-42.

sianischen Rezepten einer binnenmarktorientierten Importsubstitution, sondern einem neoklassisch inspirierten Exportwachstum das Wort geredet wird. Theoretischer Hintergrund dieses Strategiewechsels ist die Dynamisierung des Faktorproportionentheorems der zwanziger und dreißiger Jahre von Heckscher und Ohlin[42] durch Bela Balassa, dessen sog. Neofaktorproportionentheorem (Dynamisierung komparativer Kostenvorteile durch technologischen Wandel und Qualifizierung von Arbeitskraft) seit den späten siebziger Jahren Eingang in die Diskussion gefunden hat.[43]

Der Kurswechsel hat verschiedene Gründe. Hierzu gehört einmal die Renaissance der Neoklassik in der Wirtschaftspolitik schlechthin, die auch auf die Entwicklungsökonomie durchgeschlagen ist. Importsubstitutionsprotektionismus und globaler Interventionismus im Sinne des Brandt-Berichts mußten sich vehementer Attacken aus dem liberalen Lager erwehren[44], dessen Vertreter allerdings auch selbstkritisch einräumen, daß die Hoffnungen der frühen Jahre sich nicht erfüllt haben.[45] An Stelle der staatlichen Intervention im nationalen wie im internationalen Rahmen wird

---

42 Eli F. Heckscher, *The Effect of Foreign Trade on the Distribution of Income*, in: Howard S. Ellis/L. A. Metzler (Hg.), *Readings in the Theory of International Trade*, Philadelphia 1949 (engl. 1919); Bertil Ohlin, *Die Beziehungen zwischen internationalem Handel und internationalen Bewegungen von Kapital und Arbeit*, in: Zeitschrift für Nationalökonomie 2.1930, 31, S. 161-199.
43 Bela Balassa, *A »Stages« Approach to Comparative Advantage*, in: Ders., *The Newly Industrializing Countries in the World Economy*, New York 1981, S. 149-167.
44 Z. B. Depak Lal, *The Poverty of Development Economics. Relevance of Economic Theory to Contemporary Development Problems*, London 1983.
45 Albert O. Hirschman, *Aufstieg und Niedergang der Entwicklungsökonomie*, in: Ders., *Entwicklung, Markt und Moral. Abweichende Betrachtungen*, München 1989. S. 40-63 (engl. 1981); Paul Streeten, *Changing Emphases in Development Theory*, in: Udo Ernst Simonis (Hg.), *Entwicklungstheorie – Entwicklungspraxis. Eine kritische Bilanzierung*, Berlin 1986, S. 13-39; vgl. auch John Toye, *Dilemmas of Development. Reflections on the Counter-Revolution in Development Theory and Policy*, Oxford 1987.

jetzt, in der Bundesrepublik insbesondere von seiten der »Kieler Schule«[46], eine Deregulierung empfohlen und, wie im Zeitraum von 1880 bis 1930, auf die Wirksamkeit der indirekten Steuerung durch den Weltmarkt vertraut. Die Länder des Südens haben sich folglich auf solche Sektoren zu konzentrieren, in denen sie international wettbewerbsfähige Produkte anbieten können. Ihre Wachstumschancen sollen sie auf den Exportmärkten suchen. Als empirischer Beleg wird auf das anhaltend hohe Wachstum der weltmarktorientierten ostasiatischen Schwellenländer und die Wachstumseinbrüche der binnenmarktorientierten lateinamerikanischen Schwellenländer verwiesen. Auch wenn dieser Hinweis sicherlich eine korrekte Beobachtung wiedergibt, so muß doch darauf hingewiesen werden, daß die Alternative vorrangiger Export- oder Binnenmarktorientierung zunächst eine Frage der Größenverhältnisse ist. Was in Hongkong, Singapur, Taiwan und selbst noch in Südkorea angebracht ist, kann in Ländern wie China, Indien, Indonesien, Brasilien und Mexiko nicht mehr funktionieren, weil auch die Aufnahmefähigkeit des Weltmarkts ihre Grenze hat. Des weiteren wird unterschlagen, daß die ostasiatischen Schwellenländer alles andere als eine liberale Wirtschaftspolitik betreiben, vielmehr entsprechend ihrer konfuzianischen Staatsauffassung ohne besondere theoretische Begründung einen ausgeprägten Neomerkantilismus praktizieren, wie er von dem ehemaligen Schwellenland Japan so erfolgreich vorexerziert worden ist.

Die Gründe für den Paradigmenwechsel sind aber auch an anderer Stelle zu suchen. Die hohe Verschuldung vieler Entwicklungsländer in den achtziger Jahren und ihre anschließende Zahlungsunfähigkeit veranlaßte den Weltwährungsfonds zu harten Auflagen gegenüber den Schuldnerländern. Die von ihm verlangte Austerity-Politik bedeutete

---

46 Juergen B. Donges, *Außenwirtschafts- und Entwicklungspolitik*, Berlin 1981.

drastische Einsparungen bei den Staatsausgaben, um eine Konsolidierung der Staatsfinanzen herbeizuführen, sowie die Förderung des Exports, um die Leistungsbilanz ins Gleichgewicht zu bringen und so Zahlungsfähigkeit und neue Bonität zurückzugewinnen. Um wettbewerbsfähige Exportgüter anbieten zu können, wurden Lohnkürzungen und Steuersenkungen empfohlen. Senkung der Staatsquote und Reduzierung der Lohnquote bilden immer den Kern neoklassischer Rezepte. Die neokonservative Politik des Weltwährungsfonds konterkariert also paradoxerweise die weiterhin hochgehaltene und vergleichsweise durchaus linke Strategie der Weltbank, Wachstum durch Umverteilung zugunsten der unteren Einkommensschichten zu induzieren.

Und schließlich ist auch ein weltpolitischer Faktor zu nennen. Die neuerliche Eskalation des Ost-West-Konflikts in den achtziger Jahren im Zuge der Reaganschen Rüstungspolitik ließ die Bereitschaft der Industrieländer, dritte Wege oder im weitesten Sinne sozialistisch angehauchte Experimente zu unterstützen, zurückgehen. Entwicklungspolitik wies damit, wie zu Beginn des Kalten Krieges, Aspekte eines Neocontainment auf. Damit war auch von dieser Seite das Ende einer Politik der Umverteilung besiegelt, zumal die Länder des Südens seit Anfang der achtziger Jahre kaum noch Druckmittel besaßen, ihre Interessen, womöglich in konzentrierter Form, wahrzunehmen. Ihre Position ist im Grunde sogar schwächer als in den fünfziger und sechziger Jahren, bleibt vielen doch kaum mehr als die Rolle des internationalen Bittstellers.

7. Die Ratlosigkeit zu Beginn der neunziger Jahre

Zu Beginn der neunziger Jahre, vom Beginn einer vierten Entwicklungsdekade kann derzeit keine Rede mehr sein, ist eine weitverbreitete Ratlosigkeit unter den Entwicklungsexperten zu konstatieren. Mit dem Ende der »Zweiten Welt« macht auch der Begriff »Dritte Welt« keinen Sinn mehr, ist der Sozialismus als entwicklungsstrategische Option nicht nur in Osteuropa, sondern gleichermaßen auch in Afrika, Asien und Lateinamerika gescheitert. Wenn es aber die sozialistische Option nicht mehr gibt, gibt es auch keine dritten Wege jenseits von Kapitalismus und Sozialismus mehr. Mit dem Ende des Ost-West-Konflikts ist auch die Blockfreienbewegung sinnlos geworden und damit, wie in den siebziger Jahren, die Möglichkeit, aus der globalen Auseinandersetzung der Blöcke Kapital (und Waffen) zu schlagen.

Was bleibt, ist die fortschreitende Differenzierung der »Dritten Welt« in wenige Schwellenländer, die in Ostasien bereits den Anschluß an die Welt der OECD gefunden haben; die ölexportierenden Länder, die zusammen mit wenigen Rohstofflieferanten als Ressourcenbasis der Industrieländer dienen, die, wie im Krieg gegen den Irak geschehen, auch militärisch behauptet wird, und eine Existenz als »Rentier-Staaten« führen; sowie den relativ oder gar absolut weiter verarmenden »Rest«, der mehr oder weniger sich selbst überlassen, sozusagen zwangsweise abgekoppelt, wird, da er weder als Rohstofflieferant noch als Absatzmarkt von besonderem Interesse ist. Um nur eine Zahl zu nennen: Das kombinierte Sozialprodukt aller Länder südlich der Sahara war 1989 mit 161,8 Mrd. US-$ fast um ein Drittel geringer als das alleinige Sozialprodukt des Schwellenlands Südkorea mit 211,9 Mrd. US-$.[47]

Als reale Denkmöglichkeit ist deshalb nicht auszuschließen, daß für diesen »Rest« nur noch eine globale Sozialpolitik in Frage kommt, wie von Gunnar Myrdal bereits 1981 in kritischer Absicht gefordert, weil angesichts der katastro-

47 Vgl. Worldbank, *World Development Report 1991*, Washington 1991. S. 209.

phalen Situation in etlichen Ländern die Ansätze für jegliche Entwicklungsstrategie nicht mehr gegeben sind. Daneben ist die Idee von der »politischen Konditionalität«, d. h. der Verknüpfung der Entwicklungszusammenarbeit mit Demokratisierungsauflagen ein neues Thema geworden.[48] Neben dem schon seit langem durch den Weltwährungsfonds praktizierten Eingriff in die wirtschaftliche Souveränität würde damit auch das Tabu gebrochen, sich nicht in die inneren politischen Angelegenheiten einzelner Länder einzumischen. Die aus geostrategischen oder wegen ihrer Rohstoffvorkommen wichtigen Länder werden sich demgegenüber weiterhin der Aufmerksamkeit der Industrieländer erfreuen und ihre Eliten die »Nutznießer« von Direktinvestitionen, Krediten und Waffenlieferungen sein, während die Schwellenländer sich, ähnlich Japan, mit einem verstärkten defensiven Protektionismus der westlichen Industrieländer auseinanderzusetzen haben.

---

48 Peter P. Waller, *Hilfe durch Einmischung. Entwicklungshilfe muß politischer werden*, in: *Die Zeit* v. 17. 11. 1989.

4. Jenseits des Ost-West-Konflikts: Die neue Trilaterale und die Konsequenzen für die Länder des Südens

1. Die Debatte um den Niedergang der amerikanischen Hegemonie

Seit nunmehr fast 20 Jahren findet unter angelsächsischen Politikwissenschaftlern, Historikern und Ökonomen eine Debatte statt, ob es einen Niedergang der USA und damit auch der amerikanischen Hegemonie gibt und welche Konsequenzen daraus für das internationale System erwachsen. Zu den Befürwortern der These vom Hegemonialverlust zählen Weltsystemtheoretiker und Globalhistoriker wie George Modelski, Immanuel Wallerstein und Paul Kennedy[1] oder prominente Vertreter der neorealistischen Schule wie Robert Gilpin, Robert O. Keohane und Stephen D. Krasner.[2] Ihr Argument lautet, daß aufgrund nachlas-

---

[1] George Modelski, *Long Cycles in World Politics*, London 1987; George Modelski/William R. Thompson, *Seapower in Global Politics, 1494–1993*, London 1988; Immanuel Wallerstein, *The Politics of the World Economy. The States, the Movements and the Civilizations*, Cambridge 1984; Paul Kennedy, The Rise and Fall of the Great Powers. *Economic Change and Military Conflict from 1500 to 2000*, New York 1987. Vgl. zur dieser Argumentation zugrunde liegenden Zyklentheorie Ulrich Menzel, *Lange Wellen und Hegemonie. Ein Literaturbericht*, Universität Bremen 1985; Joshua S. Goldstein, *Long Cycles. Prosperity and War in the Modern Age*, Yale 1988; zu den internen Gründen des Niedergangs Mancur Olson, *The Rise and Decline of Nations. Economic Growth, Stagflation, and Social Rigidities*, Yale 1982.

[2] Robert Gilpin, *U.S. Power and the Multinational Corporation. The Political Economy of Direct Investment*, London 1975; ders., *War & Change in World Politics*, Cambridge 1981; ders., *The Political Economy of International Relations*, Princeton 1987; Robert O. Keohane, *After Hegemony. Cooperation and Discord in the World Economy*, Princeton 1984; ders., *International Institutions and State Power. Essays in International Relations Theory*, Boulder 1989; Stephen D. Krasner (Hg.), *International Regimes*, Ithaca 1983; ferner David P. Calleo, *Beyond American Hegemony. The Future of the Western Alliance*, New York 1987; Kenneth A. Oye (Hg.), *Cooperation under Anarchy*, Prince-

sender Leistungsfähigkeit der US-Ökonomie und aufgrund des Aufholens wichtiger Konkurrenten sich die relative weltwirtschaftliche Position der USA gegenüber dem Zeitraum 1940 bis 1960 substantiell verschlechtert hat und daß die daraus resultierende Schwäche es den USA nicht mehr in dem gleichen Maße wie früher ermöglicht, die notwendigen hegemonialen Kosten aufzubringen, die zum reibungslosen Fuktionieren des internationalen Systems notwendig sind. In Anlehnung an die Theorie der »internationalen öffentlichen Güter« von Charles Kindleberger[3] sind damit in erster Linie die Lieferung von militärischer »Sicherheit« und weltwirtschaftlicher »Stabilität« gemeint, an denen alle anderen Länder mehr oder weniger kostenlos partizipieren. Das prominenteste Argument lieferte Paul Kennedy in seiner voluminösen Untersuchung über den »Aufstieg und Niedergang der großen Mächte«. Der Niedergang einer Großmacht beginnt ihm zufolge dann, wenn die hegemonialen, d. h. vor allem militärischen, Kosten größer werden als der Nutzen, der aus der Hegemonialposition erwächst, ein Vorgang, den er mit dem Begriff der »imperialen Überdehnung« bezeichnet. Damit würden die USA das gleiche Schicksal wie in früheren Zeiten die spanischen Habsburger oder England am Ende des 19. Jahrhunderts erleiden.

Die Gegenposition wird, verschieden abgestuft, u. a. von Bruce Russett, Susan Strange und Joseph S. Nye vertreten.[4]

---

ton 1986; Walter Russel Mead, *Mortal Splendor: The American Empire in Transition*, Boston 1987. Aus deutscher Sicht dazu Reinhard Rode, *Die Zeche zahlen wir. Der Niedergang der amerikanischen Wirtschaft*, München 1988; Hans-Dieter Jacobsen, *Internationale Wettbewerbsfähigkeit und nationale Sicherheit der USA*, Ebenhausen 1986. Vgl. ferner die Beiträge der achtziger Jahre in den amerikanischen Zeitschriften *International Organization* und *World Politics*, wo die Debatte in erster Linie geführt wurde.

3 Charles P. Kindleberger, *International Public Goods without International Government*, in: *American Economic Review*, Nr. 1, 1986, S. 1-13.
4 Bruce Russett, *The Mysterious Case of Vanishing Hegemony; or, Is Mark Twain Really Dead?*, in: *International Organization* 39.1985,2, S. 207-231; Susan Strange, *The Persistent Myth of Lost Hegemony*, in: *International Organization* 39.1985,2, S. 233-259; dies., *The Future of the American Empire*,

Ihre Argumentation läuft im Kern darauf hinaus, daß die Nachkriegssituation bezüglich der amerikanischen Dominanz exzeptionell war und daß seit den achtziger Jahren wieder normale Relationen zwischen den wirtschaftlichen Gewichten der führenden Industrieländer eingekehrt seien. Außerdem sei die militärische Stärke (und die Ausstrahlungskraft im Bereich der Massenkultur) der USA weiterhin in der Lage, den Verlust an wirtschaftlicher Stärke zu kompensieren.

Die Debatte konzentrierte sich im weiteren Verlauf auf die Frage, wie denn »Macht« im internationalen System überhaupt definiert werden kann, mittels welcher Indikatoren sie zu messen ist und wie diese Indikatoren zu gewichten und ihre Veränderung zu interpretieren seien. Die z. T. völlig gegensätzliche Betrachtung solcher Indikatoren mag ein Beispiel demonstrieren. Die extrem hohe Außenverschuldung der USA als Folge ihres mittlerweile chronisch zu nennenden Leistungsbilanzdefizits, die die Verschuldung von Ländern wie Brasilien oder Mexiko weit in den Schatten stellt, wird von der einen Seite als zentraler Indikator für Schwäche angesehen, während die andere Seite die bislang reibungslose Finanzierung des Defizits durch Kapitalimporte als Ausdruck von ungebrochener Stärke wertet.

Nicht strittig sollte jedenfalls sein, daß es bei der Analyse der Stärkeverhältnisse im internationalen System zwei Aspekte auseinanderzuhalten gilt. Auf der einen Seite gibt es die strukturelle Ebene, die durch langfristige Trends, also

in: *Journal of International Affairs* 42.1988, Fall; zuletzt mit einer Zusammenfassung der Debatte Joseph S. Nye, *Bound to Lead. The Changing Nature of American Power*, New York 1990, vgl. auch Kal J. Holsti, *Politics in Command: Foreign Trade as a National Security Policy*, in: *International Organization* 40.1986.3, S. 643-671; Arthur Stein, *The Hegemon's Dilemma: Great Britain, the United States, and the International Economic Order*, in: *International Organization* 38.1984,2, S. 355-386; Kurt Hübner, *»Wer die Macht hat, kann sich alles erlauben!« Anmerkungen zu den Konzepten Hegemonie – Dominanz – Macht – Kooperation in der globalen Ökonomie*, in: *Prokla* Nr. 81, 1990.

etwa die Verschiebungen im relativen Wirtschaftspotential der großen Mächte, beeinflußt wird; und zum anderen gibt es die Ebene der Wahrnehmung dieser Trends und damit der Art und Weise, wie die politischen Akteure auf solche Veränderungen reagieren. Solange die Bipolarität entscheidendes Strukturmerkmal des internationalen Systems war, wurde dieses von seiten der politischen Akteure ebenso wie von seiten der akademischen Analytiker in nahezu allen seinen Aspekten aus der Ost-West-Optik betrachtet. Die Ereignisse der Jahre 1989-91 haben in bezug auf die Ebene der Wahrnehmung aber zu einem grundsätzlichen Wandel geführt, so daß auch die oben skizzierte Debatte eine ganz besondere Aktualität gewonnen hat und neue Sichtweisen zur Beurteilung der langfristigen Trends erzwingt.

2. Die Ereignisse der Jahre 1989/90/91

Die Jahre 1989 bis 1991 werden in die Weltgeschichte als Jahre des Umbruchs eingehen. Markieren sie doch das Ende der seit 1945 währenden Nachkriegsordnung, die auf den Konferenzen von Bretton Woods, Jalta, San Francisco und Potsdam verabredet wurde und sich mit dem Ausbruch des Ost-West-Konflikts in den Jahren 1947 und 1948 weiter verfestigte. Rufen wir uns die wichtigsten Ereignisse der letzten Jahre ins Gedächtnis:
– Die durch Gorbatschows neues Denken und die Suspendierung der Breschnjew-Doktrin möglich gewordenen nachholenden Revolutionen in Osteuropa lösten eine von Polen und Ungarn ausgehende Kettenreaktion aus, die mit der Abdankung des Sozialismus im ehemaligen Einflußbereich der Sowjetunion endete. Nach der ersten Euphorie über die wiedergewonnenen politischen Freiheiten offenbarte sich, auch für westliche Experten in diesem Ausmaß überraschend, auf welch tönernen wirtschaftlichen Füßen

die dortigen Systeme gestanden hatten und in welchem Ausmaß sie über Jahrzehnte nur unter Anwendung von offenem und verdecktem Zwang hatten existieren können.
– Damit einher ging die Auflösung des »sozialistischen Weltsystems«, also jenes Teils der Welt, der 40 Jahre lang ideologisch, politisch und militärisch von der Sowjetunion beherrscht worden war und sich immerhin bis zum Ende der sechziger Jahre in Asien und Afrika noch in ständiger Expansion befunden hatte. Die auf die sowjetische Führungsrolle fixierten Kommunistischen Parteien in diesem Teil Europas sind bis auf wenige Reste von der Macht verdrängt und durch bürgerlich-nationalistische Regierungen ersetzt worden. Die militärischen und wirtschaftlichen Organisationen dieses »sozialistischen Weltsystems«, Warschauer Pakt und Rat für gegenseitige Wirtschaftshilfe, haben sich aufgelöst, und die Stationierung von Truppen, einstmals wichtigstes Instrument zur sowjetischen Herrschaftssicherung in Osteuropa, ist in diesen Ländern nicht mehr möglich. Dieser Auflösungsprozeß setzte sich in den Ländern des »afrikanischen Sozialismus« (Angola, Mosambik, Äthiopien etc.) fort. In dem Maße, wie die sowjetische Hilfe für Länder wie Vietnam oder Kuba reduziert wird, steht auch dort der Systemwandel auf der Tagesordnung, sind die ersten Anzeichen eines Aufweichungsprozesses bereits erkennbar. Selbst für Nordkorea sind bereits erste Manifestationen einer Opposition zu vermelden.
– Verständlich wird dies alles nur, weil sich in den letzten Jahren das ganze Ausmaß der gesellschaftlichen und wirtschaftlichen Krise in der Sowjetunion selbst offenbart hat, die durch den gescheiterten Moskauer Operettenputsch noch weiter akzentuiert wurde.
– Die blutige Niederschlagung der Demokratischen Bewegung in China und die gleichzeitige Säuberung der Partei von den Reformkräften dort hat deutlich gemacht, daß die Alternative zur osteuropäischen Entwicklung nur die

nackte Gewalt ist. Diese vermochte zwar die Herrschaft der Gerontokratie bis auf weiteres zu stabilisieren. Der Preis war aber die Aufgabe der Reformpolitik, die neue internationale Isolation und der Verzicht auf die Zusammenarbeit mit all den gesellschaftlichen Kräften in Intelligenz und Wirtschaft, die bei der Modernisierung des Landes eigentlich so dringend benötigt werden. Auch hier ist die Perspektive düster.[5] Selbst die im Frühjahr 1989 schon beinahe perfekte Wiederannäherung an die Sowjetunion ist in weite Ferne gerückt, weil in China derzeit ein Gesellschaftsmodell verteidigt wird, das in den Nachfolgestaaten der Sowjetunion transformiert wird.

– Der sich von Monat zu Monat beschleunigende Zerfall der DDR, die aufgrund ihrer exponierten Lage im Ost-West-Konflikt unter dem größten Druck in Osteuropa gestanden hatte, war so dramatisch, daß es zum hastigen und improvisierten Anschluß an die Bundesrepublik keine realistische Alternative gab. Hierfür spricht vor allem das Argument, daß das damalige sowjetische Einverständnis später nicht mehr so ohne weiteres zu haben gewesen wäre, wie der Moskauer Putschversuch schlagartig erhellte. Vom Slogan »Wir sind das Volk« zum Slogan »Wir sind ein Volk« war es nur ein sehr kurzer Weg. Bemerkenswert bei diesem Anschluß (der Begriff »Wiedervereinigung« ist in diesem Zusammenhang bloßer Euphemismus) war, daß die noch 1989 so unüberwindlich erscheinenden außenpolitischen Probleme (NATO-Zugehörigkeit der Bundesrepublik, Stationierung sowjetischer Truppen auf dem Gebiet der ehemaligen DDR u. a.) sich als nur zweitrangig herausstellten. Das eigentliche Problem liegt mindestens für den Rest des Jahrtausends in der wirtschaftlichen und vor allem sozialen und kulturellen Integration der beiden Landesteile, die sich in den letzten 40 Jahren sehr weit auseinandergelebt haben.

5 Vgl. dazu die Beiträge in Ulrich Menzel (Hg.), *Nachdenken über China*, Frankfurt 1990.

3. Welches sind die unmittelbaren weltpolitischen Konsequenzen?

Die wichtigste Konsequenz aller dieser Ereignisse im Hinblick auf die Weltpolitik ist fraglos das Ende des Ost-West-Konflikts in seiner *klassischen* Form als einer Auseinandersetzung unterschiedlicher gesellschaftlicher Ordnungsmodelle, der seit dem Zweiten Weltkrieg alle anderen internationalen Konflikte zur Zweitrangigkeit verurteilt hatte. Im Grunde gab es kaum einen relevanten Aspekt des Internationalen Systems, der nicht mittelbar durch ihn beeinflußt war. Das gilt insbesondere für seine Nord-Süd-Dimension. Die USA bzw. der Westen sind aus diesem Konflikt als »Sieger« hervorgegangen, weil sich ihr Wirtschafts- und Gesellschaftssystem trotz aller Schattenseiten als leistungsfähiger und weltweit für die Menschen als attraktiver erwiesen hat und weil die Sowjetunion und die mit ihr verbündeten Länder einen zu großen Teil ihrer Ressourcen für die militärische Parität opfern mußten, so daß der zivile Sektor verkümmerte.

Das heißt allerdings nicht, daß die Sowjetunion (bzw. Rußland) mit der »Niederlage« auf eine bloße Regionalmacht herabgestuft worden wäre, auch wenn sie nicht mehr in der Lage ist, die Hegemonialposition der USA in Frage zu stellen. Der Unterschied zwischen einer Hegemonialmacht und einer Großmacht besteht eben darin, daß erstere in allen gesellschaftlichen Dimensionen und nicht nur auf militärischem Gebiet eine Führungsrolle reklamiert. Insofern war die Faszination der amerikanischen Massenkultur mindest ebenso wichtig für die »Niederlage« der Sowjetunion wie die in der Reagan-Ära forcierte Überrüstung, bei der die Sowjetunion nur auf Kosten der wirtschaftlichen Substanz mithalten konnte.[6] Die ideologische, wirtschaftliche und

---

6 Vgl. dazu Ernst-Otto Czempiel, *Machtprobe. Die USA und die Sowjetunion in den Achtziger Jahren*, München 1989.

politische Ausstrahlungskraft des Sowjetmarxismus, eines ihrer früheren Faustpfänder gerade in der »Dritten Welt«, ist ein für allemal verloren. Auch die an der Sowjetunion orientierten Kommunistischen Parteien in Westeuropa spielen politisch keine Rolle mehr. Selbst die Sozialistische Partei Japans hat dem durch ihre Umbenennung in »Sozialdemokratische Partei Japans« Rechnung tragen müssen. Noch grundsätzlicher muß festgestellt werden, daß auch der Begriff »Sozialismus« in allen seinen Spielarten auf absehbare Zeit diskreditiert ist, leider selbst dann, wenn er in explizitem Gegensatz zum »realen Sozialismus« sowjetischen Typs verstanden wurde.

Eine kaum weniger bemerkenswerte Konsequenz lautet, daß der Sozialismus sowjetischen Typs offenbar nicht reformfähig ist. Das gilt gleichermaßen für die Sowjetunion wie für alle die Länder einschließlich der Volksrepublik China, die das sowjetische System freiwillig übernommen haben oder denen es nach 1945 aufgezwungen wurde. Sobald der Reformprozeß in einem Land wirklich konsequent begonnen wurde, stellte sich sehr rasch heraus, daß dieser nicht auf den rein wirtschaftlichen Bereich zu begrenzen war, sondern das gesamte System erfassen mußte, wollte er erfolgreich sein. Das führte zwangsläufig überall zu einer Situation, in der entweder das System insgesamt zur Disposition stand und sich dann auch tatsächlich auflöste oder nur die chinesische Lösung blieb, mit der offenbar auch in der Sowjetunion starke Kräfte sympathisiert hatten. Das garantierte zwar mittelfristig den Machterhalt des bürokratisch-militärischen Apparats, bedeutete gleichzeitig aber auch die Restauration des stalinistischen Systems und die Perpetuierung der allgemeinen Krise. Damit reduzierte sich die Alternative auf Demokratisierung oder Despotie. Konsequenz ist deshalb auch, daß derzeit einzig und allein der sozial gebändigte Kapitalismus in Verbindung mit einer bürgerlichen Gesellschaft eine Perspektive zu bieten hat. Für die Linke in den westlichen Ländern ergibt sich daraus die durchaus bittere Erkenntnis, daß allein die weitere Zivilisierung des Kapitalismus mittels sozialpolitischer Reformen auf der Tagesordnung stehen kann.[7]

Es hat sich in den letzten beiden Jahren darüber hinaus herausgestellt, daß die Zweite Welt viel zu voreilig unter die Industriegesellschaften rubriziert wurde. Der »reale Sozialismus« war offenbar doch nicht in der Lage, dauerhaft die Probleme von Rückständigkeit und Unterentwicklung zu lösen. Gerade in Ost- und Südosteuropa zeigt sich derzeit besonders deutlich, daß das alte wirtschaftliche und soziale Gefälle innerhalb Europas in den letzten 40 Jahren keineswegs aufgehoben wurde, sich im Gegenteil der alte Ost-West-Gegensatz in ein Nord-Süd-Gefälle transformiert hat, das dramatischer ist als im Hinblick auf die bisherige europäische Peripherie im Mittelmeerraum. Im Grunde verläuft die Trennungslinie innerhalb Europas ziemlich präzise entlang der alten Grenzen zwischen West- und Ostrom. Derzeit ist das ganze Instrumentarium der Entwicklungspolitik gefordert, um die dortigen Probleme zu lösen. Für die Nord-Süd-Dimension des internationalen Systems heißt das, daß die sozialistische Option oder auch nur die Option eines dritten Weges keine Alternative mehr bietet. Wenn es keine Blöcke mehr gibt, macht folglich auch die Blockfreienbewegung keinen Sinn mehr.

Und schließlich ist mit der Wiederherstellung des deutschen Nationalstaates auch die deutsche Souveränität wiederhergestellt worden. Damit hat Deutschland über Nacht einen weltpolitischen Rang eingenommen, den es wirtschaftlich schon seit langem besessen hat. Das aus außenpolitischer Sicht Bemerkenswerte am Prozeß der Vereinigung war nämlich die Tatsache, daß die Bundesregierung zum ersten Mal seit dem Zweiten Weltkrieg wirklich souverän

---

7 Vgl. dazu Ulrich Rödel/Günter Frankenberg/Helmut Dubiel, *Die demokratische Frage,* Frankfurt 1989.

gehandelt hat. Sie konnte Tempo und Modalitäten des Prozesses bestimmen, während die Alliierten trotz ihrer formalen Einbeziehung dem nur noch zuzustimmen vermochten, obwohl es nicht nur in der Sowjetunion, sondern gerade auch in Frankreich und England erhebliche Widerstände gab. Die außenpolitischen Probleme reduzierten sich am Ende auf die Umstände des sowjetischen Truppenabzugs aus der ehemaligen DDR und den Umfang der Wirtschaftshilfe, die die Bundesrepublik der Sowjetunion gewährt.

4. Welches sind die Perspektiven für die neue Weltordnung?

Klar ist derzeit nur, daß die 1945 verabredete Weltordnung keinen Bestand mehr hat. Für die vielzitierte »neue Weltordnung« zeichnen sich bislang nur einige Konturen ab, die allerdings angesichts der dramatischen internationalen Ereignisse der Jahre 1991 und 1992 (Persischer Golf, Ostafrika, Balkan, Zentralasien) widersprüchlich bleiben. Immerhin sind vier Szenarien denkbar, die hier vorgestellt und auf ihre Plausibilität hin diskutiert werden sollen.

Das *erste* Szenario drängt sich angesichts des Golfkriegs und der Rolle der USA dabei unmittelbar auf. Es besagt, daß die USA, von sowjetischer Gegenmacht befreit, jetzt allein die Rolle der Hegemonialmacht übernehmen und mit Hilfe ihres militärischen und wirtschaftlichen Potentials weltweit für eine stabile politische und wirtschaftliche Weltordnung sorgen werden. Verletzt jemand diese Ordnung, wie der Irak, muß er mit amerikanischen Sanktionen rechnen. Selbst wenn derzeit dafür einige Evidenz besteht und dieses Szenario in den USA, gerade nach dem »Sieg« über die Sowjetunion und dem »Blitzkrieg« gegen den Irak, neue Anhänger gefunden hat[8], halte ich diese Denkmöglichkeit, wie

8 So z. B. Charles Krauthammer in seinem mit einer schiefen Metapher betitel-

im folgenden noch zu begründen, für wenig plausibel, da sie von einer aktuellen Situationsanalyse und nicht von der Analyse langfristiger Trends ausgeht.

Da offenbar jede Gesellschaft ein Feindbild benötigt, und die Nachfolgestaaten der Sowjetunion für dieses Feindbild nicht mehr so recht taugen wollen, muß aus amerikanischer Sicht ein neues Feindbild her. Denkbar ist, daß den »irrationalen« oder »fanatisierbaren« islamischen Gesellschaften, wahlweise personifiziert durch Gadaffi, Khomeini oder Saddam Hussein, diese Rolle zugewiesen wird. Zumindest bildete das Kreuzzugsmotiv auf der propagandistischen Ebene beider Seiten eine nicht zu unterschätzende Facette im Golfkrieg. Eine andere, substantiellere Möglichkeit ist die, daß der schon seit langem schwelende amerikanisch-japanische Konflikt, der bislang in erster Linie ein Handelskonflikt war, wie in den dreißiger und vierziger Jahren um das Thema »gelbe Gefahr« erweitert wird. Die CIA-Studie *Japan 2000*, an der so renommierte Leute wie Chalmers Johnson, Robert McFarlane und Kent Calder mitgewirkt haben und in der das Schreckgespenst des japanischen Drangs zur wirtschaftlichen Dominanz an die Wand gemalt wird[9], stellt den bisherigen Höhepunkt einer langen Liste von einschlägigen sensationsheischigen amerikanischen Veröffentlichungen zum Thema »japanische Verschwörung«[10] dar.

Ein *zweites* Szenario geht von der Vorstellung aus, daß

ten Aufsatz »The Unipolar Moment«, in: *Foreign Affairs* 70.1990/91,1, S. 23-33.

9 Andrew J. Dougherty, *Japan: 2000*, Rochester 1991. Zu den Reaktionen in der Öffentlichkeit vgl. die Berichte in *International Herald Tribune* vom 8./9., 12. und 15./16. 6. 1991.

10 Z. B. Marvin J. Wolf, *The Japanese Conspiracy. A Stunning Analysis of the International Trade War*, London 1983; Russell Braddon, *The Other 100 Years War. Japan's Bid for Supremacy 1941-2041*, London 1983; Steven Schlossstein, *Trade War. Greed, Power, and Industrial Policy on Opposite Sides of the Pacific*, New York 1984; Jon Woronoff, *World Trade War*, Tokyo 1983, und zuletzt George Freedman/Meredith Lebard, *The Coming War with Japan*, New York 1991.

das Ende des klassischen Ost-West-Konflikts die Chance einer friedlichen und vernünftigen, d. h. auf fairen Abkommen beruhenden Neuordnung der Welt bietet.[11] Dafür spricht, daß es mit der Transformation in Osteuropa und dem Scheitern des Sozialismus in anderen Teilen der Welt auch zu einer Annäherung der ordnungspolitischen Systeme gekommen ist bzw. noch kommen wird. Diese Option verlangt allerdings die kaum vorstellbare Anstrengung in den westlichen Industrieländern, soviel Kapital und Know-how in den ehemals sozialistischen Teil der Welt wie in die Nachfolgestaaten der Sowjetunion zu transferieren, daß die anhaltende Krise gemeistert werden kann und es dort nicht zu weiteren nationalistischen Eruptionen wie etwa in Jugoslawien oder im Kaukasus kommt. Allein die Probleme, die sich bei diesem Vorgang im Hinblick auf die vergleichsweise privilegierte ehemalige DDR auftürmen, machen aber bereits jetzt deutlich, daß der Westen zu einer solchen Anstrengung nicht in der Lage und aus innenpolitischen Rücksichten auch nicht willens ist. Plausibler ist vielmehr eine Abschottung, wenn die Armutswanderung aus Ost- und Südosteuropa noch größere Ausmaße annimmt. Die leidige Asyldebatte weist bereits in diese Richtung.

Ein *drittes* Szenario lautet, daß der zweite bisherige Konflikt globalen Ausmaßes, der Nord-Süd-Konflikt, zum zentralen Thema der internationalen Politik für den Rest des Jahrhunderts und darüber hinaus wird. Die objektiven Grundlagen dafür sind gegeben. Doch hat das Scheitern der Ziele des Nord-Süd-Dialogs der siebziger Jahre (Stichwort: Neue Weltwirtschaftsordnung) gezeigt, daß den Südländern die Verhandlungsmacht fehlt, ihre Forderungen wirklich durchzusetzen. Das lag nicht nur an der mangelnden Bereitschaft der Nordländer, sondern gleichermaßen auch an dem Differenzierungsprozeß innerhalb der Dritten Welt

---

11 Vgl. dazu Dieter Senghaas, *Europa 2000. Ein Friedensplan*, Frankfurt 1990; ders., *Friedensprojekt Europa*, Frankfurt 1992.

in Ölländer, Schwellenländer und den relativ oder sogar absolut verarmenden »Rest«, der die Identifizierung einer gemeinsamen Interessenlage und die Formulierung gemeinsamer politischer Ziele immer unwahrscheinlicher gemacht hat. Der ungeheure Bedarf an Hilfe für Osteuropa hat hier die Verhandlungsposition der Länder des Südens zusätzlich geschwächt. Den Golfkrieg zum Beginn der heißen Phase des Nord-Süd-Konflikts zu stilisieren, ist nicht nur maßlos übertrieben, sondern auch falsch, zumal es sich hierbei gleichzeitig auch um einen Süd-Süd-Konflikt, nämlich um die Aufteilung der Öl-Renten, gehandelt hat.

Mit der Auflösung der »Zweiten Welt« und der Ausdifferenzierung der »Dritten Welt« läßt sich vielmehr eine ganz andere Dreiteilung prognostizieren.[12] Die erste Welt wird die Welt der OECD sein, die um einige Schwellenländer erweitert wird, die zumindest in Ostasien bereits den Anschluß gefunden haben. Daneben gibt es die Ölländer, die zusammen mit einigen wichtigen Rohstofflieferanten als unverzichtbare Ressourcenbasis dienen und sich auch künftig der besonderen »Aufmerksamkeit« in Form von Investitionen, Finanzhilfe und Waffenlieferungen erfreuen werden. Der arme »Rest«, der weder als Absatzmarkt wegen mangelnder Kaufkraft noch als Lieferant von Rohstoffen von besonderem Interesse für die Welt der OECD ist, wird mehr oder weniger sich selbst überlassen, sozusagen zwangsweise abgekoppelt und lediglich als Zone politischer »Turbulenzen« für Schlagzeilen sorgen. Nord-Süd-Politik wird sich dort möglicherweise auf bloße Sozialpolitik reduzieren, wie sie bereis 1981 von Gunnar Myrdal in durchaus kritischer Absicht gegenüber den Fehlentwicklungen der

---

12 So die pointierte Diskussion auf einem Expertenkolloquium in der Evangelischen Akademie Loccum »Weltsystem und Weltpolitik jenseits der Bipolarität« am 21. bis 23. 6. 1991. Die Referate und Diskussionsbeiträge wurden als »Loccumer Protokolle« 19/91 veröffentlicht; vgl. ferner Dieter Senghaas 1992, insbesondere Kap. 5.

bisherigen Entwicklungshilfe gefordert wurde.[13] Bislang geschieht das immer nur dann, wenn die über das Fernsehen vermittelten Katastrophenbilder die Weltöffentlichkeit aufrütteln und in den Industrieländern einen improvisierten Handlungbedarf erzwingen. Denkbar ist auch, daß die Interventionen dort von seiten des Westens zunehmen werden, wobei nicht mehr bloß die wirtschaftliche Souveränität eingeschränkt wird, wie durch die Auflagenpolitik des IWF bereits seit langem praktiziert, sondern daß über die sog. politische Konditionierung bei der Vergabe von Hilfe auch das bisherige Tabu der Nichteinmischung in deren innere politische Angelegenheiten aufgegeben wird.[14] Auch hier hat die Behandlung der Kurdenfrage bereits einen ersten Vorgeschmack geliefert. Wie sich die ehemaligen »Zweite Welt« auf diese neuen drei Welten aufteilen wird, bleibt abzuwarten. Auch hier ist Pessimismus angebracht.

5. Die innerwestlichen Konflikte werden zunehmen

Was bleibt – in diesem Szenario sehe ich langfristig die größte Plausibilität (selbst wenn der Golfkrieg ein Zusammenrücken der westlichen Industrieländer verlangte –, ist eine Wiederbelebung der klassischen Konflikte zwischen den Großmächten, wie sie bis zum Zweiten Weltkrieg das internationale System bestimmt haben. Diese sind in letzter Instanz auf die Ungleichzeitigkeit der Industrialisierungs- und Modernisierungsprozesse in den heute führenden Industrieländern zurückzuführen, die auch immer mit der Ungleichzeitigkeit der nationalen Machtentfaltung einhergingen und immer wieder in katastrophale Weltkriege ein-

---

13 Gunnar Myrdal, *Relief Instead of Development Aid*, in: *Intereconomics* 16.1981,2, S. 86-89.
14 Vgl. zur Begründung Peter P. Waller, *Hilfe durch Einmischung?*, in: *Entwicklung und Zusammenarbeit* 10/1990, S. 12-13.

mündeten. Diese Konflikte haben auch in den letzten 40 Jahren bestanden, sie wurden nur durch den Ost-West-Konflikt immer wieder gezügelt.

Der letzte dieser innerwestlichen Konflikte zwischen der absteigenden Hegemonialmacht England und seinem Herausforderer Deutschland führte zu dem nur auf den ersten Blick überraschenden Resultat, daß die USA als latente und seit dem Zweiten Weltkrieg als eindeutige Hegemonialmacht reüssierten, weil dort ein unvergleichlich größeres Industriepotential entstanden war, das sich, wie die rasche Mobilisierung der vierziger Jahre zeigte, in kürzester Frist in ein entsprechendes Militärpotential umsetzen ließ. Vor diesem Hintergrund war der bereits damals gleichzeitig von Japan angemeldete hegemoniale Anspruch von vornherein zum Scheitern verurteilt, weil die amerikanische Kraft ausreichte, zwei Kriege gleichzeitig zu führen und zu gewinnen und auch noch ihre Alliierten substantiell zu unterstützen.

Der neue Herausforderer hieß Sowjetunion, die zwar niemals die behauptete Überlegenheit ihres Wirtschaftssystems unter Beweis stellen konnte, aber in der Lage war, über eine einseitige Konzentration ihrer Ressourcen die militärische Parität zu erringen. Dem zu begegnen, zwang wiederum die USA seit Ende der siebziger Jahre in einen fatalen Zweifrontenkrieg. Militärisch die alte Suprematie zurückzugewinnen, war das Programm der Reagan-Ära, eine Aufgabe, die aus Sicht der amerikanischen Falken mit Erfolg bewältigt wurde. Der Preis war allerdings hoch, vielleicht zu hoch, wie sich in der kommenden Dekade noch erweisen wird. Mußten die USA doch ähnlich wie die Sowjetunion einen wachsenden Teil ihrer Ressourcen (Finanzmittel, Forschungskapazitäten, Produktionsanlagen) für die exklusive militärische Verwendung reservieren und damit auf sträfliche Weise den zivilen Sektor vernachlässigen, also die zweite Front entblößen, die sich dem japanischen Verdrängungswettbewerb ausgesetzt sah. Jenes Japan, dessen wirtschaftliche Regeneration man aus den übergeordneten politischen Gründen in den fünfziger und sechziger Jahren durch die Öffnung des amerikanischen Marktes und die Einräumung einer drastisch unterbewerteten Währung selber nach Kräften gefördert hatte.

Der Versuch des Jahres 1985 mit dem New Yorker Plaza-Abkommen, durch ein Revirement der Wechselkurse zwischen den führenden Industrieländern diesem Verdrängungswettbewerb Einhalt zu gebieten, muß aus heutiger Sicht als gescheitert angesehen werden. Auch die massive Abwertung des US-Dollar gegenüber dem Yen (und der D-Mark) hat das amerikanische Handelsdefizit nicht merklich abbauen können. Erstens weil die amerikanische Industrie in vielen Bereichen ihre Wettbewerbsfähigkeit endgültig verloren hat bzw. weil diese Branchen gar nicht mehr existieren, und zweitens, weil Japan trotz aller liberalistischen Lippenbekenntnisse unbeirrt an den drei Säulen, auf denen der »Handelsstaat Japan« beruht (administrative Lenkung der Wirtschaft nach innen und außen, Konglomeratstruktur der Großbetriebe mit gegenseitigem Aktienbesitz und informellen Absprachen der Konzernleitungen sowie firmeneigene Forschung, die nicht im akademischen Sinne für alle Welt frei zugänglich ist), festhält.[15] Mit anderen Worten: Die Philosophie der »unsichtbaren Hand« erweist sich dem Neomerkantilismus gegenüber als unterlegen. Diese Erkenntnis sollte auch Anlaß zum Nachdenken geben, ob die These von der Internationalisierung der Welt durch Multis und internationale Organisationen verfrüht war, sich vielmehr eine Regionalisierung der Weltwirtschaft in Blöcke und eine Renaissance des Nationalstaates als wichtigstem Akteur abzeichnet.[16]

15 Vgl. dazu Chalmers Johnson, *Their Behavior, Ou Policy*, in: *The National Interest* Nr. 17, 1989, S. 17-27; allgemeiner ders., *MITI and the Japanese Miracle. The Growth of Industrial Policy, 1925-1975*, Stanford, Cal. 1982.
16 Vgl. dazu die Beiträge in Peter B. Evans/Dietrich Rueschemeyer/Theda Skocpol (Hg.), *Bringing the State Back In*, Cambridge 1985; Ulrich Menzel, *Japan*

Die »japanische Herausforderung« blieb in den achtziger Jahren aber so lange innenpolitisch nur Thema Nr. 2, solange der Krieg der Sterne gegen das »Reich des Bösen« (Reagan) geführt werden mußte. Dieser war am Ende allein dank der finanziellen und technologischen Alimentierung von seiten der wichtigsten Bündnispartner möglich.[17] Das amerikanische Dilemma bestand also darin, hier liegt die eigentliche Pointe, daß sich beide Konflikte bezüglich ihrer Lösungsmöglichkeiten gegenseitig verschärften. Die hohen Rüstungsanstrengungen schwächten die zivile Wirtschaftskraft, die nachlassende Wirtschaftskraft verminderte die Fähigkeit zum eigenständigen Ausbau des riesigen Rüstungsapparats. Das astronomische Höhen erreichende amerikanische Doppeldefizit von Haushalt und Handelsbilanz markiert exakt diese doppelte Schwäche – die nachlassende internationale Wettbewerbsfähigkeit ebenso wie die nationale Leistungsfähigkeit. Gedeckt wurden beide Defizite in erster Linie durch die Überschüsse der wichtigsten Verbündeten und gleichzeitigen Konkurrenten – nämlich Japan und die Bundesrepublik. Die Versuche von Susan Strange (»strukturelle Macht«) oder Joseph Nye (»soft power«)[18], mittels eines neuen Begriffs von Macht dieser veränderten Situation Rechnung zu tragen, lassen sich durchaus als Rückzugsgefechte interpretieren.

---

und der asiatisch-pazifische Wirtschaftsraum, in: Hanns W. Maull (Hg.), *Japan und Europa nach dem Ende des Kalten Krieges*, Bonn 1992.

17 Vgl. dazu René Hermann, *Technologietransfer als Sanktion: Technologische Kooperation zwischen Japan und den USA*, in: Ulrich Menzel (Hg.), *Im Schatten des Siegers: Japan*, Bd. 4. Weltwirtschaft und Weltpolitik, Frankfurt a. M. 1989, S. 217-277.

18 Strange 1985; Joseph S. Nye, *Soft Power*, in: *Foreign Policy* Nr. 80, 1990, S. 153-171. Vgl. auch die Kritik von Winston E. Langley und die Antikritik von Nye in *Foreign Policy* Nr. 82, 1991, S. 178-180.

Exkurs: USA, Japan und die Bundesrepublik im Vergleich

Einige Indikatoren, die dem letzten Weltentwicklungsbericht der Weltbank entnommen sind, sollen die relativen wirtschaftlichen Positionen der prognostizierten Trilaterale wiedergeben.

Tabelle 4: Indikatoren zur wirtschaftlichen Leistungsfähigkeit 1989

	USA	Japan	BRD[a]
Bevölkerung in Mio	248,8	123,1	62,0
BIP in Mrd. US-$	5 156,44	2 818,52	1 189,10
BSP/Kopf in US-$	20 910	23 810	20 440
Anteil Industrie am BIP in %	29	44	37
Wertschöpfung[b] Verarb. Ind. in Mrd. US-$	865,6	831,8	377,2
Bruttoinlandssparen in % BIP	13	34	27
Bruttoinlandsinvestitionen in % BIP	15	33	22
Staatsausgaben[c] in % BSP	23,0	16,5	29,0
davon Militärausg. in %	24,6	n. a.[d]	8,7
Export in Mrd. US-$	346,9	275,0	340,6
Import in Mrd. US-$	491,5	207,4	268,6
Anteil Primärgüter vom Export in %	22	2	10
Anteil Fertigwaren vom Export in %	79	99	95
Anteil Primärgüter vom Import in %	22	55	27
Anteil Fertigwaren vom Import in %	77	45	73
Leistungsbilanzsaldo in Mrd. US-$	−110,06	56,99	55,48
Öffentliche Entwicklungshilfe in Mrd. US-$	7,676	8,949	4,949

[a] ohne ehemalige DDR; [b] 1988; [c] nur Zentralregierung; [d] ca. 1% des BSP

Quelle: Worldbank, World Development Report 1991.

Zunächst einmal wird deutlich, daß das amerikanische Bruttoinlandsprodukt (BIP) im Jahre 1989 immer noch das 1,8fache des japanischen und das 4fache des deutschen beträgt, dieser Indikator also ein eindeutiges amerikanisches Übergewicht anzeigt, zumal, wenn man die unterschiedliche Kaufkraft berücksichtigt. Beim BSP pro Kopf sind die USA allerdings bereits deutlich hinter Japan zurückgefallen (20910 zu 23810 US-$). Diese Relationen verlieren allerdings an Gewicht, wenn man berücksichtigt, daß Anfang der fünfziger Jahre das amerikanische Sozialprodukt noch mehr als das Zwanzigfache des japanischen oder bundesdeutschen betragen hat, daß das Wachstum in den USA also in den letzten 40 Jahren deutlich niedriger war. Setzt sich der Trend unterschiedlicher Wachstumsraten fort, woran wenig Zweifel besteht, dürfte Japan spätestens Ende der neunziger Jahre die USA übertroffen haben.

Diese These unterstreichen andere Indikatoren der Tabelle. Die USA haben mit einem industriellen Beitrag zum BIP von nur mehr 29% eine deutlich geringere Quote als die BRD mit 37% und Japan mit gar 44%. Die Folge ist, daß ihre Wertschöpfung in der Verarbeitenden Industrie kaum noch höher ist als in Japan (865,6 zu 831,8 Mrd. US-$) und nur noch wenig mehr als das Doppelte wie in der BRD ausmacht. Mit anderen Worten: Die USA sind auf dem besten Wege, eine bloße Dienstleistungsgesellschaft zu werden, während sie als industrieller Standort immer weiter zurückfallen. Dieser Umstand muß auf Dauer neben den wirtschaftlichen auch machtpolitische Konsequenzen haben, wenn ganze Branchen verschwinden oder in japanischen Besitz übergehen. Wesentliche Ursache des geringeren Wachstums ist die im Vergleich aller Industrieländer sehr niedrige Sparquote von lediglich 13%. In der BRD beträgt sie mit 27% mehr als das Doppelte und in Japan mit 34% sogar das Zweieinhalbfache. Das nationale Sparaufkommen ist aber die entscheidende Grundlage für die Investitionsquote und damit zukünftiges Wachstum. Der amerikanische Kapitalimport wirkt hier zwar in gewisser Weise kompensierend, doch sind auch bei der Investitionsquote die Relationen eindeutig zuungunsten der USA (15:33:22). Die Staatsausgaben (der Zentralregierung) sind zwar deutlich niedriger als in der BRD, dafür aber deutlich um so höher als in Japan und fließen zu einem Viertel in den Militäretat. Die militärische Belastung beträgt etwa das Sechsfache wie in Japan und das Zweieinhalbfache wie in der BRD. Daß die USA erhebliche Summen in die Rüstungsforschung stecken, hat keine größeren spin-off-Effekte, da das Pentagon als Auftraggeber peinlich auf die exklusive militärische Verwendung der Ergebnisse bedacht ist.

Auch die außenwirtschaftliche Position der USA ist alles andere als rosig. Zwar vermochten sie 1989 im Exportvolumen knapp den Spitzenplatz vor der BRD und deutlich vor Japan zu behaupten. Dem steht allerdings ein enormes Importvolumen gegenüber, das sich in einem negativen Leistungsbilanzsaldo von 110 Mrd. US-$ niederschlägt. Dieses entspricht nahezu exakt dem kombinierten Leistungsbilanzplus von Japan und der BRD. Damit wird auch die Größenordnung deutlich, in der die drei Länder zu Kapitalimporteuren bzw. Kapitalexporteuren geworden sind, da der Saldo der Leistungsbilanz durch einen entsprechenden Saldo der Kapitalbilanz ausgeglichen werden muß. Die unterschiedliche Struktur des Außenhandels macht im Falle Japans dessen neomerkantilistische Politik besonders deutlich. Japans Importwarenkorb besteht zu 55% (!) aus Primärgütern (im Falle der BRD nur 27% und im Falle der USA gar nur 22%), während der Exportwarenkorb sich zu 99% aus Fertigwaren zusammensetzt. Umgekehrt sind die USA relativ und absolut ein bedeutender Primärgüterexporteur. Diese komplementäre Außenhandelsstruktur (Fertigwaren gegen Primärgüter) macht Japan wegen seiner protektionistischen Politik so angreifbar, während die BRD eher eine kompetitive Außenhandelsstruktur (Fertigwaren gegen Fertigwaren) aufweist und deshalb trotz des absolut viel größeren Exportvolumens gegen liberale Kritik immun ist.

Zusammengefaßt läßt sich feststellen, daß die weltwirtschaftliche Position der USA zwar noch stark ist, von Dominanz aber keine Rede mehr sein kann und vieles dafür spricht, daß sie bis zum Ende des Jahrzehnts hinter Japan auf den zweiten Platz zurückgefallen sein werden. Im Bereich des internationalen Finanzwesens (staatliche und private Anleihen, Direktinvestitionen, Entwicklungshilfe) ist das bereits jetzt der Fall.

Daß sich der japanische Konkurrenzdruck in Westeuropa vergleichsweise abgemildert zeigte, lag nicht zuletzt daran, daß der andere Verlierer des Zweiten Weltkriegs eine der japanischen vergleichbare Regenerationskraft demonstrierte, so daß sich eine doppelte Paradoxie ergibt. Japan und Deutschland erweisen sich nicht nur als die eigentlichen Gewinner des Zweiten Weltkriegs, sie waren auch die Nutznießer des amerikanisch-sowjetischen Hegemonialkonflikts, da sie das von beiden preisgegebene wirtschaftliche Terrain besetzen konnten. Die Sowjetunion ist wirtschaftlich und politisch zusammengebrochen, die USA sitzen auf einem riesigen Rüstungsarsenal, das nicht mehr finanzierbar ist, und haben in vielen Branchen ihre Wettbewerbsfähigkeit eingebüßt. Eine Hegemonialmacht, die sich die Exekution ihrer Führungsrolle, wie im Golfkrieg geschehen, von ihren Verbündeten bezahlen lassen muß, ist eben keine wirkliche Hegemonialmacht mehr, sondern in die Rolle des Söldners geschlüpft, ist ein »Militärstaat«, der von den neuen »Handelsstaaten«[19] ausgehalten wird.

Daß Japan seine Ziele aus dem Pazifikkrieg, wenn auch

19 Richard Rosecrance, *Der neue Handelsstaat: Herausforderung für Politik und Wirtschaft,* Frankfurt 1987.

diesmal eleganter auf dem Feld der Wirtschaft, erreicht hat, ist angesichts der erdrückenden Präsenz in Ost- und Südostasien und im pazifischen Raum unbestreitbar, ist doch die Region in eine auf Japan ausgerichtete Arbeitsteilung eingebunden. Selbst der bilaterale Handel mit den USA weist die aus unterentwickelten Ländern bekannte Asymmetrie auf, bei der die USA vor allem die Rohstoffe und Nahrungsmittel liefern und Fertigwaren importieren. Daß Japan zum Hauptgläubiger der USA geworden ist, japanische Banken die größten Finanzvolumina bewegen und Japan von der industriellen auch zu einer finanziellen Supermacht aufgestiegen ist, war die zwangsläufige Folge.[20]

Folge war auch ein Erwachen des japanischen Nationalismus, der anläßlich der Umstände, wie der Tod des Tenno zelebriert wurde, die Weltöffentlichkeit in Erstaunen und Erschrecken versetzte, wenn auch die Kritik in Japan selber an dieser archaisch anmutenden Inszenierung sehr massiv war. In dem Maße, wie die USA (wirtschaftliche) Schwächen zeigen, der Ost-West-Konflikt und die daraus resultierende Bedrohung sich verflüchtigt haben, verliert auch der amerikanische Trumpf, die Sicherheitsgarantie, an Gewicht. Vor dem Hintergrund eigener Stärke und wachsender Wirtschaftskonflikte mit den USA wird in Japan schon seit langem die Option einer regional begrenzten Militärmacht diskutiert.[21] Die finanziellen und technologischen Voraussetzungen sind zweifellos gegeben. Auch die anhal-

---

20 Vgl. dazu Ulrich Menzel, *Von der industriellen zur finanziellen Supermacht*, in: Ders. (Hg.), *Im Schatten des Siegers: Japan. Bd. 3. Ökonomie und Politik*, Frankfurt 1989, S. 97-133, mit entsprechenden Daten.
21 Vgl. Kenneth B. Pyle, *Die Zukunft des japanischen Nationalcharakters. Ein zeitgeschichtlicher Essay*, in: Menzel 1989, Bd. 4, S. 146-196; ders., *Japan, the World, and the Twenty-first Century*, in: Takashi Inoguchi/Daniel I. Okimoto (Hg.), *The Political Economy of Japan, Bd. 2, The Changing International Context*, Stanford 1988, S. 446-486; Susan J. Pharr, *Japan and the World: The Debate in Japan*, in: *Harvard International Review* 10.1988, April/Mai, S. 35-38. Eine extreme Position vertritt Shimizu Ikutaro, *The Nuclear Option: Japan Be a State*, in: *Japan Echo* 7.1980,3.

tende Isolation der VR China, deren Attraktivität für die USA in dem Maße, wie deren Konflikt mit der Sowjetunion sich gelegt hat, zurückgegangen ist, dürfte den außenpolitischen Handlungsspielraum Japans erhöhen. Dem entgegen steht allerdings nach wie vor die strukturelle Führungsschwäche[22] und die innenpolitisch bedingte (Artikel 9 der Verfassung, Selbstverzicht auf die Verfügung über Nuklearwaffen, sehr restriktive Rüstungsexportpolitik) internationale Zurückhaltung des Landes. So vermochte Japan im Unterschied zur Bundesrepublik den Umbruch in Osteuropa und die Auflösung der Sowjetunion nicht im eigenen Interesse zu kapitalisieren, wie sich an der Kurilenfrage zeigte. Die zweite große Schwachstelle, die nicht vorhandene Rohstoffbasis, versucht man dadurch zu kompensieren, daß man die Lagerstätten im Ausland kauft und nicht mehr, wie in den dreißiger und vierziger Jahren erobert. Daß es dabei nicht nur um Fragen der Profitabilität geht, macht der in Japan verwendete Begriff von der »umfassenden Sicherheit« deutlich.[23]

Die aus deutscher Perspektive wichtige Frage lautet, ob sich ähnliches im Hinblick auf die Bundesrepublik, wenn auch in abgemilderter Form, abspielt. Ihre wirtschaftliche Position in Europa ist stark wie nie zuvor. Deren Indikatoren sind die gleichen wie im Falle Japans. Seit vielen Jahren extreme Handelsüberschüsse unterstreichen die Wettbewerbsfähigkeit und setzen sich in einen entsprechenden Kapitalexport um. Ihre in Europa dominierende Rolle auf finanz- und währungspolitischem Sektor ist unbestreitbar. Selbst jeder Tourist kann das hautnah erleben, wenn er seinen Urlaub im Ausland verbringt.

Offen ist allerdings die Frage, ob der »Anschluß« der DDR

22 Vgl. dazu Frank Gibney, *Japan. The Fragile Super Power,* Tokyo 1979.
23 The Comprehensive National Security Study Group, *Report on Comprehensive National Security,* Tokyo July 2, 1980. Der Bericht dieser Kommission, die 1979 vom japanischen Premierminister eingesetzt wurde, ist auch unter dem Namen »Inoki-Report« nach dem Vorsitzenden bekannt geworden.

die wirtschaftliche Leistungsfähigkeit der BRD nicht übersteigt, wenn weiterhin jährlich mehr als 100 Mrd. DM an Transferzahlungen geleistet werden.[24] Die Bundesrepublik wäre dann auf absehbare Zeit so sehr mit sich selbst beschäftigt, daß kein Spielraum für außenwirtschaftliche Expansion mehr gegeben ist. Der vollkommene Abbau des Leistungsbilanzüberschusses im Jahre 1990 war hier ein deutliches Signal. Die deutsche Vereinigung wird die Wirtschaftskraft nur dann nicht verringern, wenn es gelingt, die Transferzahlungen in stärkerem Maße im investiven Bereich zu plazieren. Für die ehemalige DDR wäre dann trotz aller derzeitigen Katastrophen auf mittlere Sicht ein erheblicher Wachstumsschub zu erwarten, der durchaus mit dem der fünfziger und sechziger Jahre der alten Bundesrepublik vergleichbar wäre, wird doch dort wie weiland hier eine grundlegende Modernisierung aller ökonomisch relevanten Bereiche (Telekommunikation, Verkehrswesen, Energieversorgung, Industrieanlagen, Qualifizierung von Arbeitskräften etc.) in Gang gebracht, die sich dann auch in eine entsprechende Wettbewerbsfähigkeit umsetzen würde.

Anders als Japan ist die Bundesrepublik aber nicht in bilaterale, sondern in multilaterale Organisationen eingebunden, die die Westintegration herstellten und aus französischer und britischer Sicht eine Kompensation für wirtschaftliche Unterlegenheit lieferten. Damit gewinnt insbesondere die deutsche NATO-Zugehörigkeit eine dramatische Wende. Könnte es in Zukunft doch eher, und jetzt auch aus amerikanischer Sicht, um die Kontrolle Deutschlands als um die Stärkung des westlichen Lagers gehen.[25] Insofern war die

---

24 Zu diesen Bedenken vgl. Reinhard Rode, *Deutschland: Weltwirtschaftsmacht oder überforderter Euro-Hegemon?* in: Bruno Schoch (Red.) *Deutschlands Einheit und Europas Zukunft*, Frankfurt 1992.
25 Vgl. dazu Ernst-Otto Czempiel/Bernd W. Kubbig/Harald Müller/Jürgen Wilzewski, *Die USA und das neue Europa*, Frankfurt, HSFK-Report 5/1990; Gabriel Kolko, *Über die Zukunft der amerikanischen Außenpolitik*, in: *Blätter für deutsche und internationale Politik* Nr. 6, 1991, S. 664-674.

sowjetische Forderung nach Neutralisierung der Bundesrepublik die schlechteste aller denkbaren Möglichkeiten. Auch der amerikanisch-japanische Sicherheitsvertrag dürfte vor diesem Hintergrund einem analogen Funktionswandel unterliegen, insofern das amerikanische Interesse daran in Zukunft weniger der Stärkung des eigenen Lagers als vielmehr auf die Kontrolle Japans ausgerichtet ist.

Eine mögliche Option bleibt immerhin, daß ähnlich wie Japan in Ost- und Südostasien auch Deutschland seine alte Einflußsphäre in Ost- und Südosteuropa bis in den Nahen Osten wiedergewinnt, wie im Bereich von Handel und Währung längst geschehen. Das scheinen auch die Menschen dort zu empfinden, wenn wie im 19. Jahrhundert die Armut dieser Länder in das geographische Zentrum Europas drängt und das Ersuchen um Kredite und Investitionen zuerst immer an die Bundesrepublik gerichtet ist. Damit in Widerspruch steht nicht unbedingt, daß der Schwerpunkt der außenwirtschaftlichen Aktivitäten weiterhin in Westeuropa liegen wird, kann man doch das eine tun, ohne das andere zu lassen. Und wie in Japan ist auch ein Nationalismus, der sich im Bewußtsein wirtschaftlicher Leistungsfähigkeit ausdrückt, zu neuer Blüte erwacht.

Damit stellt sich die Frage, ob nicht die Denkspiele der letzten Jahre von der Pentarchie (aus USA, SU, Japan, China, EG) oder der neuen Multipolarität Makulatur geworden sind und eine trilaterale Konstellation aus den USA, Japan und Deutschland ins Haus steht, deren Konflikte um Weltmarktanteile und Einflußsphären die absehbare Zukunft bestimmen werden.[26] Das soll natürlich nicht heißen, daß wir irgendwann auf einen neuen Krieg zwischen den Großmächten zusteuern.[27] Aber hier liegt die neue Qualität der Machtverteilung des internationalen Systems, die Füh-

---

26 Vgl. Jeffrey T. Bergner, *The New Super Powers. Germany, Japan, the U. S. and the New World Order*, New York 1991.
27 So die sicherlich überzogene These von Freedman/Lebard 1991.

rungsposition der USA wird nicht mehr so unangefochten bleiben, wie es derzeit den Anschein hat. Der Grund liegt ganz einfach darin, daß sie dazu nicht mehr über die notwendigen Ressourcen verfügen. Denkbar ist vielmehr eine ganz neue Form der internationalen Arbeitsteilung, die so aussieht, daß die USA zwar weiterhin die Rolle der politischen und militärischen Führungsmacht spielen, daß sie diese aber nur mittels massiver finanzieller und auch technologischer Alimentierung von seiten der »neuen Zivilmächte«[28], Japan und der Bundesrepublik, aufrechterhalten können. Das hieße die Ersetzung der »G 7« durch eine in den USA bereits diskutierte »G 3«.[29] Das Ersuchen der USA an beide Länder um entsprechende Hilfe im Golfkrieg hat dazu bereits einen Vorgeschmack geliefert.[30] Vorläufig noch nicht vorstellbar ist allerdings, daß Japan wirklich »no« sagen wird und die Lieferung von Technologie und Kapital verweigert, wie der Sony-Chef Morita jüngst durch seinen Ghostwriter Ishihara in einem aufsehenerregenden Buch angedroht hat.[31]

---

28 Vgl. dazu Hanns W. Maull, *Germany and Japan: The New Civilian Powers*, in: *Foreign Affairs* 69.1990,5, S. 91-106. Damit würden ausgerechnet die ehemals aggressiven verspäteten Modernisierer die neuen »Zivilmächte«. Vgl. dazu Arthur Heinrich, *Mutmaßungen über die Neue Weltordnung*, in: *Blätter für deutsche und internationale Politik* Nr. 6, 1991, S. 547-560.
29 Vgl. Peter Tarnoff, *America's New Special Relationship*, in: *Foreign Affairs* 69.1990,3; Walter Russel Mead, *The Once and Future Reich. Coming to Terms with Germany*, in: *World Policy Journal* 7.1990,4; Angela Stent, *The One Germany*, in: *Foreign Policy* Nr. 81, 1990/91, S. 53-70.
30 Übersehen wird auch allzu oft der militärische Beitrag beider Länder im Golfkrieg. Die Bundesrepublik stellte immerhin die wichtigsten Nachschubbasen, und Japan ist ein wichtiger Lieferant für militärisch relevante Technologie. So sind z. B. auch die weltberühmt gewordenen Patriot-Raketen in entscheidender Weise auf elektronische Komponenten angewiesen, die von Mitsubishi Electric geliefert werden. Vgl. dazu *Japanische Chips in amerikanischen Waffen*, in: *FAZ* vom 30. 1. 1991.
31 Shintaro Ishihara, *The Japan That Can Say No. Why Japan Will Be First Among Equals*, New York 1991.

5. Globale Sozialpolitik statt Entwicklungshilfe

Vorschläge zu einer grundlegenden Neuorientierung der Nord-Süd-Politik

Kurdistan, Bangladesch, Somalia/Äthiopien/Sudan, Liberia, Peru ... Die sich häufenden Schreckensbilder aus dem südlichen Teil unserer Welt haben einen gemeinsamen Nenner. Sie sind Ausdruck einer sich seit den siebziger und besonders in den achtziger Jahren immer weiter dramatisierenden allgemeinen Krise in einer beträchtlichen Zahl von Ländern, und sie machen offensichtlich, daß die Regierungen und Behörden dieser Länder nicht (oder nicht mehr) in der Lage sind, mit den jeweiligen Erscheinungsformen dieser Krise fertigzuwerden. Soweit man den einschlägigen Daten der Weltbank (vgl. den vorletzten Weltentwicklungsbericht *Die Armut*) oder anderer internationaler Organisationen Glauben schenken kann, hat sich die Lebenssituation von schätzungsweise einer Milliarde Menschen, die unter die absolute Armutsgrenze fallen, so dramatisch zugespitzt, daß ein Ausweg aus ihrer Leidenssituation nicht mehr erkennbar ist.

Um nur ein paar Zahlen zu nennen: Das Volkseinkommen pro Kopf verzeichnete im Zeitraum von 1965 bis 1973 für 10 Länder der Dritten Welt im Jahresdurchschnitt eine negative Wachstumsrate. Im Zeitraum von 1973 bis 1980 waren es bereits 17 Länder und im Zeitraum von 1980 bis 1987 sogar 42 Länder. Erschwerend wirkt, daß dieser katastrophale, weil über so lange Zeiträume zu beobachtende Rückgang des Volkseinkommens in vielen Ländern mit einer anhaltend hohen Ungleichheit in der Einkommensverteilung verbunden ist, die sich nicht nur für die meisten lateinamerikanischen, sondern auch für etliche afrikanische

Länder nachweisen läßt. Der einschlägige Gini-Koeffizient, ein Konzentrationsmaß, der sich im Bereich von 0 (= absolute Gleichheit der Verteilung) bis 1 (= absolute Ungleichheit) bewegt, weist dort Werte von 0,6 bis 0,7 auf. Diese Werte bewegen sich zum Vergleich in Westeuropa zwischen 0,4 und 0,5. Das heißt, die tatsächliche Lage für die unteren drei Fünftel der Einkommensbezieher ist wesentlich schlechter, als in den Durchschnittswerten zum Ausdruck kommt. Es läßt sich somit der Nachweis führen, daß in einer zunehmenden Zahl von Ländern für die Masse der Bevölkerung die Lebensbedingungen schlechter sind als zum Zeitpunkt ihrer Entkolonialisierung. Hinzu kommen die sich häufenden Kriege und Bürgerkriege, Putsche und Gegenputsche, krasse Menschenrechtsverletzungen, Genozid und Flüchtlingsströme ohne wirkliche Ziele, Faktoren, die die ohnehin prekäre Situation der in den betroffenen Regionen Lebenden noch weiter dramatisieren.

Auch wenn die Gründe, warum es zu dieser Situation gekommen ist, von Land zu Land unterschiedlich sind und diese Gründe in einer reichhaltigen Literatur dokumentiert und analysiert worden sind, so steht die Weltgemeinschaft trotz aller Einsichten doch hilflos vor der Katastrophe, kann buchstäblich als letzte verzweifelte Rettungstat nur mehr die Säcke mit Hilfsgütern aus der Luft abwerfen, muß gar noch, wie in Kurdistan und Bangladesch geschehen, Soldaten entsenden, die erst einmal die Abwurfzonen für die Säcke einrichten und die verhindern, daß die Verteilung der Hilfe nicht im gegenseitigen Totschlag der Elenden endet. Ähnliche Interventionen können sich jederzeit in einigen schwarzafrikanischen Ländern, so in der permanenten Katastrophenregion Sudan/Äthiopien/Somalia, wiederholen. Mittlerweile ist die wohlhabende Weltöffentlichkeit soweit abgestumpft, daß selbst die aufrüttelndsten Fernsehbilder nicht mehr ausreichen, ein Nachlassen der Spendenbereitschaft aufzuhalten.

Die Krise im südlichen Teil der Welt bedeutet auch den Nachweis, daß 40 Jahre Entwicklungspolitik keinen durchschlagenden Erfolg gezeigt haben, und zwar unabhängig davon, welche Strategie in den einzelnen »Entwicklungsdekaden« verfolgt wurde. In den fünfziger und sechziger Jahren standen verschiedene Varianten einer Wachstumsstrategie im Vordergrund, die einseitig den modernen, industriellen, städtischen Sektor der Südländer präferierten. Diese Strategien führten in etlichen Ländern, vor allem in Lateinamerika, zu durchaus eindrucksvollen Resultaten, nur wurde seit Anfang der siebziger Jahre immer deutlicher, daß an diesem Wachstum nur ein kleiner Teil der Bevölkerung partizipierte, daß die erhofften Durchsickerungs- und Ausbreitungseffekte in den traditionellen Sektor sich nicht einstellten, daß das Wachstum im Gegenteil mit steigender Verelendung einherging, daß die gleichzeitig angestrebte Modernisierung dieser Gesellschaften eher zu einer Karikatur des westlichen Modernisierungsprozesses führte, daß die erhoffte Demokratisierung nicht stattfand und die anfänglich für eine Übergangsphase notwendig erachteten autoritären Regime sich als sehr beharrungsfähig erwiesen.

Diese Einsichten führten in den siebziger Jahren auf der konzeptionellen Ebene zu einem doppelten Paradigmenwechsel. Für den Bereich der Entwicklungszusammenarbeit wurden von seiten des Nordens, insbesondere unter der Federführung der International Labour Organisation (ILO), der FAO und der Weltbank, verschiedene Spielarten einer beschäftigungsorientierten, armutsorientierten oder grundbedürfnisorientierten Strategie empfohlen und damit als Zielgruppe von Entwicklungspolitik der ländliche, traditionelle, informelle Sektor oder generell die absolut Armen in den städtischen Agglomerationszentren wie auf dem Land propagiert. Auf theoretischer Ebene kam dieser Wandel in der Idee zum Ausdruck, Wachstum mit Umverteilung zu verbinden statt, wie zuvor, Wachstum vor Umverteilung anzustreben bzw. wachsende Ungleichheit sogar wegen der vorher notwendigen Kapitalbildung für eine Übergangsphase bewußt in Kauf zu nehmen. Dahinter hatte das Argument gestanden, daß nur der wohlhabende Teil der Bevölkerung das für die Kapitalbildung notwendige Sparaufkommen zu erübrigen vermag.

Auf internationaler Ebene wurde dagegen von seiten der Südländer, vor allem im Rahmen der UNCTAD und der Gruppe der 77, einem Zusammenschluß der blockfreien Länder, die Forderung nach einer Neuen Weltwirtschaftsordnung gestellt. Mittels eines globalen Interventionismus sollten die Erlöse aus den Rohstoffexporten stabilisiert und ein zusätzlicher Ressourcentransfer aus dem Norden in den Süden sichergestellt werden. Letzteres war auch das Anliegen der diversen Nord-Süd-Kommissionen wie z. B. des Brandt-Berichts.

Das erstgenannte Konzept traf auf wenig Gegenliebe bei den Eliten in den Südländern, weil es in der Konsequenz zu strukturellen Reformen dort und zu einer Umverteilung zu ihren Lasten geführt hätte und als Behinderung der eigenen Wachstums- und Industrialisierungsziele angesehen wurde. Das zweitgenannte Konzept traf auf wenig Gegenliebe in den Nordländern, weil es eine Umverteilung zu Lasten des Nordens bedeutet hätte und einseitig den Eliten des Südens zugute gekommen wäre, die in der Kontrolle über die Staatsapparate, in der Besteuerung des Außenwirtschaftssektors und im Zugriff auf die Entwicklungshilfegelder den einfachsten Weg zur Selbstprivilegierung sehen. Der Widerspruch zwischen Grundbedürfnisorientierung und Neuer Weltwirtschaftsordnung konnte bis heute nicht ausgeräumt werden, sicherlich einer der Gründe, warum beide Konzepte in nur so geringem Maße realisiert wurden und so wenig Erfolg gezeigt haben. In den achtziger Jahren schlug das Pendel, nicht zuletzt aufgrund der zum Teil dramatischen Wachstumseinbrüche, wieder in Richtung

Wachstumsförderung aus, wobei aber jetzt nicht mehr den keynesianischen Rezepten eines Staatsinterventionismus, sondern einer neoklassisch inspirierten Deregulierung das Wort geredet wurde.

Auch die ganz große Alternative, die Entwicklungsproblematik im Rahmen eines sozialistischen Ordnungsmodells zu lösen, muß als gescheitert angesehen werden. Seit dem Umbruch des Jahres 1989 hat sich offenbart, daß der Sozialismus weder in der Sowjetunion selber noch in den Ländern, die seit 1945 mehr oder weniger freiwillig das stalinistische Modell aus bürokratischer Kommandowirtschaft, vorrangiger Schwerindustrialisierung und Zwangskollektivierung übernommen haben, in der Lage war, in einem umfassenden Sinne »Entwicklung« zu fördern, vom emanzipatorischen Anspruch des Sozialismus einmal ganz abgesehen. Im Gegenteil, es hat sich erwiesen, daß die ganz krassen Katastrophenfälle in Afrika oder Asien eher dem Lager des Sozialismus angehören oder angehört haben. Wo es demgegenüber in einigen Ländern Ost- und Südostasiens tatsächlich zu bemerkenswerten Fällen von Entwicklung gekommen ist, gemeint sind die Schwellenländer, ist deren Erfolg nur in geringem Maße auf die genannten Strategien zurückzuführen.

So konnte es nicht ausbleiben, daß neben der realen Krise in einem Teil der Dritten Welt auch eine Krise der entwicklungstheoretischen und entwicklungspolitischen Diskussion getreten ist. Die früheren Protagonisten, gleichgültig welcher Richtung sie angehört haben, sind mehr oder weniger ratlos. Diskutiert wird in den letzten zehn Jahren vor allem der Zustand der eigenen Disziplin, ohne daß ein neuer überzeugender theoretischer Entwurf auch nur ansatzweise in Sicht wäre. In die Defensive geraten ist dabei vor allem das linke Spektrum der Diskussion keynesianischer bis marxistischer Provenienz. Wenn überhaupt neue Trends auszumachen sind, dann ist zu konstatieren, daß die in den siebziger Jahren ins Hintertreffen geratenen liberalen und konservativen Positionen wieder an Boden gewinnen. Die Liberalen fordern eine Rücknahme staatlicher Interventionen in den Ökonomien der Südländer selber wie auf der Ebene der Weltwirtschaftsbeziehungen und setzen auch hier auf die vermeintlich heilsame Wirkung des Marktes, wobei fälschlicherweise ausgerechnet die konfuzianischen Länder Ostasiens als Beleg für eine Befolgung marktwirtschaftlicher Dogmen angeführt werden. Die Konservativen setzen demgegenüber ohne besondere theoretische Begründung auf die unverhohlene Propagierung der Verknüpfung von Entwicklungshilfe mit der jeweiligen Interessenlage der Geberländer. Hilfe also wieder (bzw. immer noch) nur dort, wo es politische oder geostrategische Positionen zu behaupten gilt, wo es um wichtige Rohstoffe geht oder um interessante Märkte für hiesige Firmen. Auch das ist einer der Gründe, warum die Förderung von Großprojekten, gerade auch in der deutschen Entwicklungshilfe, wieder in den Vordergrund gerückt ist.

Die Frage lautet also: Was kann vor diesem Hintergrund noch eine *linke* Position sein, die über die gegenwärtig weitverbreitete Larmoyanz hinausweist. Hilfreich könnte sein, die Forderungen, die Gunnar Myrdal in einer 1981 mit großem Aufsehen vorgetragenen radikalen Kritik *Relief Instead of Development Aid* an der bisherigen Entwicklungshilfepraxis erhoben hat, konsequent weiter zu denken. Myrdal führte bereits vor zehn Jahren die schon damals absehbare Katastrophe im wesentlichen auf Ursachen zurück, die in den Ländern des Südens selber zu verorten sind. An erster Stelle nannte er die dortigen korrupten Eliten, die ihre Länder ausbeuten, Landreformen sabotieren und dennoch von den Industrieländern gestützt werden. Entwicklungshilfe setze vielfach nur Mittel für die Rüstung dort frei. Des weiteren zeige die Neue Weltwirtschaftsordnung außer kostspieligen internationalen Konferenzen keine Erfolge, da die neue Ordnung in der Dritten Welt ausgeklammert bleibe. Was not täte, seien strukturelle Reformen in den jeweiligen Ländern, die, da gegen die Interessen der dortigen Eliten verstoßend, nur an ihnen vorbei umgesetzt werden könnten. Myrdals Konsequenz lautet deshalb, nur noch Basishilfe zu leisten und keine Großprojekte mehr zu fördern. Damit diese Basishilfe aber auch tatsächlich die Armen erreicht, muß mit den dortigen Eliten härter umgegangen werden, ggf. durch den größeren Einsatz eigenen Personals der sachgerechte Einsatz der Hilfe unter Umgehung der Eliten von den Geberländern direkt kontrolliert werden.

Myrdal weiterzudenken müßte von folgenden Prämissen ausgehen:
– Internationale Solidarität kann nur noch humanistisch begründet werden und angesichts der immer dramatischer werdenden Lage in etlichen Ländern derzeit nur bedeuten: Solidarität mit den wirklich Bedürftigen in den Krisenregionen der Welt. Adressaten bzw. Partner der Entwicklungszusammenarbeit sind demzufolge nicht mehr Staaten oder deren Repräsentanten, eben die einschlägigen Eliten, sondern die Bedürftigen selber.
– In den westlichen Industrieländern ist es offensichtlich möglich, auch auf Dauer einen beträchtlichen Teil der Bevölkerung, der aus diversen Gründen nur eine Existenz am Rande der Gesellschaft führt, durch sozialpolitische Maßnahmen soweit zu alimentieren, daß er wenigstens ein einigermaßen menschenwürdiges Leben führen kann. Dieser Ansatz muß um die internationale Dimension erweitert werden und verlangt entsprechende Einrichtungen, die es ermöglichen, daß die Wohlhabenden des Nordens die absolut Armen des Südens alimentieren. Diese Alimentierung darf weder durch politische noch durch wirtschaftliche Interessen des Nordens geleitet sein. Sanktionen gegen politisch ungenehme Regime treffen in der Regel nämlich den

Teil der Bevölkerung, der am allerwenigsten für das jeweilige politische System verantwortlich gemacht werden kann.
– In einer beträchtlichen Zahl von Ländern kann es derzeit nicht darauf ankommen, diese oder jene Entwicklungsstrategie zu verfolgen, sondern lediglich darauf, unmittelbare Basishilfe zu leisten. Die Alternative lautet dort nicht, einem Hungrigen einen Fisch zu geben und ihn einmal satt zu machen oder ihn Fischen zu lehren[1], damit er nie mehr hungert, sondern, da es die Fische gar nicht mehr gibt bzw. er gar keine Gelegenheit zum Fischen mehr hat, ihm bis auf weiteres jeden Tag einen Fisch zu geben. Das heißt, daß der mit der zweiten Alternative verbundene emanzipatorische Ansatz vorerst hintanzustellen ist.
– Entwicklungsstrategische Überlegungen können für diesen Teil der Welt erst wieder zum Zuge kommen, wenn die elementaren Voraussetzungen einer halbwegs gesicherten Existenz in wirtschaftlicher wie in politischer Hinsicht gegeben sind.
– Ein Aspekt der vielzitierten neuen Weltordnung wird darin bestehen, daß die Interventionen in den Krisengebieten der Welt von seiten der führenden Industrieländer des Westens zunehmen werden. Die alliierte Intervention in Kurdistan war nur ein erstes Beispiel, das mit der Entsendung amerikanischer Truppen nach Bangladesch seine Fortsetzung gefunden hat. Eine solche Intervention ist dann grundsätzlich zu befürworten und in einem humanistischen Sinne auch legitimierbar, wenn die Anlässe aus gravierenden wirtschaftlichen, sozialen, ökologischen oder auch politischen Krisen (Genozid, massenhafte Vertreibung, endlose Bürgerkriege, krasse Menschenrechtsverletzungen) resultieren. Sie ist auch dann zu befürworten, wenn es dadurch

---

[1] In dieser eigentlich sympathischen Alternative kommt unterschwellig durchaus eine erhebliche Arroganz zum Vorschein, dürfte die Fähigkeit zu fischen doch in den in Frage kommenden Gegenden durchaus vorhanden sein.

zur zeitweisen Einschränkung der Souveränität einzelner Länder kommt. Für die Linke bedeutet das zu akzeptieren, daß dem Internationalismus in seiner oft falsch verstandenen Solidarität mit angeblichen Befreiungsbewegungen oder sich antiimperialistisch gebärdenden despotischen Regimen nicht mehr in jedem Fall die erste Priorität eingeräumt werden kann, amerikanisches Engagement irgendwo auf der Welt nicht immer und per se abzulehnen ist, eben weil die USA für solche Aktionen am ehesten über die notwendigen Ressourcen verfügen.
– Die Mittel, um eine wirkliche und massenhaft wirksame Hilfe leisten zu können, müssen auch tatsächlich vorhanden sein. Gemeint sind in erster Linie Grundnahrungsmittel, aber auch Medikamente, Geräte zur Wasseraufbereitung, Kleidung, einfache Unterkünfte etc. In zweiter Linie sind auch landwirtschaftliche Ausrüstungen, Saatgut, Werkzeug u. ä. gemeint. Hinzu kommen entsprechende Transportkapazitäten. Diese Mittel können in dem notwendigen Umfang derzeit nur von den Industrieländern produziert und bereitgestellt werden. Mittelfristig können sie auch in den betreffenden Ländern erzeugt werden. Das hat die Konsequenz, daß zunächst in den Industrieländern, perspektivisch aber auch in den Südländern, die Grundnahrungsmittelproduktion erheblich zu steigern ist. Diese Prämisse ist mit der Konsequenz verbunden, daß in diesem Bereich eine Wachstumspolitik nicht zu bekämpfen, sondern zu bejahen ist.
– Auch die Bundesrepublik (oder Japan) als eine der führenden Industrienationen muß sich aus der Verantwortung ihrer wirtschaftlichen Leistungsfähigkeit heraus aktiv an einschlägigen Unternehmungen beteiligen, d. h., nicht nur Geld geben und Experten entsenden, sondern sich notfalls auch an friedensstiftenden Interventionen beteiligen, wie von westlicher Seite in Kurdistan geschehen, um ggf. die elementaren Voraussetzungen zu schaffen, daß Hilfsaktio-

nen auch wirksam werden können. Die politische Legitimierung solcher Aktionen hat durch die hiesigen Parlamente zu geschehen und darf nicht einseitig der Exekutive vorbehalten bleiben. Internationale Organisationen, in denen die Eliten der Südländer ein starkes Gewicht haben, sind wegen deren Blockademöglichkeiten als Trägerschaft oder Kontrollorgane ungeeignet.

Aus diesen Prämissen ergeben sich auf der politischen Handlungsebene folgende Konsequenzen:
– Die Agrarpolitik in den Ländern des Nordens darf nicht auf die Drosselung der Überschußproduktion, sondern muß auf die Förderung weiterer Überschüsse im Bereich der Grundnahrungsmittel ausgerichtet sein. Diese Überschüsse sind für einen Zeitraum in die Südländer zu transferieren, dessen Dauer sich nach der jeweiligen Notlage richtet. Darüber hinaus muß eine besondere Lagerhaltung betrieben werden, die bei aktuellen Katastrophen kurzfristig mobilisierbar ist.
– Es muß eine Liste nach noch zu diskutierenden Kriterien besonders bedrohter Krisenregionen erstellt werden. Diese Gebiete, die nicht unbedingt mit den territorialen Grenzen identisch sind, werden bis auf weiteres der *Treuhandschaft* der Länder des Nordens unterstellt, wobei multilaterale Modelle geeigneter sind, da sie neokolonialen Gelüsten eher vorbeugen. Die Treuhänder übernehmen die Finanzierung und Durchführung der Hilfe inklusive des logistischen und personellen Apparats und garantieren durch die Entsendung eigener Expertenstäbe, daß ausschließlich die bedürftigen Adressaten erreicht werden und nicht, wie in der Vergangenheit so oft geschehen, die Hilfslieferungen in dunklen Kanälen verschwinden oder vom örtlichen Militär requiriert werden. Das kann notfalls auch mit einer partiellen und zeitweisen Einschränkung der Souveränität der einheimischen Behörden verbunden sein.
– Darüber hinaus ist eine permanente und personell wie

sachlich ausreichend ausgestattete internationale »Feuerwehr« aufzustellen, die in akuten wirtschaftlichen, sozialen, medizinischen, ökologischen oder politischen Krisensituationen zum Einsatz kommt. Ihre Ziele sind ausschließlich im Sinne der Wahrung der Menschenrechte definiert. Neben den einschlägigen technischen Experten ist im äußersten Fall auch eine militärische Komponente analog den Blauhelmaktionen der Vereinten Nationen denkbar, ggf. sogar unvermeidlich.
– Treuhandschaft wie »Feuerwehr« müssen in den westlichen Industrieländern durch demokratisch legitimierte Organe kontrolliert werden, an denen auch Vertreter der betroffenen Regionen beteiligt sind. Modell könnten dabei die hiesigen Sozialräte sein. Eine Beschickung dieser Organe durch die Parlamente wäre ggf. auch eine Denkmöglichkeit. Ihre Aufgabe besteht vor allem darin, darauf zu achten, daß eine eindeutige Zweckbestimmung nach Art und Durchführung der Hilfe erfolgt, d. h., daß wirklich ausschließlich die Bedürftigen in den Genuß der Hilfe kommen.
– Sobald eine Stabilisierung in einer der Krisenregionen erreicht ist, kann, zunächst unter direkter Kontrolle der Nordländer, mit dem Wiederaufbau einer sozialen und wirtschaftlichen Infrastruktur begonnen werden, die die betroffene Bevölkerung langfristig selber wieder in den Stand versetzt, ihre Probleme zu bewältigen. Dazu gehören auch Maßnahmen einer strikten Kontrolle des Bevölkerungswachstums, insbesondere in den am stärksten unter der Überbevölkerung leidenden Gebieten. Hierbei ist der entsprechenden Aufklärung der gleiche Rang wie der Zurverfügungstellung von Sachmitteln (Verhütung) einzuräumen. Ggf. kann die Hilfe auch an bevölkerungspolitische Auflagen geknüpft werden. Erst dann können auch dort Entwicklungsstrategien, die einen emanzipatorischen Ansatz haben, wieder verfolgt werden. Industrielle Großpro-

jekte jeglicher Art sind grundsätzlich abzulehnen. Nicht zu Krisenregionen erklärte Länder erhalten bis auf weiteres keine Mittel mehr. Die Kooperation mit den dortigen Eliten ist nur unter sehr restriktiven Bedingungen denkbar.

– Zur Finanzierung ist eine entsprechende Umwidmung der vorhandenen Mittel aus der bisherigen bi- und multilateralen Entwicklungszusammenarbeit vorzunehmen. Darüber hinaus sind die Mittel einzusetzen, die bislang (etwa im Rahmen des EG-Haushalts) zur Drosselung, Lagerung, Subventionierung oder Vernichtung der hiesigen Agrarerzeugnisse aufgewendet werden. Weiterhin sind zusätzliche Mittel bereitzustellen, die durch die Deeskalation des Ost-West-Konflikts im Rahmen der bestehenden Rüstungshaushalte disponibel werden. Auch die personellen Ressourcen der EG-Agrarexperten wie der militärischen Apparate können dieser neuen Verwendung zugeführt werden. Letzteres wäre gleichzeitig auch ein Beitrag zur Konversion.

Diese Vorschläge brechen bewußt mit etlichen Tabus der bisherigen entwicklungspolitischen Diskussion. Außergewöhnliche Krisensituationen verlangen außergewöhnliche Maßnahmen. Die Alternative wäre schließlich wirklich nur noch, daß die Weltöffentlichkeit alle paar Monate durch neue Katastrophen aufgeschreckt wird und dann improvisierte Rettungsaktionen in Gang gesetzt werden, wenn es eigentlich wieder einmal zu spät ist. Lediglich Säcke mit Nahrungsmitteln abzuwerfen, ist immer die schlechteste und inhumanste aller denkbaren Möglichkeiten.

6. Antwort an meine Kritiker

Die zahlreichen Reaktionen[1] auf meine Thesen haben mich in meinem Anliegen bestätigt. Die Provokation ist gelungen. Eine Debatte wurde ausgelöst. Offenbar wurde ein Thema berührt, das reif ist für eine grundsätzliche Auseinandersetzung. Daß die *veröffentlichten* Reaktionen kritisch bis ablehnend sind, ist nicht verwunderlich, denn wer greift schon zur Feder, wenn er zustimmt. Immerhin hat fast jeder

1 Hans Bühler, *Wenn wir Reichen das Teilen nicht neu lernen...*, in: *Frankfurter Rundschau* vom 13. 6. 1991; Ingomar Hauchler, *Das ist Kolonialismus im humanitären Gewand*, in: *Frankfurter Rundschau* vom 20. 6. 1991; Gunther Hilliges, *Wir haben uns im Unrecht eingerichtet*, in: *Frankfurter Rundschau* vom 13. 8. 1991; Henning Melber, *Krieg, Zivilität und Internationalismus*, in: *Blätter für deutsche und internationale Politik* Nr. 8, 1991, S. 955; Christian Schmidt, *Über die Barbarei des Hungers*, in: *Arbeiterkampf* vom 26. 8. 1991; Michael Werz, *Treuhandschaft als Vormundschaft*, in: *Perspektiven*, Oktober 1991; Gabriela Simon, *Von Bürgern und Armen*, in: *Die ZEIT* vom 8. 11. 1991; Leopoldo Mármora, *Nicht Treuhandschaft, sondern Demokratisierung*, in: *Frankfurter Rundschau* vom 7. 12. 1991; Heinz Scholler, *Ist Intervention wirklich das, was den Hungernden fehlt?* in: *Frankfurter Rundschau* vom 28. 12. 1991; ders., *den Bock zum Gärtner machen. Polemische Antwort auf Ulrich Menzels Thesen*, in: *Blätter des IZ3W* Nr. 178, 1991/92; Mohammad Sherafati, *Dem Osten helfen, den Süden nicht vergessen*, in: *Frankfurter Rundschau* vom 31. 12. 1991; Dawid C. Borower, *Die letzte Bastion*, in: *Frankfurter Allgemeine Zeitung* vom 15. 1. 1992; Michael Werz, *In Zeiten der Cholera ist solches Denken zynisch*, in: *Frankfurter Rundschau* vom 30. 1. 1992; Thomas Friedlander, *Entwicklung statt Abwicklung durch Treuhänder*, in: *Frankfurter Rundschau* vom 26. 2. 1992. Eine unvollständige Dokumentation liefert *Entwicklungshilfe, Treuhandschaft, Neokolonialismus. Dokumentation der Diskussion um Ulrich Menzels Thesen*. Freiburg: Informationszentrum Dritte Welt. Vgl. ferner in die gleiche Richtung argumentierend Roger Peltzer, *Befreiungsmythen. Plädoyer für die Revision einiger Leitvorstellungen der Dritte-Welt-Bewegung*, in: *Blätter für deutsche und internationale Politik* Nr. 4, 1989; Claus Leggewie, *Solidarität – Warum sie nicht funktioniert und trotzdem klappt*, in: *Kursbuch* Nr. 104, 1991. S. 67-76; Reimer Gronemeyer/Claus Leggewie, *Rituale europäischer Selbstkasteiung*, in: *Blätter für deutsche und internationale Politik* Nr. 1, 1992, S. 78-85; sowie die Kontroverse zwischen Jörg Goldberg/Kurt Hübner, *Leben auf Kosten der Dritten Welt?*, in: *Konkret* Nr. 2, 1991, S. 44-50 und Norbert Trenkle, *Milch von toten Kühen*, in: *Konkret*, Nr. 11, 1991, S. 38-41.

der Kritiker zumindest Konzessionen an meine Gedankengänge gemacht.

Die Hauptvorwürfe bzw. Gegenargumente lassen sich in folgenden Punkten zusammenfassen:

Erstens: Hilfe der vorgeschlagenen Art wirkt lähmend auf die Eigeninitiative der Betroffenen. Der emanzipatorische Ansatz, d. h. Hilfe zur Selbsthilfe, darf unter keinen Umständen verlorengehen.

Zweitens: Der notwendige Ressourcentransfer ist angesichts der Dimension des Elends nicht zu finanzieren.

Drittens: Der Ressourcentransfer ist in den Industrieländern politisch nicht durchsetzbar. Eine humanistische Begründung allein reicht zur Durchsetzung nicht aus. In Anlehnung an den Brandt-Bericht formuliert: Die Einsicht in das gemeinsame Interesse von Norden und Süden bei der Überwindung des Elends muß hinzutreten.

Viertens: Nicht alle Eliten in den Ländern des Südens sind korrupt und despotisch. Notwendig sind eine differenzierte Betrachtung und die Unterstützung der demokratischen Kräfte, die sehr wohl als Partner der Entwicklungszusammenarbeit in Frage kommen. Und wenn sie korrupt und despotisch sind, dann sind sie das Produkt des Nordens im doppelten Sinne: weil sie von ihm gestützt wurden bzw. weil sie westliche Vorbilder nachahmen.

Fünftens: Der von mir gemachte Vorschlag ist, wenn auch humanitär begründet, paternalistisch, eine Neuauflage von Kolonialismus und Imperialismus, bedeutet also einen Eingriff in nationale Souveränität, die unter allen Umständen nicht verletzt werden darf.

Sechstens: Die vorgeschlagenen Interventionen sind in den Industrieländern nicht demokratisch kontrollierbar.

Siebtens: Verantwortlich für die Unterentwicklung sind nicht die gesellschaftlichen Verhältnisse im Süden, sondern, je nach Begrifflichkeit, externe Faktoren: internationale Ausbeutung, der Weltmarkt, die Multis, der IWF bzw. die

Schulden, die Terms of Trade, die Weltbank etc. etc. oder, als Variante, die Übertragung des Kapitalismus in die Länder des Südens.

Achtens: Der Vorschlag bedeutet eine verkappte Legitimierung für militärische Interventionen weltweit, die nur den hegemonialen Interessen der führenden Industrieländer dienen.

Neuntens: Der Kapitalismus ist grundsätzlich nicht mit einer zivilen Gesellschaft vereinbar, also können aus ihm heraus auch keine humanistischen Ziele, jedenfalls nicht für die gesamte Menschheit, verwirklicht werden.

Zehntens: Not tut nicht die Verbesserung dieser oder jener Entwicklungsstrategie, angesagt ist vielmehr (Stichwort Erdpolitik) ein grundsätzliches Umdenken, das die Welt als Einheit versteht und beginnen muß bei einer Wachstumsdrosselung und Konsumreduzierung im Norden. Umweltverträglichkeit im Weltmaßstab muß das oberste Gebot jeder Entwicklungsstrategie sein.

Allesamt starke Argumente, die aufgrund ihrer breiten Fächerung und z. T. grundsätzlichen Natur deutlich machen, daß hier tiefere Schichten des politischen Selbstverständnisses der jeweiligen Autoren berührt wurden. Die Parallele zur Golfkriegsdebatte[2] zwischen »Bellizisten« und »Pazifisten« drängt sich nahezu auf, bei der es nicht zuletzt um die Verteidigung des Antiimperialismus, eine der letzten Bastionen des linken Selbstverständnisses, ging.

Die hier zu führende Debatte ist damit über das eigentliche Ansinnen, einen Vorschlag zur unmittelbaren und wirksameren Bekämpfung des Elends in den Krisengebieten dieser Welt zu machen, also mehr zu tun, als nur Säcke abzuwerfen, weit hinausgegangen. Folglich muß auch grundsätzlich geantwortet und die Debatte damit auf eine neue Ebene gehoben werden.

---

2 Vgl. dazu die weitgehend vollständige Dokumentation *Der Golfkrieg, Israel und die deutsche Friedensbewegung. Dokumentation einer Kontroverse*, in: *Israel & Palästina*, Extranummer, November 1991. 2. erw. Aufl.

Der Zusammenbruch des realen Sozialismus und die Auflösung des sozialistischen Weltsystems, das Ende von Ost-West-Konflikt und Blockkonfrontation haben auch dramatische Konsequenzen für die Nord-Süd-Dimension des internationalen Systems.[3] Wenn es die »Zweite Welt« nicht mehr gibt, dann macht auch der herkömmliche Begriff »Dritte Welt« keinen Sinn mehr. Wenn es die *beiden* Blöcke nicht mehr gibt, hat sich die Blockfreienbewegung überlebt. Damit entfällt der Manövrierspielraum der Länder des Südens, die aus der Blockkonfrontation ja durchaus nicht nur Stellvertreterkriege zu erleiden hatten, sondern auch Kapital und Waffen zu schlagen vermochten. Damit entfällt auch das zentrale Motiv für die bisherige Entwicklungszusammenarbeit, die seit Ende der vierziger Jahre in erster Linie dem Ziel diente, den Einflußbereich der Sowjetunion (bzw. zeitweise auch Chinas) einzudämmen. Wirtschaftliche Motive waren zwar selbstverständlich vorhanden, spielten aber immer nur eine untergeordnete Rolle. Und damit entfällt auch das Motiv, despotische Machthaber, wenn sie sich nur nach der richtigen Seite orientieren, unter allen Umständen an der Macht zu halten.

An die Stelle der alten Dreiteilung der Welt, bei der *die* »Dritte Welt« (vermutlich von Anfang an) nur ein theoretisches Konstrukt war, wird eine ganz neue Dreiteilung treten. Die neue erste Welt ist die Welt der OECD, die um einige Schwellenländer, vor allem in Ost- und Südostasien, erweitert ist. Innerhalb dieser wird die »neue Weltordnung« ausgehandelt und durch die wirtschaftlichen Rivalitäten der führenden Industrieländer bestimmt. Gemeint sind in erster Linie die USA, Japan und die Bundesrepublik. Die neue zweite Welt wird durch die »Ölquellen« und einige wenige

3 Vgl. dazu auch Francis Fukuyama, *The End of History?* in: *The National Interest,* Summer 1989, S. 3-18; Richard E. Bissell, *Who Killed the Third World?* in: *The Washington Quarterly* 13.1990,4, S. 23-32; Barry Buzan, *New Patterns of Global Security in the Twenty-first Century,* in: *International Affairs* 67.1991,3, S. 431-451.

Länder gebildet, deren Rohstoffe von unverzichtbarer strategischer Bedeutung sind. Sie werden sich nach wie vor diverser Aufmerksamkeit erfreuen, und hier wird, wenn es notwendig ist, wie im Golfkrieg geschehen, auch immer wieder interveniert werden. Was bleibt, ist der arme »Rest«, der für die neue erste Welt weder von politischem, strategischem noch wirtschaftlichem Interesse ist. Er wird zwangsweise abgekoppelt werden. Um nur ein Beispiel zu nennen: Das kombinierte monetäre BSP *aller* Länder südlich der Sahara, also einschließlich Südafrikas und Nigerias, ist etwa um ein Drittel geringer als das *alleinige* BSP des Schwellenlandes Südkorea! Viele der künstlich gezogenen Staatsgrenzen, insbesondere in Afrika, aber auch in Zentralasien und im Kaukasus, werden sich auflösen, staatliche Strukturen, wie etwa derzeit in Somalia, werden verfallen. Die ehemals zweite Welt wird sich auf diese neuen drei Welten aufteilen.

Diese düstere Perspektive für die Nord-Süd-Politik, die immerhin aufgrund des öffentlichen Drucks in den Industrieländern auch emanzipatorische Nischen zu bieten vermochte, eröffnet aber auch eine große Chance. Entwicklungszusammenarbeit könnte, befreit von der Last der Blockkonfrontation, zum ersten Mal um ihrer selbst willen betrieben werden. Politisch durchsetzbar hier wird sie dann in dem Maße, wie sie erfolgreich ist, wie sie sich konsequent an den Vorstellungen einer Zivilgesellschaft orientiert. Der Kapitalismus, das muß stets betont werden, war immer ambivalent. Wenn es gelang, demokratisch legitimierte Gegenmacht aufzubauen, hat er nicht nur Ausbeutung und einseitig verteilten gesellschaftlichen Reichtum produziert, sondern auch Umverteilung und soziale Sicherung, hat eine bürgerliche Gesellschaft hervorgebracht, in der als einziger die Menschenrechte auf Dauer durchgesetzt werden konnten.

Damit sind wir bei den Kernpunkten der hier zu führenden Kontroverse:

1. Der Wohlstand des Nordens und die wachsende Kluft zwischen armen und reichen Ländern sind nicht das alleinige oder nur vorrangige Resultat internationaler Ausbeutung und des damit verbundenen Ressourcentransfers, sondern das Resultat einer unterschiedlichen Entwicklung der Arbeitsproduktivität. Nicht die transferierten Profite der East India Company nach England oder gar das geraubte Gold der Inkas, das die Militärmacht der spanischen Habsburger finanzieren half, haben zur Industriellen Revolution geführt, sondern, um nur ein Beispiel zu nennen, die Ersetzung der Handspindel durch die mechanische Spinnmaschine. Mit Hilfe der bis 1800 gebräuchlichen Handspindel ließen sich 4 Gramm Garn pro Arbeitsstunde gewinnen, die von 1800 bis 1830 verwendete Mule-Jenny mit Pferdegöpel brachte es bereits auf 120 Gramm und der Wagenspinner mit Wasserkraftantrieb seit 1840 auf 360 Gramm, also die 90fache Arbeitsproduktivität der Handspindel.[4] Dieses Garn ist nicht in Afrika, Asien oder Lateinamerika, sondern in England, auf dem europäischen Kontinent und in Nordamerika abgesetzt worden, von wo, nach Erfindung der produktivitätssteigernden Baumwollentkörnungsmaschine, auch die Rohbaumwolle bezogen wurde. Zu fragen ist also: Welche gesellschaftlichen Strukturen haben dazu geführt, daß in einem Teil der Welt die Industrialisierung Englands nachvollzogen wurde und in den heutigen Schwellenländern immer noch nachvollzogen wird, in allen anderen aber nicht? Die Antwort hat sehr viel mit Bildung, technischer Qualifikation, sozialer Durchlässigkeit, Rechtssicherheit, innovationsfördernder Konkurrenz, Lösung der Agrarfrage, administrativer Kompetenz, Entfaltung von Eigeninitiative, intelligenter handelspolitischer Absicherung zu tun. Mit anderen Worten, der Aufbau von geeigneten *internen* gesellschaftlichen Strukturen war und ist die entschei-

4 Ulrich Menzel, *Auswege aus der Abhängigkeit. Die entwicklungspolitische Aktualität Europas*, Frankfurt 1988, S. 39 ff.

dende Dimension zur erfolgreichen Bearbeitung der Entwicklungsproblematik.

2. Der reale Sozialismus, ob sowjetischer oder chinesischer Provenienz, hat unter Beweis gestellt, daß er dazu nicht in der Lage ist. Schlimmer noch, er hat in vielen Teilen der Welt nachholende Unterentwicklung erst hervorgebracht, weil er mangels bürgerlicher Traditionen eben keine Gegenmacht zuließ, keine innovative Konkurrenz, keine Rechtssicherheit, keine Verteilungsgerechtigkeit, keine Solidarität, keine Garantie der Menschenrechte, sondern nur eine zerstörte Umwelt, die Despotie von Bürokratie und Sicherheitsorganen, zerfallene soziale Strukturen, die strukturelle Gewalt des neuen Systems (Zwangskollektivierung, Umsiedlungskampagnen etc.), demotivierte Menschen und viel menschliches Leid. Die größten Probleme in den Ländern des Südens bestehen da, wo es am wenigsten Kapitalismus im o. g. Sinne gibt. Damit ist auch die Idee des Sozialismus desavouiert worden, und darüber hat die hiesige Linke nachzudenken. Der bloß trotzige Rückzug auf ein »dennoch« ist keine hinreichende Aufarbeitung.

3. Die despotischen Systeme in weiten Teilen der früheren »Dritten Welt« sind nicht in erster Linie das Resultat westlicher Manipulationen, sondern gründen sich auf Traditionen, die schon bestanden haben, bevor die ersten Spanier, Portugiesen, Niederländer, Engländer und Franzosen das Land betreten haben. Dieser Umstand ist ein zentrales Thema seit der französischen Aufklärung und ist immer wieder von Autoren wie Montesquieu, Hegel, Marx (Stichwort: Asiatische Produktionsweise), Weber und Wittfogel thematisiert worden.

4. Ein neues Problem entstand allerdings dadurch, daß mit der Unabhängigkeit der ehemaligen Kolonien in etlichen Fällen der westliche Staat in seinen Symbolen kopiert wurde. Also Flagge, Hymne, BMW-Motorradeskorte vor dem schußsicheren Präsidenten-Benz, weltweites Netz von

Botschaften und Repräsentation in allen möglichen internationalen Organisationen mit einem finanziellen und personellen Aufwand, der die knappen Ressourcen der armen Länder verschlingt. Entstanden ist dieser postkoloniale Staat und seine Bürokratie in vielen Fällen also nicht aus der Ausdifferenzierung von Gesellschaft, die entsprechende administrative Kompetenzen und Zuständigkeiten verlangt, sondern aus dem Umstand, daß der Zugriff auf den Staat und die personelle Besetzung staatlicher Ämter für die neue Elite Macht, Einkommen und Privilegien bedeuten, aber keinerlei fachliche Kompetenzen abverlangen. Die häufigen Putsche und Gegenputsche in vielen Ländern sind deshalb Kämpfe rivalisierender Teile der Eliten um die Kontrolle über den Staatsapparat und die Verteilung der staatlichen Revenue zur Bedienung ihrer jeweiligen Klientel.

5. Hiermit sind wir bei der heiklen Frage der Legitimität dieser Staaten und ihrer Repräsentanten. Ihre Legitimität ist nach innen weder demokratisch noch funktional gegeben und nach außen in vielen Fällen das pure Geschenk der Kolonialherren. In der hier geführten Debatte wird aber so getan (hier liegt offensichtlich ein Tabu, das den zwölf Tabus aus Kap. 1 hinzugefügt werden muß), als besäße der despotisch-parasitäre Staat die gleiche Legitimität wie der demokratische Rechtsstaat, der vielfältige Aufgaben für seine Bürger wahrnimmt. Damit wird eine Intervention, selbst in den schlimmsten Fällen von Unrechtsregimen (Pol Pot, Li Peng, Mobuto, Duvalier etc.), per se ausgeschlossen. Zu fragen ist aber, ob in krassen Fällen von Menschenverachtung Interventionen von außen nicht nur grundsätzlich erlaubt, sondern sogar notwendig sind, ob die Wahrung der Menschenrechte nicht ein höheres Rechtsgut als die Wahrung nationaler Souveränität ist – eine zentrale ethische Frage. Hier lag auch das Versäumnis der Westmächte gegenüber Nazideutschland. Es wird akzeptiert, daß der IWF in wirtschaftlichen Fragen Souveränität einschränkt, daß

Peace-Keeping- oder gar Peace-Making-Forces der Vereinten Nationen bei Kriegen und Bürgerkriegen Souveränität einschränken, demnächst vielleicht auch Grünhelme bei Ökokatastrophen. Warum soll dies dann nicht auch möglich sein in Fällen, wo ein parasitärer Staat jegliche Ansätze von Entwicklungszusammenarbeit immer wieder zunichte macht bzw. seine Ineffizienz und Inkompetenz immer wieder unter Beweis stellt? Die Idee von der politischen Konditionierung[5] bei der Vergabe von Entwicklungshilfe weist immerhin in die richtige Richtung, wenn sie sich auch mißbrauchen läßt bzw. in Fällen wie China aus übergeordneten Gründen plötzlich keine Relevanz mehr hat.

6. Legitimiert zu solchen Interventionen, nochmals, es geht ausschließlich um den Kampf gegen Elend und Unterdrückung, sind in erster Linie diejenigen, die selber demokratisch und sozialstaatlich legitimiert sind. Manche Kritiker machen es sich zu leicht, wenn sie mit dem Verweis auf die Schattenseiten der parlamentarischen Demokratie deren zivilisatorische Leistung abtun. Wenn wir unsere bürgerliche Gesellschaft wirklich ernst nehmen, ihre Idee von Freiheit, Gleichheit und Brüderlichkeit beim Wort nehmen, dann muß es auch möglich sein, durch kritische Öffentlichkeit von der Solidaritätbewegung über die Medien bis zur akademischen Kritik so viel Druck auszuüben, daß in Zukunft Entwicklungszusammenarbeit um ihrer selbst willen betrieben und einzig und allein an humanistischen Kriterien gemessen wird. So einflußlos ist diese kritische Öffentlichkeit bislang gar nicht gewesen, wie etwa der langfristige Erfolg der 68er im Hinblick auf die politische Kultur in unserem Land unter Beweis gestellt hat. Und jetzt, nach dem Ende der Blockkonfrontation, kann auch für die Nord-Süd-Politik eine Friedensdividende eingefordert werden. Bislang militärisch genutzte Expertise, auch das ein

[5] Peter Waller, *Hilfe durch Einmischung. Entwicklungshilfe muß politischer werden*, in: *Die ZEIT* vom 17. 11. 1989.

Beitrag zur Konversion, könnte hier sinnvoll genutzt werden.

7. Umdenken ist sicherlich angesagt. Das gilt gerade auch in der Entwicklungstheorie, setzte die Modernisierungstheorie keynesianischer wie neoklassischer Provenienz doch gleichermaßen wie die marxistische Entwicklungstheorie unverhohlen auf Wachstum. Aber ganz ohne Wachstum, schon allein aufgrund der Bevölkerungsexplosion, wird es nicht gehen. Alles andere wäre Romantik. Im Zeitalter der elektronischen Massenkommunikation ist die Konsumbotschaft des Kapitalismus bis ins letzte Dorf gelangt. Hier ist eine Rückkehr nicht mehr möglich. Mit der Öffnung der Büchse der Pandora wurde das Paradies verloren. Die Entzauberung der Welt (Max Weber) schreitet voran und ist auch durch Fundamentalismus jeglicher Couleur nicht auf Dauer zurückzuhalten. Worauf es ankommt, ist, wie behutsam dieser Prozeß stattfindet. Und hier kann der Westen Hilfe leisten. Das größte Defizit in etlichen postkolonialen Staaten besteht nicht im Kapitalmangel, sondern in der administrativen Inkompetenz an der Basis. Der Staat muß von unten entsprechend den jeweiligen Bedürfnissen aufgebaut werden (Bildungseinrichtungen, landwirtschaftliches Beratungswesen, lokale Verwaltung) und darf nicht bloß von oben als parasitäre Krake, die die Hauptstadt im Griff hat, gesetzt sein. An der Basis muß der erste Schritt erfolgen, und hier finden sich auch die Partner für die Entwicklungszusammenarbeit, nachdem die vorgeschlagene globale Sozial*hilfe* die erste Stabilisierung in den Krisenregionen herbeigeführt hat. Dann geht es um globale Sozial*politik,* die auch wieder eine emanzipatorische Perspektive zu bieten hat. Aber auch hier gilt: die sog. »Dritte Welt« ist keine Einheit, sondern setzt sich aus einer Vielzahl von Gesellschaften mit sehr unterschiedlichen kulturellen, religiösen und staatlichen Traditionen zusammen. Was längst überfällig ist, ist eine Bestandsaufnahme in diese

Richtung, ein politischer Atlas oder eine Art Typologie von Gesellschaften, die als Entscheidungsgrundlage für Entwicklungszusammenarbeit weiterhilft als alle Klassifikationen, die sich nur nach Kriterien wie Pro-Kopf-Einkommen und Schuldendienstquote richten.

Drucknachweise

Die Kapitel dieses Bandes wurden in den Jahren 1990, 1991 und 1992 verfaßt und gehen zurück auf eine viersemestrige Vorlesung zur »Geschichte der entwicklungspolitischen Lehrmeinungen«, die seit dem Wintersemester 1988/89 an der J. W. Goethe-Universität Frankfurt gehalten wurde. Sie erschienen in ihren ursprünglichen Fassungen an folgenden Stellen:

Kap. 1 in *Politische Vierteljahresschrift* 32.1991,1.

Kap. 2 als Einführung zu *Geschichte der Entwicklungstheorie. Einführung und systematische Bibliographie*, Hamburg 1991.

Kap. 3 in Dieter Nohlen/Franz Nuscheler (Hg.), *Handbuch der Dritten Welt*, Bd. 1, 3. Aufl., Bonn 1992.

Kap. 4 in jeweils weiter ausgearbeiteten Fassungen in *TAZ* vom 19. 6. 1990, *Frankfurter Rundschau* vom 8. 4. 1991 und *Prokla* 21.1991,3.

Kap. 5 in *Frankfurter Rundschau* vom 3. 6. 1991.

Kap. 6 in *Frankfurter Rundschau* vom 2. 4. 1992.

Alle Texte wurden für diese Veröffentlichung erheblich überarbeitet.

Inhaltsverzeichnis

Vorwort 7

1. *Das Ende der »Dritten Welt« und das Scheitern der großen Theorie. Zur Soziologie einer Disziplin in auch selbstkritischer Absicht* 15

    1.1 Aufstieg und Niedergang der großen Theorien 15
    1.2 Der Differenzierungsprozeß schreitet fort 27
    1.3 Das Ende der »Dritten Welt« 38
    1.4 Das Scheitern der Modelle 42
    1.5 Die Sprachlosigkeit zwischen den Ebenen 44
    1.6 Die zwölf Tabus in der entwicklungstheoretischen Diskussion 49
    1.7 Die Lehren des Jahres 1989 66

2. *Universalismus, Nationalismus, Sozialismus, Rationalismus, Strukturalismus. Die großen Paradigmen der entwicklungstheoretischen Ideengeschichte* 70

    2.1 Das Problem der Gliederung 71
    2.2 Die lange Vorgeschichte 78
    2.3 Die Etablierung der Disziplin 98
    2.4 Die Kritik beginnt 103
    2.5 Die Aufspaltung in separate Diskussionsstränge 108
    2.6 Die Krise der Großtheorien 129

3. *Der Reigen der Entwicklungsstrategien: Wachstum – Umverteilung – Wachstum* 133

    3.1 Die Strategie der frühen Jahre: Wachstum zuerst, Umverteilung und Demokratisierung später 134

3.2 Die Einleitung des Paradigmenwechsels 145
3.3 Alternative 1: Globaler Entwicklungskeynesianismus 150
3.4 Alternative 2: Abkoppelung und
Süd-Süd-Kooperation 155
3.5 Alternative 3: Wachstum mit Umverteilung 158
3.6 Die achtziger Jahre: Renaissance der Neoklassik
und Rückkehr zur reinen Wachstumsförderung 169
3.7 Die Ratlosigkeit zu Beginn der neunziger
Jahre 173

4. *Jenseit des Ost-West-Konflikts:
Die neue Trilaterale und die Konsequenzen für die
Länder des Südens* 176

4.1 Die Debatte um den Niedergang der
amerikanischen Hegemonie 176
4.2 Die Ereignisse der Jahre 1989/90/91 179
4.3 Welches sind die unmittelbaren weltpolitischen
Konsequenzen? 182
4.4 Welches sind die Perspektiven für die neue
Weltordnung? 185
4.5 Die innerwestlichen Konflikte werden
zunehmen 189
Exkurs: USA, Japan und die Bundesrepublik im
Vergleich 193

5. *Globale Sozialpolitik statt Entwicklungshilfe
Vorschläge zu einer grundlegenden Neuorientierung
der Nord-Süd-Politik* 202

6. *Antwort an meine Kritiker* 214

Drucknachweise 225

Politische Ökonomie und Wirtschaftsgeschichte in der edition suhrkamp

Abelshauser, Werner: Wirtschaftsgeschichte der Bundesrepublik Deutschland. NHB. es 1241

Baran, Paul A. / Paul M. Sweezy: Monopolkapital. Ein Essay über die amerikanische Wirtschafts- und Gesellschaftsordnung. Aus dem Amerikanischen übersetzt von Hans-Werner Saß. es 636

Berghahn, Volker: Unternehmer und Politik in der Bundesrepublik. NHB. es 1265

Busch, Klaus: Die multinationalen Konzerne. Zur Analyse der Weltmarktbewegung des Kapitals. es 741

Dobb, Maurice: Wert- und Verteilungstheorien seit Adam Smith. Eine nationalökonomische Dogmengeschichte. Aus dem Englischen von Cora Stephan. es 765

Esser, Josef / Wolfgang Fach / Werner Väth: Krisenregulierung. Zur politischen Durchsetzung ökonomischer Zwänge. es 1176

Eßer, Klaus: Lateinamerika. Industrialisierungsstrategien und Entwicklung. es 942

Heimann, Eduard: Soziale Theorie des Kapitalismus. Theorie der Sozialpolitik. Mit einem Vorwort von Bernhard Badura. es 1052

Held, Karl / Theo Ebel: Krieg und Frieden. Politische Ökonomie des Weltfriedens. es 1149

Huffschmid, Jörg: Die Politik des Kapitals. Konzentration und Wirtschaftspolitik in der Bundesrepublik. es 313

Rumänien. Geschichte, Wirtschaft, Politik 1944-1990. Aus dem Ungarischen von Anna Bak. es 1673

Imperialismus und strukturelle Gewalt. Analysen über abhängige Reproduktion. Herausgegeben von Dieter Senghaas. es 563

Jaeger, Hans: Geschichte der Wirtschaftsordnung in Deutschland. NHB. es 1529

Kiesewetter, Hubert: Industrielle Revolution in Deutschland 1815-1914. NHB. es 1539

Knieper, Rolf: Weltmarkt, Wirtschaftsrecht und Nationalstaat. es 828

Mandel, Ernest: Marxistische Wirtschaftstheorie. 1. Band. Aus dem Französischen von Lothar Boepple. es 595

– Der Spätkapitalismus. Versuch einer marxistischen Erklärung. es 521

Menzel, Ulrich: Auswege aus der Abhängigkeit. Die entwicklungspolitische Aktualität Europas. es 1312

– Das Ende der Dritten Welt und das Scheitern der Großen Theorie. es 1718

Menzel, Ulrich / Dieter Senghaas: Europas Entwicklung und die Dritte Welt. Eine Bestandsaufnahme. es 1393

Politische Ökonomie und Wirtschaftsgeschichte
in der edition suhrkamp

Neumann, Franz L.: Wirtschaft, Staat, Demokratie. Aufsätze 1930-1954. Herausgegeben von Alfons Söllner. Die Übersetzung der in diesem Band enthaltenen englisch geschriebenen Aufsätze haben Sabine Gwinner und Alfons Söllner besorgt. es 892

Pankoke, Eckart: Die Arbeitsfrage. NHB. es 1538

Peripherer Kapitalismus. Analysen über Abhängigkeit und Unterentwicklung. Herausgegeben von Dieter Senghaas. es 652

Radkau, Joachim: Technik in Deutschland. Vom 18. Jahrhundert bis zur Gegenwart. NHB. es 1536

Ribeiro, Darcy: Unterentwicklung, Kultur und Zivilisation. Ungewöhnliche Versuche. Aus dem Portugiesischen von Manfred Wöhlcke. es 1018

Ronge, Volker: Bankpolitik im Spätkapitalismus. Politische Selbstverwaltung des Kapitals? Von Volker Ronge unter Mitarbeit von Peter J. Ronge. es 996

Senghaas, Dieter: Weltwirtschaftsordnung und Entwicklungspolitik. Plädoyer für Dissoziation. es 856

Strukturveränderungen in der kapitalistischen Weltwirtschaft. Margaret Fay, Ernest Feder, André Gunder Frank, Folker Fröbel, Jürgen Heinrichs, Otto Kreye, Anne-Marie Münster, Barbara Stuckey. Starnberger Studien. es 982

Sweezy, Paul M.: Theorie der kapitalistischen Entwicklung. Eine analytische Studie über die Prinzipien der Marxschen Sozialökonomie. Aus dem Amerikanischen von Gertrud Rittig-Baumhaus. Herausgegeben von Gisbert Rittig. es 433

Vobruba, Georg: Politik mit dem Wohlfahrtsstaat. Mit einem Vorwort von Claus Offe. es 1181

Wirz, Albert: Sklaverei und kapitalistisches Weltsystem. NHB. es 1256

Ziebura, Gilbert: Weltwirtschaft und Weltpolitik 1922/24-1931. Zwischen Rekonstruktion und Zusammenbruch. NHB. es 1261

edition suhrkamp
Eine Auswahl

Abelshauser: Wirtschaftsgeschichte der Bundesrepublik Deutschland 1945-1980. NHB. es 1241

Abendroth: Ein Leben in der Arbeiterbewegung. es 820

Achebe: Okonkwo oder Das Alte stürzt. es 1138

Adam / Moodley: Südafrika ohne Apartheid? es 1369

Adorno: Eingriffe. es 10
– Kritik. es 469
– Ohne Leitbild. es 201
– Stichworte. es 347

Das Afrika der Afrikaner. es 1039

Arbeitslosigkeit in der Arbeitsgesellschaft. es 1212

Aus der Zeit der Verzweiflung. es 840

Bachtin: Die Ästhetik des Wortes. es 967

Barthes: Kritik und Wahrheit. es 218
– Leçon/Lektion. es 1030
– Mythen des Alltags. es 92
– Semiologisches Abenteuer. es 1441
– Die Sprache der Mode. es 1318

Beck, U.: Gegengifte. es 1468
– Risikogesellschaft. es 1365

Becker, Jurek: Warnung vor dem Schriftsteller. es 1601

Beckett: Endspiel. Fin de Partie. es 96
– Flötentöne. es 1098
– Mal vu, mal dit. Schlecht gesehen, schlecht gesagt. es 1119

Benjamin: Aufklärung für Kinder. es 1317
– Briefe. es 930

– Das Kunstwerk im Zeitalter seiner technischen Reproduzierbarkeit. es 28
– Moskauer Tagebuch. es 1020
– Das Passagen-Werk. es 1200
– Versuche über Brecht. es 172
– Zur Kritik der Gewalt und andere Aufsätze. es 103

Bernhard: Der deutsche Mittagstisch. es 1480
– Prosa. es 213

Bertaux: Hölderlin und die Französische Revolution. es 344

Biesheuvel: Schrei aus dem Souterrain. es 1179

Bildlichkeit. es 1475

Bloch: Abschied von der Utopie? es 1046
– Kampf, nicht Krieg. es 1167

Boal: Theater der Unterdrückten. es 1361

Böhme, Helmut: Prolegomena zu einer Sozial- und Wirtschaftsgeschichte Deutschlands im 19. und 20. Jahrhundert. es 253

Bohrer: Die Kritik der Romantik. es 1551
– Der romantische Brief. es 1582

Bond: Gesammelte Stücke. es 1340

Botzenhart: Reform, Restauration, Krise. NHB. es 1252

Bovenschen: Die imaginierte Weiblichkeit. es 921

Brandão: Kein Land wie dieses. es 1236

Brasch: Frauen. Krieg. Lustspiel. es 1469
– Lovely Rita. Rotter. Lieber Georg. es 1562

edition suhrkamp
Eine Auswahl

Braun, V.: Verheerende Folgen mangelnden Anscheins innerbetrieblicher Demokratie. es 1473

Brecht: Der aufhaltsame Aufstieg des Arturo Ui. es 144
- Aufstieg und Fall der Stadt Mahagonny. es 21
- Ausgewählte Gedichte. es 86
- Baal. es 170
- Buckower Elegien. es 1397
- Die Dreigroschenoper. es 229
- Furcht und Elend des Dritten Reiches. es 392
- Gesammelte Gedichte. Bd. 1-4. es 835-838
- Die Geschäfte des Herrn Julius Caesar. es 332
- Die Gesichte der Simone Machard. es 369
- Die Gewehre der Frau Carrar. es 219
- Der gute Mensch von Sezuan. es 73
- Die heilige Johanna der Schlachthöfe. es 113
- Herr Puntila und sein Knecht Matti. es 105
- Im Dickicht der Städte. es 246
- Der kaukasische Kreidekreis. es 31
- Leben des Galilei. es 1
- Leben Eduards des Zweiten von England. es 245
- Mann ist Mann. es 259
- Die Mutter. es 200
- Mutter Courage und ihre Kinder. es 49
- Der Ozeanflug. Die Horatier und die Kuratier. Die Maßnahme. es 222
- Prosa. Bd. 1-4. es 182-185
- Schweyk im zweiten Weltkrieg. es 132
- Die Tage der Commune. es 169
- Trommeln in der Nacht. es 490
- Der Tui-Roman. es 603
- Über den Beruf des Schauspielers. es 384
- Über Lyrik. es 70
- Über Politik auf dem Theater. es 465
- Über Politik und Kunst. es 442
- Über Realismus. es 485
- Das Verhör des Lukullus. es 740

Brunkhorst: Der Intellektuelle im Land der Mandarine. es 1403

Bubner: Ästhetische Erfahrung. es 1564

Buch: Der Herbst des großen Kommunikators. es 1344
- Waldspaziergang. es 1412

Bürger, P.: Theorie der Avantgarde. es 727

Celan: Ausgewählte Gedichte. Zwei Reden. es 262

Cortázar: Letzte Runde. es 1140
- Das Observatorium. es 1527
- Reise um den Tag in 80 Welten. es 1045

Denken, das an der Zeit ist. es 1406

Derrida: Die Stimme und das Phänomen. es 945

Determinanten der westdeutschen Restauration 1945-1949. es 575

Dinescu: Exil im Pfefferkorn. es 1589

Ditlevsen: Sucht. es 1009

edition suhrkamp
Eine Auswahl

Ditlevsen: Wilhelms Zimmer. es 1076

Doi: Amae – Freiheit in Geborgenheit. es 1128

Dröge / Krämer-Badoni: Die Kneipe. es 1380

Dubiel: Was ist Neokonservatismus? es 1313

Duerr: Traumzeit. es 1345

Duras: Eden Cinéma. es 1443
- La Musica Zwei. es 1408
- Sommer 1980. es 1205
- Vera Baxter oder Die Atlantikstrände. es 1389

Eco: Zeichen. es 895

Eich: Botschaften des Regens. es 48

Elias: Humana conditio. es 1384

Norbert Elias über sich selbst. es 1590

Enzensberger: Blindenschrift. es 217
- Einzelheiten I. es 63
- Einzelheiten II. es 87
- Die Furie des Verschwindens. es 1066
- Landessprache. es 304
- Palaver. es 696
- Das Verhör von Habana. es 553

Esser: Gewerkschaften in der Krise. es 1131

Faszination der Gewalt. es 1141

Feminismus. Inspektion der Herrenkultur. es 1192

Feyerabend: Erkenntnis für freie Menschen. es 1011
- Wissenschaft als Kunst. es 1231

Fortschritte der Naturzerstörung. es 1489

Foucault: Psychologie und Geisteskrankheit. es 272

Frank: Gott im Exil. es 1506

Frank, M.: Der kommende Gott. es 1142
- Motive der Moderne. es 1456
- Die Unhintergehbarkeit von Individualität. es 1377
- Was ist Neostrukturalismus? es 1203

Frevert: Frauen- Geschichte. NHB. es 1284

Frisch: Biedermann und die Brandstifter. es 41
- Die Chinesische Mauer. es 65
- Don Juan oder Die Liebe zur Geometrie. es 4
- Frühe Stücke. es 154
- Graf Öderland. es 32

Gerhard: Verhältnisse und Verhinderungen. es 933

Geyer: Deutsche Rüstungspolitik 1860-1980. NHB. es 1246

Goetz: Krieg/Hirn. es 1320

Goffman: Asyle. es 678
- Geschlecht und Werbung. es 1085

Gorz: Der Verräter. es 988

Gstrein: Einer. es 1483

Habermas: Eine Art Schadensabwicklung. es 1453
- Legitimationsprobleme im Spätkapitalismus. es 623
- Die nachholende Revolution. es 1663
- Die Neue Unübersichtlichkeit. es 1321
- Technik und Wissenschaft als Ideologie. es 287
- Theorie des kommunikativen Handelns. es 1502

Hänny: Zürich, Anfang September. es 1079

edition suhrkamp
Eine Auswahl

Handke: Die Innenwelt der Außenwelt der Innenwelt. es 307
- Kaspar. es 322
- Langsam im Schatten. es 1600
- Phantasien der Wiederholung. es 1168
- Publikumsbeschimpfung und andere Sprechstücke. es 177

Happel: Grüne Nachmittage. es 1570

Henrich: Konzepte. es 1400

Hentschel: Geschichte der deutschen Sozialpolitik 1880-1980. NHB. es 1247

Hesse: Tractat vom Steppenwolf. es 84

Die Hexen der Neuzeit. es 743

Irigaray: Speculum. es 946

Jahoda / Lazarsfeld / Zeisel: Die Arbeitslosen von Marienthal. es 769

Jakobson: Kindersprache, Aphasie und allgemeine Lautgesetze. es 330

Jasper: Die gescheiterte Zähmung. NHB. es 1270

Jauß: Literaturgeschichte als Provokation. es 418

Johnson: Begleitumstände. es 1019
- Der 5. Kanal. es 1336
- Jahrestage. es 1500
- Porträts und Erinnerungen. es 1499
- Versuch, einen Vater zu finden. Marthas Ferien. es 1416

Jones: Frauen, die töten. es 1350

Joyce: Werkausgabe in sechs Bänden. es 1434-1439
- Finnegans Wake. es 1524
- Penelope. es 1106

Kenner: Ulysses. es 1104

Kiesewetter: Industrielle Revolution in Deutschland 1815-1914. NHB. es 1539

Kindheit in Europa. es 1209

Kipphardt: In der Sache J. Robert Oppenheimer. es 64

Kirchhoff: Body-Building. es 1005

Kluge, A.: Gelegenheitsarbeit einer Sklavin. es 733
- Lernprozesse mit tödlichem Ausgang. es 665
- Neue Geschichten. Hefte 1-18. es 819
- Schlachtbeschreibung. es 1193

Kluge, U.: Die deutsche Revolution 1918/1919. NHB. es 1262

Koeppen: Morgenrot. es 1454

Kolbe: Bornholm II. es 1402
- Hineingeboren. es 1110

Konrád: Antipolitik. es 1293
- Stimmungsbericht. es 1394

Kriegsursachen. es 1238

Krippendorff: Staat und Krieg. es 1305
- »Wie die Großen mit den Menschen spielen.« es 1486

Kristeva: Geschichten von der Liebe. es 1482
- Die Revolution der poetischen Sprache. es 949

Kroetz: Bauern sterben. es 1388
- Furcht und Hoffnung der BRD. es 1291
- Heimarbeit. Hartnäckig. Männersache. es 473
- Mensch Meier. Der stramme Max. Wer durchs Laub geht ... es 753

edition suhrkamp
Eine Auswahl

Kroetz: Nicht Fisch nicht Fleisch. Verfassungsfeinde. Jumbo-Track. es 1094
– Oberösterreich. Dolomitenstadt Lienz. Maria Magdalena. Münchner Kindl. es 707
– Stallerhof. Geisterbahn. Lieber Fritz. Wunschkonzert. es 586
Krolow: Ausgewählte Gedichte. es 24
Laederach: Fahles Ende kleiner Begierden. es 1075
– Der zweite Sinn. es 1455
Lehnert: Sozialdemokratie zwischen Protestbewegung und Regierungspartei 1848-1983. NHB. es 1248
Lem: Dialoge. es 1013
Lenz, H.: Leben und Schreiben. es 1425
Leroi-Gourhan: Die Religionen der Vorgeschichte. es 1073
Leutenegger: Lebewohl, Gute Reise. es 1001
– Das verlorene Monument. es 1315
Lévi-Strauss: Das Ende des Totemismus. es 128
– Mythos und Bedeutung. es 1027
Die Listen der Mode. es 1338
Löwenthal: Mitmachen wollte ich nie. es 1014
Lohn: Liebe. es 1225
Lukács:Gelebtes Denken. es 1088
Maeffert: Bruchstellen. es 1387
Marcus: Umkehrung der Moral. es 903
Marcuse: Ideen zu einer kritischen Theorie der Gesellschaft. es 300

– Konterrevolution und Revolte. es 591
– Kultur und Gesellschaft 1. es 101
– Kultur und Gesellschaft 2. es 135
– Versuch über die Befreiung. es 329
Maruyama: Denken in Japan. es 1398
Mattenklott: Blindgänger. es 1343
Mayer: Anmerkungen zu Brecht. es 143
– Gelebte Literatur. es 1427
– Versuche über dieOper. es 1050
Mayröcker: Magische Blätter. es 1202
– Magische Blätter II. es 1421
McKeown: Die Bedeutung der Medizin. es 1109
Meckel: Von den Luftgeschäften der Poesie. es 1578
Medienmacht im Nord-Süd-Konflikt: Die neue Internationale Informationsordnung. Friedensanalysen Bd. 18. es 1166
Meier, Chr.: Die Ohnmacht des allmächtigen Dictators Caesar. es 1038
Menninghaus: Paul Celan. es 1026
Menzel / Senghaas: Europas Entwicklung und die Dritte Welt. es 1393
Miłosz: Zeichen im Dunkel. es 995
Mitscherlich: Freiheit und Unfreiheit in der Krankheit. es 505

edition suhrkamp
Eine Auswahl

Mitscherlich: Krankheit als Konflikt. es 237
- Die Unwirtlichkeit unserer Städte. es 123

Mitterauer: Sozialgeschichte der Jugend. NHB. es 1278

Möller: Vernunft und Kritik. NHB. es 1269

Moser: Eine fast normale Familie. es 1223
- Der Psychoanalytiker als sprechende Attrappe. es 1404
- Romane als Krankengeschichten. es 1304

Muschg: Literatur als Therapie? es 1065

Mythos ohne Illusion. es 1220

Mythos und Moderne. es 1144

Nakane: Die Struktur der japanischen Gesellschaft. es 1204

Die neue Friedensbewegung. es 1143

Ngũgĩ wa Thiong'o: Der gekreuzigte Teufel. es 1199

Nizon: Am Schreiben gehen. es 1328

Oehler: Pariser Bilder I (1830-1848). es 725
- Ein Höllensturz der Alten Welt. es 1422

Oppenheim: Husch, husch, der schönste Vokal entleert sich. es 1232

Paetzke: Andersdenkende in Ungarn. es 1379

Paley: Ungeheure Veränderungen in letzter Minute. es 1208

Paz: Der menschenfreundliche Menschenfresser. es 1064
- Suche nach einer Mitte. es 1008
- Zwiesprache. es 1290

Petri: Schöner und unerbittlicher Mummenschanz. es 1528

Politik der Armut und Die Spaltung des Sozialstaats. es 1233

Populismus und Aufklärung. es 1376

Powell: Edisto. es 1332
- Eine Frau mit Namen Drown. es 1516

Psychoanalyse der weiblichen Sexualität. es 697

Pusch: Alle Menschen werden Schwestern. es 1565
- Das Deutsche als Männersprache. es 1217

Raimbault: Kinder sprechen vom Tod. es 993

Ribeiro, D.: Unterentwicklung, Kultur und Zivilisation. es 1018
- Wildes Utopia. es 1354

Ribeiro, J. U.: Sargento Getúlio. es 1183

Rodinson: Die Araber. es 1051

Roth: Die einzige Geschichte. es 1368
- Das Ganze ein Stück. es 1399
- Krötenbrunnen. es 1319

Rubinstein: Nichts zu verlieren und dennoch Angst. es 1022
- Sterben kann man immer noch. es 1433

Rühmkorf: agar agar – zaurzaurim. es 1307

Russell: Probleme der Philosophie. es 207
- Wege zur Freiheit. es 447

Schedlinski: die rationen des ja und des nein. es 1606

Schindel: Geier sind pünktliche Tiere. es 1429
- Im Herzen die Krätze. es 1511

edition suhrkamp
Eine Auswahl

Schleef: Die Bande. es 1127

Schönhoven: Die deutschen Gewerkschaften. NHB. es 1287

Schrift und Materie der Geschichte. es 814

Schröder: Die Revolutionen Englands im 17. Jahrhundert. NHB. es 1279

Schubert: Die internationale Verschuldung. es 1347

Das Schwinden der Sinne. es 1188

Sechehaye: Tagebuch einer Schizophrenen. es 613

Segbers: Der sowjetische Systemwandel. es 1561

Senghaas: Europa 2000. es 1662
- Konfliktformationen im internationalen System. es 1509
- Von Europa lernen. es 1134
- Die Zukunft Europas. es 1339

Sieferle: Die Krise der menschlichen Natur. es 1567

Simmel: Schriften zur Philosophie und Soziologie der Geschlechter. es 1333

Sloterdijk: Der Denker auf der Bühne. es 1353
- Eurotaoismus. es 1450
- Kopernikanische Mobilmachung und ptolemäische Abrüstung. es 1375
- Kritik der zynischen Vernunft. es 1099

Söllner, W.: Kopfland. Passagen. es 1504

Staritz: Geschichte der DDR 1949-1985. NHB. es 1260

Stichworte zur ›Geistigen Situation der Zeit‹. 2 Bde. es 1000

Struck: Kindheits Ende. es 1123
- Klassenliebe. es 629

Szondi: Theorie des modernen Dramas. es 27

Techel: Es kündigt sich an. es 1370

Tendrjakow: Sechzig Kerzen. es 1124

Thiemann: Kinder in den Städten. es 1461
- Schulszenen. es 1331

Thompson: Die Entstehung der englischen Arbeiterklasse. es 1170

Thränhardt: Geschichte der Bundesrepublik Deutschland. NHB. es 1267

Todorov: Die Eroberung Amerikas. es 1213

Treichel: Liebe Not. es 1373

Vargas Llosa: Gegen Wind und Wetter. es 1513
- La Chunga. es 1555

Vernant: Die Entstehung des griechischen Denkens. es 1150
- Mythos und Gesellschaft im alten Griechenland. es 1381

Vom Krieg der Erwachsenen gegen die Kinder. es 1190

Vor der Jahrtausendwende: Berichte zur Lage der Zukunft. es 1550

Walser, M.: Ein fliehendes Pferd. es 1383
- Geständnis auf Raten. es 1374
- Selbstbewußtsein und Ironie. es 1090
- Über Deutschland reden. es 1553
- Wie und wovon handelt Literatur. es 642

Weiss, P.: Abschied von den Eltern. es 85

edition suhrkamp
Eine Auswahl

Weiss, P.: Die Ästhetik des Widerstands. es 1501
- Die Besiegten. es 1324
- Fluchtpunkt. es 125
- Das Gespräch der drei Gehenden. es 7
- Der neue Prozeß. es 1215
- Notizbücher 1960-1971. es 1135
- Notizbücher 1971-1980. es 1067
- Rapporte. es 276
- Rapporte 2. es 444
- Der Schatten des Körpers des Kutschers. es 53
- Stücke I. es 833
- Stücke II. 2 Bde. es 910
- Verfolgung ... Marat/Sade. es 68

Sinclair (P. Weiss): Der Fremde. es 1007

Peter Weiss im Gespräch. es 1303

Die Wiederkehr des Körpers. es 1132

Wippermann: Europäischer Faschismus im Vergleich 1922-1982. NHB. es 1245

Wirz: Sklaverei und kapitalistisches Weltsystem. NHB. es 1256

Wissenschaft im Dritten Reich. es 1306

Wittgenstein: Tractatus logico-philosophicus. es 12

Wünsche: Der Volksschullehrer Ludwig Wittgenstein. es 1299

Ziviler Ungehorsam im Rechtsstaat. es 1214